VOYAGE

PITTORESQUE

DE

NAPLES ET DE SICILE.

TOME QUATRIÈME.

SECONDE PARTIE.

Interea pavidæ nequicquam filia matri
Omnibus est terris, omni quæsita profundo.
Illam non rutilis veniens Aurora capillis
Cessantem vidit, non Hesperus; illa duabus
Flammifera pinus manibus succendit ab Ætna;
Perque pruinosas tulit irrequiata tenebras;
Rursus, ut alma dies hebetarat sidera, natam
Solis ad occasum, Solis quærebat ab ortu.

OVIDII, Met. L. V.

VOYAGE PITTORESQUE

OU

DESCRIPTION DES ROYAUMES

DE

NAPLES ET DE SICILE.

QUATRIÈME VOLUME,

CONTENANT

LA DESCRIPTION DE LA SICILE.

SECONDE PARTIE.

A PARIS.

M. DCC. LXXXVI.

AVEC APPROBATION, ET PRIVILÉGE DU ROI.

AVANT-PROPOS

CONTENANT

PLUSIEURS OBSERVATIONS INTÉRESSANTES, ET RELATIVES

À TOUT L'OUVRAGE.

ARRIVÉ enfin au terme d'une entreprise que j'ai dû regarder long-temps comme fort au-deſſus de mes forces, il manqueroit, ce me ſemble, encore à mon bonheur, ſi je ne donnois ici quelques momens à la reconnoiſſance que je dois à ceux qui m'ont été les plus utiles pour la terminer (1). Si mon goût, ſi ma paſſion pour les arts m'avoit fait enviſager d'abord cette carrière comme ſemée de fleurs, l'expérience m'a démontré qu'elles ne ſont pas toujours ſans épines ; mais loin de vouloir ſouiller mon Ouvrage par des débats littéraires, auſſi inutiles au progrès des arts, que déſagréables par les ſuites qu'ils entraînent preſque toujours, je voudrois pouvoir garder le ſilence ſur les reproches, ſi peu fondés, que l'on m'a faits, d'avoir employé dans mon Ouvrage la plume, & les travaux de différens Auteurs, ſans les nommer (2).

Lorſqu'en 1777, le vaſte & immenſe projet d'un Voyage pittoreſque de toute l'Italie me fut communiqué, j'étois loin ſans doute de prévoir que dans peu je ſerois forcé d'en être ſeul l'Auteur. Libre, aimant les arts avec paſſion, n'ayant connu dans ma vie de moments plus doux que ceux que j'y employois, j'avois accueilli, & même avec empreſſement, l'idée de contribuer à un Ouvrage qui, dans la perfection, les ſoins & la dépenſe avec leſquels il ſeroit traité, pouvoit être regardé comme le Monument le plus étendu & le plus magnifique qu'on pût leur élever. Mais alors, & d'après des conventions qui furent bientôt oubliées, je ne devois être abſolument chargé que de la partie pittoreſque de l'entrepriſe. Les projets des hommes ne ſont pas toujours conſtans, les circonſtances changèrent,

---

(1) M. d'Ennery & M. Romé de l'Iſle. S'il étoit un moyen de chérir les Sciences & les Arts, ce ſeroit la ſociété intime de ces deux hommes reſpectables, unis depuis long-temps par les liens de l'amitié, autant que par leurs goûts mutuels. L'un a eu la complaiſance de revoir tout ce que j'ai pu écrire ſur les Médailles de la Sicile, & l'autre, ce qui pouvoit concerner l'Hiſtoire Naturelle.

(2) Traduction nouvelle du Voyageur Anglois H. Swinburne, imprimé chez Didot l'aîné. Voyez la réclamation publique qui a été inſérée dans le Mercure du 31 Décembre 1785, relativement à une Note du Traducteur, inſérée dans le ſecond Volume, page 89.

& je me trouvai obligé de préfider non-feulement aux travaux des Artiftes, mais de me charger de la totalité de l'Ouvrage.

Ce fut alors que, dans cet abandon abfolu, je ne pus voir fans effroi l'immenfité de la carrière que j'aurois à parcourir. Je penfai d'abord devoir la réduire au Voyage de Naples & de Sicile : c'étoit bien affez, comme l'on voit ; mais avec du courage, une extrême affiduité au travail, & plus encore les confeils de quelques amis qui font venus à mon fecours, j'ai pu fucceffivement & quoiqu'avec une fanté très-foible, venir à bout de ce que j'avois entrepris.

J'ai dû à M. *de Champfort* le Précis Hiftorique qui eft à la tête du premier Volume du Voyage Pittorefque, mais comme il n'a point voulu confentir à y être nommé, je n'ai pu que le défigner dans l'Avant-Propos de ce Volume, & dans les termes qu'il m'avoit diƒtés lui-même ; il m'a fait auffi le plaifir de préfider à la confeƒtion de ce feul Volume, dont il a eu la complaifance de relire avec moi & de corriger tous les manufcrits.

M. *de Non*, de qui eft le Journal ou Itinéraire des Deffinateurs, & auquel l'on me reproche de n'avoir point affez dit, affez marqué tout ce que je devois, a été tant de fois nommé dans mon Ouvrage, que je craindrois plutôt de l'en avoir fatigué ; comme il m'avoit écrit de *Naples* dans les commencemens de l'entreprife, qu'il me prioit de ne le point défigner par fon nom, je me fuis contenté d'indiquer fidèlement, avec des guillemets, dans le premier & le fecond Volume, le peu de détails, épars & fans ordre, qu'il m'avoit envoyé fur les pays & les lieux que j'avois à décrire ; lorfqu'il confentit enfuite à être connu, j'ai cru qu'il pourroit être fatisfait de la manière honnête dont il a été nommé page 57 du fecond Volume : il l'eft encore une autre fois, page 5 du quatrième Volume, où il eft dit que *c'eft M.* de Non *qui a écrit le Journal du Voyage, qu'il y fert de guide, & que c'eft lui qui a préfidé aux travaux des Artiftes dans la Calabre & la Sicile* (1).

(1) Je dois faire ici l'hiftoire de ce *Journal.* Pour remplir dans toute fon étendue le plan de l'Ouvrage, tel qu'il avoit été conçu, on fent la néceffité qu'il y avoit d'envoyer en Italie des Deffinateurs habiles, pour y prendre fur les lieux les Vues de tous les fites qui pourroient intéreffer ; mais il étoit impoffible d'attendre de ces Artiftes des defcriptions détaillées des Monumens qu'ils devoient deffiner.

Je me félicitai de rencontrer dans M. *de Non* un homme de goût, inftruit lui-même dans les Arts, difpofé à faire ce même voyage ; il voulut bien m'offrir de préfider aux travaux des Deffinateurs, & me promit de décrire enfuite tous les objets qui lui paroîtroient dignes de l'être. Quoique fon Journal, rédigé avec la précipitation indifpenfable de femblables circonftances, exigeât d'être revu & récrit en entier, qu'il fût infiniment peu approprié aux Deffins & aux Vues, objet principal de l'Ouvrage, il n'en a pas moins fait la bafe de mon travail. Comme c'étoit, de la part de M. *de Non*, un fervice purement gratuit qu'il me rendoit, je ne faurois lui en témoigner trop de reconnoiffance ; mais

Quant aux recherches qui avoient été faites fur la Grande-Grèce, & dont j'ai eu le manufcrit entre les mains, il ne m'a point été, à beaucoup près, inutile; mais j'ai été obligé de le refondre en entier. Je connois tous les talens de M. *de Cabanis*, & je fais combien ils font fupérieurs à ce travail, qu'il n'avoit pu faire qu'en confultant lui-même d'autres Auteurs: c'étoit des matériaux excellens, mais il falloit les mettre en œuvre.

On fent qu'il n'en eft point des travaux, en ce genre d'antiquités (1), comme d'un ouvrage d'imagination. Ce n'eft qu'en confultant les Anciens, en les comparant avec les Modernes, que l'on peut faire un Ouvrage pareil à celui qui m'a occupé depuis près de neuf ans, mais dont je ferois plus que récompenfé, fi je pouvois efpérer qu'il fera agréable à ceux qui ont le goût des beaux-Arts & de l'Antiquité, & me mériter de leur part quelque bienveillance.

il n'en a pas été moins vrai que fes Manufcrits ne pouvant être regardés que comme l'itinéraire d'un voyage entrepris pour moi, à mes frais, & à de très-grands frais, ils font devenus entre mes mains une efpèce de propriété que j'ai pu réclamer.

Avec plus de temps, plus de réflexion, entouré de plus de fecours que l'on n'en peut trouver dans le cours d'un voyage, M. *de Non* auroit certainement mis plus d'ordre & de correction dans fon Ouvrage; mais il a penfé fans doute qu'il auroit été peu délicat à lui de faire imprimer de fon côté des Manufcrits que j'avois dûs à fon amitié. Auffi les plaintes que j'ai cru devoir faire à ce fujet dans le Mercure du 31 Décembre dernier, ne le regardent-elles en aucune manière.

J'ignore fi l'on continuera l'impreffion de ce Journal, la partie du Manufcrit qui regarde la Sicile n'étant point fortie d'entre mes mains; mais fi l'Auteur lui-même en avoit donné une autre copie, & qu'il y confentît, ce que je ne faurois croire, à une nouvelle impreffion, j'imagine qu'elle feroit exactement conforme à l'original; autrement on me mettroit dans la néceffité de le faire imprimer moi-même, mais fcrupuleufement, & tel qu'il m'a été envoyé.

(1) Le Traducteur de M. *Swinburne* a avancé que toute la partie de l'Antiquité de mon Ouvrage étoit de M. l'Abbé *Chaupy*; mais je dois à la vérité de dire que ce Savant n'a pas écrit une feule ligne de tout le Voyage Pittorefque. Il auroit été plus exact d'avertir qu'il m'avoit rendu le fervice effentiel de rétablir & de reftituer dans le Journal des Deffinateurs toutes les Infcriptions antiques, dont la plupart y font rapportées d'une manière très-incorrecte (*).

Il eft inutile d'ajouter combien, dans l'impoffibilité de rectifier par moi-même cette partie du Manufcrit, les lumières & les fecours de cet habile Antiquaire ont eu de prix pour moi; mais il eût peut-être été auffi facigant pour mes Lecteurs, que défobligeant pour M. *de Non* lui-même, d'ajouter à prefque chacune des Infcriptions le nom de M. l'Abbé *Chaupy*, & le fervice qu'il m'avoit rendu. La même confidération n'ayant pu m'arrêter pour les Voies antiques des Romains dont le même Savant a une parfaite connoiffance, je l'ai cité, à ce fujet, toutes les fois que j'y ai eu recours, & nommément aux pages 151, 190 & 191 du troifième Volume, relativement aux détails & à la defcription que j'ai cru devoir donner de la curieufe Carte *Théodofienne*, ou Table de *Peutinger*; Monument antique, dont

(*) On en peut juger dans les Notes du Traducteur de M. *Swinburne*, édit. de *Didot*, aux pages 135, 205, 219, 223 & 240 du fecond Volume, & les comparant fur-tout aux mêmes infcriptions, telles qu'elles ont été imprimées & rétablies dans le Voyage Pittorefque, aux pages 18, 102, 113, 118 & 61 du troifième Volume.

Si dans cet écrit confacré à la reconnoiffance, j'ai cité avec un véritable plaifir tous les Savans & les Gens de Lettres, auxquels j'ai eu plus ou moins d'obligations, & qui m'ont permis de les nommer, je n'en aurois pas moins certainement à y parler d'une foule d'Artiftes célèbres dont les talens & les travaux m'ont été fi utiles, ce feroit même avec d'autant plus de raifon que ce font eux auxquels on peut dire que cet Ouvrage doit fon plus grand prix. MM. *Robert*, *Fragonard*, & *Paris*, Architecte du Roi, font ceux dont les noms fe préfentent le plutôt à ma mémoire, & ils favent fi mon amitié pour eux n'eft pas égale à ma reconnoiffance. Quant à tous les autres, comme Graveurs habiles, Peintres, Architectes & Deffinateurs, le nombre en eft fi grand qu'il me feroit prefque impoffible de les nommer; mais ne puis-je pas dire ici que je n'ai pu en faire mieux l'éloge qu'en mettant leurs noms au bas de leurs ouvrages.

---

il n'a été nullement queftion dans les manufcrits du Journal, & que j'ai penfé devoir être intéreffant à conroître.

Dans le nombre des perfonnes qui m'ont été utiles, & que j'ai été trop heureux de pouvoir confulter, pour le travail énorme dont j'étois chargé, le même Traducteur a oublié un de ceux auxquels je dois le plus pour la partie de l'Hiftoire Naturelle, non moins importante dans un Ouvrage comme le mien; c'eft M. le Commandeur de *Dolomieu*. M. *Faujas*, auquel le Traducteur l'attribue en entier, ne m'avoit

donné que trois ou quatre Notices fur les Volcans des Champs Phlégréens, dans le fecond Volume, & il a été nommé à chacune, aux pages 182, 188 & 202 de ce Volume. J'aurois defiré lui devoir davantage; mais j'ai eu de plus grandes obligations à M. de *Dolomieu*, pour toute l'Hiftoire Naturelle de la Sicile, qui, dans le Journal de M. *de Non*, n'étoit pas moins dans le cas d'être prefqu'entièrement réformée; ainfi qu'on en peut juger par tout ce que j'ai été obligé d'ajouter dans des endroits, de fubftituer & de changer abfolument dans d'autres.

TABLE

TABLE DES CHAPITRES,

AVEC LES NOMS

DES PLANCHES ET DES VUES

Contenues dans cette feconde Partie du quatrième Volume.

CHAPITRE DOUZIÈME.

SYRACUSE.

Vol. IV.   *

TABLE DES CHAPITRES.

CHAPITRE QUATORZIÈME.

VAL DI NOTO, Ifles de LIPARI, &c.

NOTICE OU DESCRIPTION SOMMAIRE

DES MÉDAILLES DE LA SICILE.

PRINCES ou *TYRANS* qui ont gouverné la Sicile avant la domination des Romains.

VOYAGE PITTORESQUE

DE

LA SICILE.

CHAPITRE DOUZIÈME.

RETOUR DE MALTE EN SICILE,

ARRIVÉE À SYRACUSE.

DESCRIPTION D'UNE PARTIE DE SES MONUMENS

ET

DE SES ANTIQUITÉS.

L'IMPATIENCE que nous avions de repaſſer en Sicile, & la ſaiſon ſur-tout qui commençoit à s'avancer, nous déterminèrent à quitter *Malte*, ſans vouloir même attendre le départ de quelques vaiſſeaux qui devoient partir, ainſi que nous, au premier jour, & retourner en France; mais comme nous allions prendre notre *Eſperonare* pour nous embarquer, le Patron vint nous dire que ſi nous voulions remettre au lendemain, nous pourrions voyager de conſerve avec un bâtiment Maltais qui devoit ſortir du Port, & que ce parti ſeroit d'autant plus prudent, que l'on voyoit depuis quelques jours pluſieurs Corſaires Barbareſques croiſer autour de l'Iſle.

Nous convînmes donc d'attendre un jour de plus. Cependant le lendemain arriva, & le bâtiment Maltais ne ſortit point, de ſorte que nous fûmes obligés de partir ſeuls & ſans la moindre eſcorte. Nous quittâmes le Port de *Malte* le 17 Septembre à cinq heures du ſoir, quoique le vent fût aſſez contraire, & vînmes prendre du leſt à un mille de la Ville, ſur des Rochers où l'on fait du ſel avec de l'eau de la mer, comme ſur une partie des Côtes de la Sicile.

Dès que notre leſt fut chargé, & la nuit s'approchant, nous commençâmes à ramer à petit bruit en doublant toutes les pointes de l'Iſle, non ſans prendre garde à ne pas nous laiſſer intercepter & à tomber dans quelque embuſcade. Nous traverſâmes une petite Anſe appellée *Cala di San Giuliano*, & vînmes aborder à celle de la *Madalena*, ſous le canon du Fort. Comme nous n'étions pas plus curieux que nos Mariniers d'aller faire un tour à *Maroc* ou à *Alger*, nous mîmes à terre dans cet endroit, afin d'y attendre la nuit, & nous nous prêtâmes avec la plus grande obéiſſance à tout ce qu'ils voulurent pour la ſûreté commune (1).

Nous remîmes à la mer dès que la nuit fut bien fermée. Nos Bateliers ramoient en ſilence & ſans faire le moindre bruit ; une barque pareille à la nôtre, & qui voguoit avec la même précaution, nous rencontra à quelque diſtance de là, & il eſt à croire que la ſurpriſe, l'inquiétude & la frayeur furent réciproques des deux côtés.

Nous continuâmes notre route, en traverſant la *Cala di San Paolo* juſqu'à la pointe de la *Melleha*, où nous jettâmes l'ancre ſous le vent, réſolus d'y paſſer la nuit, & peut-être la journée du lendemain, ſi le vent perſiſtoit à ne pas nous devenir plus favorable. Heureuſement vers les trois heures du matin, un vent de terre s'étant élevé, nos Bateliers ſe déterminèrent à mettre à la voile, pour prendre le large & faire canal. A la pointe du jour, nous apperçûmes les quatre galères de la Religion : cette rencontre rendit ſi bien le courage à nos gens, qu'ils ne ſe ſouvinrent même plus de la peur de la veille, & qu'ils nous aſſurèrent que jamais les *Eſperonares* Maltais ne craignoient les bâtimens Turcs, de quelque eſpèce qu'ils fuſſent.

Le vent cala au jour, & la bonace nous obligea d'avoir encore recours à la rame juſqu'à midi, que le vent du ponent nous arrêta tout court. Ce vent nous occaſionna de plus un roulis inſupportable, qui commençoit à nous chagriner beaucoup ; mais la rôtie à l'ail des Matelots nous donna appétit, nous avions imaginé de changer nos proviſions contre les leurs, & nous nous en trouvâmes à merveille. Sur le ſoir, un vent frais nous fit faire un aſſez bon chemin, & après avoir enfin perdu de vue l'Iſle de *Malte* & celle de *Gozzo*, nous entendîmes de loin les cris d'une innombrable troupe de *Courlis*, qui nous annonçoient les approches de la Sicile. Effectivement à la petite pointe du jour du 19, nous apperçûmes la pointe *della Secca*, terre auſſi baſſe que ſèche, mêlée de ſables &

---

(1) Les Matelots Maltais craignent infiniment les Corſaires Turcs ou Algériens, parce que s'ils viennent à être pris, ils ne peuvent s'attendre qu'à être mis aux fers, eſclavage d'autant plus dur pour eux, qu'il règne de tous les temps une haîne implacable entre les deux Nations.

de roches, avec quelques palmiers nains, mais où nous ne découvrîmes encore aucunes habitations. Nous fuivîmes la rive avec un fi petit vent, qu'il falloit l'aider de la rame. Toujours bien portants, nous étions tous raccommodés avec la mer, & graces à la cuifine & à l'ail des Matelots Maltais, contents de notre navigation, nous étions loin de prévoir ce qu'elle alloit avoir de funefte.

Nous pafsâmes devant *Camarina*, ancienne Ville trahie dans le temps de fa gloire par *Denys* le Tyran. L'on voit dans l'hiftoire que *Denys* en emmena les Habitans lors du fiége de *Gela*, & la livra aux Carthaginois, qui de leur côté renoncèrent au fiége de *Syracufe*, à condition que cette dernière Ville refteroit au pouvoir du Tyran. *Camarina*, fans fortifications ni murailles, fut détruite depuis & maintenant eft enterrée fous le fable. Tout fon territoire appartient au Prince de *Bifcaris*, qui, dans les fouilles qu'il a fait faire à plufieurs reprifes, y a trouvé nombre d'antiquités intéreffantes, principalement plufieurs beaux Vafes grecs, les plus précieux de fon Cabinet, & peut-être les plus beaux que l'on connoiffe.

Après avoir paffé un endroit appellé *Ifcogliette*, nous découvrîmes le Château de *Bifcaris* dans l'éloignement. Le vent devint contraire, mais à force de rames, nous vînmes à bout de gagner la Côte, & nous amarrâmes fous *Terranuova*, qui eft bâtie fur la hauteur.

Nous n'étions occupés que du projet d'y retrouver, lorfque nous aurions mis pied à terre, la véritable fituation de l'antique Ville de *Gela*, une des plus puiffantes de la Sicile, & dont on nous avoit affuré qu'il exifte encore quelques Ruines, entre autres une Colonne dorique entière, quoique renverfée. Nous devions enfuite paffer à *Calata Girone*, que l'on dit être l'ancienne *Hybla Hærea*, où l'on trouve encore des Médailles antiques, & de là regagner la célèbre *Syracufe*, que nous regardions comme le terme de nos travaux, lorfqu'au moment de toucher à *Terranuova*, nous entendîmes crier de la rive, *Speronara di Malta, alla larga*. Nous répondîmes que nous étions pleins de fanté, que nous en rapportions de *Malte* les certificats les plus authentiques; *alla larga, alla larga* fut toute la réponfe que l'on nous fit.

Nous voulûmes repliquer; mais nous ne trouvâmes plus à parler qu'à des canons de fufils braqués contre nous par quelques miférables Gardes-Côtes, qui profitoient de l'inftant où ils pouvoient être impunément infolents & nous braver fans danger. Il nous étoit cependant bien difficile d'obéir; nous craignions encore moins leurs fufils que la mer & la faim, & nous n'avions pas quatre livres de pain pour treize que nous étions, & pas une goutte d'eau.

Nous demandâmes le Gouverneur, auquel nous étions adreffés; mais il nous fit dire qu'il étoit malade, qu'il ne pouvoit defcendre fur le rivage, & qu'il nous confeilloit de partir. Nous eûmes recours au *Juré* qui fe trouvoit Vice-Conful de la Nation Françoife : il nous fit répondre que nulle confidération ne pouvoit le déterminer à s'approcher d'une barque peftiférée, & qu'il ne nous verroit pas ; que nous euffions à nous éloigner de la rade, parce qu'il fe trouvoit par fa Charge obligé de nous y contraindre ; & fes coquins d'Emiffaires, dont le nombre augmentoit à chaque inftant, n'étoient que trop difpofés à lui obéir. La populace s'en mêloit, nous baffouoit & nous menaçoit. Il fallut payer d'audace ; nous déclarâmes fièrement que nous ne quitterions pas le rivage, que lorfqu'on nous auroit apporté quelques provifions pour continuer notre route.

Notre contenance ferme & décidée en impofa d'autant plus que nos Bateliers avoient déja fauté à l'eau, & que nous avions l'air de protéger leurs mouvemens ; la Garnifon demanda une trève, que nous accordâmes ; on députa encore au Gouverneur & au *Juré* ; mais comme ces deux braves gens fe trouvoient en fûreté & à l'abri de leurs murailles, nous ne pûmes obtenir d'autre réponfe, finon que nous euffions à nous éloigner. Nous y aurions été contraints, aux rifques de tout ce qui pouvoit nous arriver, ayant une longue route à faire, par un vent contraire, & le long d'une Côte, où il nous étoit par-tout également défendu d'aborder, fi heureufement pour nous un Maltais, à qui par hazard le bateau fur lequel nous étions appartenoit, n'eut pris fur lui de nous acheter lui-même du pain, & de nous faire apporter de l'eau & du vin.

Nos provifions arrivèrent enfin l'une après l'autre ; nous étions obligés, le fufil à la main, de les garder à vue de deffus notre bord, pour empêcher qu'elles ne nous fuffent dérobées par les mêmes Gardes qui exerçoient leur piraterie fur tout ce qui fe rencontroit. N'ofant plus nous menacer, ils s'en prenoient à ceux qui arrivoient d'un quart de lieue, car notre aventure avoit mis en émeute tout le Pays, & les Habitans de *Terranuova*, curieux d'en voir la fin, furent obligés de gagner les hauteurs, les tours & les murailles de leur Ville.

Notre départ eut l'air d'une levée de fiége ; obligés de nous remettre en mer, pour nous confoler de notre défaftre, nous nous mîmes à manger de nouveau de l'ail & du pain. Quand la faim revenoit, on remettoit la nappe, & comme *Arlequin* ; Que mangerons-nous ? de l'ail & du pain ; le foir, le matin, même demande, même réponfe ; mais nous avions bon appétit & nous nous portions bien.

A chaque Fort ou Tour de garde, dès qu'on nous appercevoit, nous entendions crier de loin : *Speronara di Malta, alla larga.* Enfin fur le midi le vent devint fi fort & fi droit de proue, nos Matelots étoient fi fatigués de ramer, que nous jettâmes l'ancre à quatre cents pas de terre, fous la pointe de *San Pietro*, pays pierreux & défert. A peine notre Equipage avoit-il commencé à prendre quelque repos, qu'il fortit d'une ruine deux Gardes, qui vinrent nous dire de continuer notre route & de nous éloigner de la Côte. Nous répondîmes que nous ne voulions pas aborder, que nous étions au-delà de l'efpace prefcrit, & qu'ils nous laifsâfsent en repos attendre le vent. Ces gens s'ennuyèrent apparemment d'attendre au foleil, & ne cefsoient de crier, mais comme nous reftions toujours à la même place, fans faire trop d'attention à leurs cris, foit la folitude du lieu, foit la circonftance qui leur parut favorable, pour efsayer la portée des balles de leurs fufils, nous fûmes afsez étonnés d'en entendre fiffler une au-defsus de nos têtes, mais qui heureufement ne nous atteignit point. Nous ne pouvions punir ces deux coquins, fans rifquer de nous faire une très-longue & très-mauvaife affaire : ainfi nous filâmes doux & prîmes du large jufqu'à plus d'un quart de mille. Il manquoit des évènemens à notre Voyage, & nous nous applaudifsions prefque de les voir fe fuccéder & remplacer les Defsins & les Vues que nous ne pouvions plus faire, mais nous ne favions pas encore tout ce qui nous attendoit.

Un petit vent de *Scirocco*, qui vint alors à s'élever, nous éloigna un peu de la Côte, & nous porta jufqu'à une Baie appellée *la Pouẓẓola*, où fe chargent les *Caroubes*, qui viennent en abondance dans cette partie de l'Ifle, & que nous appercevions amafsés par tas fur le rivage (1).

Le foir le temps fe couvrit & nous menaça fort de marquer l'équinoxe par un orage. Ne pouvant aborder nulle part, ayant autant à craindre de la terre que de la mer, nous cherchions au moins quelque Anfe de fûreté, pour pafser la nuit fous le vent. Notre petit Equipage força de voiles & de rames pour doubler les Ifles *Formiche* & la pointe de la Baie de la *Marfa* ou de *San Pietro*, afin de pouvoir nous ranger fous un rocher anguleux appellé *il Caftellucio*, où nous arrivâmes heureufement afsez tard pour n'être pas apperçus de la Garde : le temps étoit d'ailleurs fi mauvais que la Sentinelle fut peu curieufe de fortir

---

(1) Le Caroubier eft un arbre de moyenne grandeur qui vient afsez communément dans les pays chauds, comme en Sicile, il y en a aufsi beaucoup en Provence, en Efpagne. L'arbre eft fort branchu, garni de feuilles épaifses, prefque rondes, & qui ne tombent point en hiver. Son fruit, qu'on nomme *Carouge* ou *Caroube*, a la forme d'une goufse applatie, de la longueur d'un demi-pied & plus, fur un ou deux pouces de largeur. Elle renferme un fuc épais, mielleux & noirâtre qui refsemble à la moëlle de la Cafse. Lorfque le fruit eft mûr, il a un goût afsez agréable & les pauvres s'en nourrifsent. On en fait, par la fermentation, une efpèce de vin ou d'eau-de-vie que l'on employe encore pour confire des Tamarins & d'autres fruits.

de fa baraque & de venir vifiter l'Anfe que formoit le rocher à pic qui nous couvroit.

Cette calle, large de trois milles & plus profonde encore, forme une efpèce de demi-Port, commencé par la nature, & qui feroit même très-avantageux par fa fituation, fi l'ouverture qui en eft très-vafte, n'y laiffoit entrer la groffe mer ; fes Côtes d'ailleurs qui font fort baffes, en livrent l'intérieur à toute la force des vents, de forte qu'on n'y peut trouver de fûreté qu'à l'angle feul des rochers où nous avions capé. Nous câlames donc entièrement, pour donner moins de prife aux vents, & nous nous fermâmes avec nos voiles, pour paffer la nuit, comme les limaçons fe renferment dans leurs coquilles pendant la mauvaife faifon.

Les éclairs étoient continuels, le tonnerre grondoit, mais il grondoit au loin, & comme nous n'en pouvions plus de fatigue, nous nous endormîmes, & pafsâmes ainfi une partie de la nuit, c'eft-à-dire jufqu'à deux heures avant le jour, lorfqu'un coup de tonnerre effroyable réveilla tout l'Equipage & le mit fur pied. C'étoit un coup de canon de 24, il fut fuivi d'une bordée générale & d'un feu roulant : le bruit n'attendoit pas l'éclair, l'éclair reprenoit avant la fin du bruit, ce n'étoit rien pour qui ne craignoit ni l'éclair ni le bruit, mais tout-à-coup nous fentîmes notre barque fe foulever, & replonger avec tant de violence, que l'eau de la mer y entroit par tous les côtés. Dans le même moment le vent preffant la voile qui nous couvroit, la pluie & la vague pafsèrent par-deffus & nous inondèrent : nous entendîmes les traverfes, qui la foutenoient crier, céder & fe rompre ; & pour comble d'infortune une bourafque effroyable étant furvenue, acheva de déchirer notre vanne, & nous reftâmes expofés à un vent & à une pluie fi terrible, qu'elle nous ôtoit à tous la refpiration.

Dans une pareille détreffe, nous n'avions d'autre reffource qu'une feule petite ancre, d'où dépendoit notre fort ; elle nous foutenoit encore contre l'effort des vagues, mais elle ne tenoit qu'à un fil, & ce fil étoit bien tendu ; pour le foulager un peu, nous imaginâmes d'attacher notre left à des cordes & de le defcendre à la mer, les Matelots revenants enfuite deffus avec les rames, nous nous rapprochâmes ainfi de notre rocher protecteur, qui ne nous avoit jamais paru auffi éloigné, que dans le moment où nous virâmes de la proue à la poupe. Cette terrible bourafque fe calma enfin, car heureufement pour nos petits moyens, ce n'étoit qu'un grain, & encore paffa-t-il vîte.

Mouillés jufqu'aux os, le vent nous pénétroit de froid ; tout ce que nous pûmes faire fut de nous raffembler fous nos voiles & fous nos habits, quoique trempés par la pluie, pour nous réchauffer un peu, & nous attendîmes ainfi le jour avec impatience. Il parut enfin & diffipa nos frayeurs, car le calme étoit revenu tout-à-fait, & les flots s'étoient entièrement appaifés. Nous nous féchâmes donc de notre mieux, & après avoir repris courage, & déjeûné de bon cœur, nous & nos Matelots, nous remîmes en mer pour gagner le Cap *Paffaro*, où nous arrivâmes après douze milles de marche.

Cette Pointe ou extrémité de la Sicile, ce Promontoire nommé autrefois *Pachinum*, eft devenu par le laps de temps comme une petite Ifle nouvelle, l'eau de la mer ayant recouvert un efpace confidérable, un bas-fond de près d'un mille de large, qui la fépare de la grande Ifle, ainfi que les petites pointes des rochers qui femblent l'y attacher encore. Nous vîmes en paffant à l'extrémité de ce Promontoire, un Château fortifié qui a la forme d'une groffe Tour quarrée; l'on y entretient une petite Garnifon, qui femble être là en exil au bout du monde.

Comme le vent étoit encore contraire, nous demandâmes humblement à faire de l'eau ou à nous tenir fous le vent, mais on nous refufa inhumainement l'un & l'autre; & malgré la groffe mer & l'apparence d'un nouvel orage qui fe formoit, nous fûmes obligés de tirer au large pour éviter la Côte, qui dans cette partie eft fort dangereufe & prefque fans abordage. Heureufement que dès que nous eûmes doublé le Cap, un vent de *Scirocco* très-frais s'étant élevé, notre petite barque fut portée avec une telle vîteffe, que nous fîmes quarante-quatre milles en moins de quatre heures.

Cette partie orientale de la Sicile eft bien plus agréable à la vue que celle du midi; nous vîmes en paffant les riches campagnes arrofées par le Fleuve *Helorum*, aujourd'hui *Abiffo*, dont les débordemens, dit *Virgile*, ainfi que ceux du Nil, fertilifent fes bords. Nous apperçûmes de loin *Avola*, dont le territoire produit un fucre, qui a été peut-être la première production de ce genre connue des Anciens.

VUE GÉNÉRALE

DE

LA VILLE DE SYRACUSE,

PRISE DE DESSUS MER.

PLANCHE CENT SEPTIÈME.

Dès que nous eûmes gagné le Cap *Longo*, nous découvrîmes *Syracuse*, qui n'en eft plus qu'à fix milles de diftance. L'impatience que nous avions d'y arriver s'étant communiquée à nos Matelots, ils redoublèrent de courage, fi bien qu'en moins d'une heure nous nous trouvâmes à l'entrée du Port. Quoique *Syracuse* foit fûrement aujourd'hui une des Villes célèbres de l'antiquité que l'on peut dire être la plus éloignée de fon ancienne fplendeur, elle conferve cependant de loin quelque chofe d'impofant, foit par fa feule fituation, foit encore par la beauté & l'étendue de fon Port, un des plus vaftes que l'on connoiffe & qu'il y ait dans le monde.

En voyant l'immenfité de ce Port, fi fouvent occupé autrefois par les Flottes nombreufes qui s'y raffembloient, nous nous rappellions une partie des événemens qui s'y font paffés; ces terribles batailles des Athéniens & des Romains, données dans fon enceinte, celles qui eurent lieu entre les Syracufains & les Carthaginois, ces cruels Carthaginois qui, après avoir triomphé pendant un temps d'une grande partie de la Sicile, finirent par y trouver leurs tombeaux. L'on voit en entrant à gauche la plaine où ils avoient campé, pour faire le fiége de cette Ville immenfe, à droite l'Ifle appellée *Ortigie*, aujourd'hui la Ville moderne de *Syracufe*, & qui n'en étoit que la Forterefse, enfuite les riches quartiers de *Neapolis*, de *Tiché* & de l'*Achradine*, jadis enrichis de Temples & d'Edifices magnifiques, bâtis par *Hièron* dans le plus beau temps des arts.

Il eft vrai que toutes ces belles & grandes idées difparurent loin de nous, lorfqu'après avoir traverfé tout le Port, & nous rapprochants plus près de la *Syracufe* moderne, il nous fallut aborder à une chétive baraque appellée le *Bureau de Santé*, où une Députation mal peignée & en collet monté, vint honnêtement nous propofer pour *Lazaret* un tertre aride de dix pas en quarré, fans nul abri & fans le moindre ombrage; afyle miférable, qu'il nous fallut

encore

encore folliciter pour l'obtenir ; mais comme tout paroît bon à qui vient d'échapper du naufrage, nous nous hâtâmes de débarquer fur ce petit coin de fable, pour nous fentir au moins en terre ferme.

VUE DU LAZARETH

ET

DE L'INTÉRIEUR DU PORT DE SYRACUSE.

PLANCHE CENT HUITIÈME.

NOUS fûmes encore bien plus étonnés, lorfque le lendemain de notre arrivée, on vint nous propofer de faire bâtir à nos frais une cabàne pour nous côuvrir, & une autre pour la Garde, qui, fuivant toutes les apparences, devoit nous rançonner pendant notre captivité. Il étoit difficile que nous puffions accepter une propofition auffi étrange, & après avoir tenu confeil, nous trouvâmes que le meilleur & le feul parti à prendre étoit de retirer fur le rivage la barque dans laquelle nous avions fait notre Voyage, & de nous réfoudre à en faire notre unique habitation, après avoir fait attacher au-deffus par nos Matelots, notre grande voile en forme de tente.

Il n'y eut forte de vexations & de pirateries que les Commis de ce Bureau de Santé ne nous fiffent effuyer pendant notre féjour dans ce miférable réduit, & il eft à croire que tous les Voyageurs qui arriveroient comme nous & en pareille circonftance à *Syracufe*, n'y feroient pas mieux reçus ni mieux traités. Dans l'ennui horrible & la contrariété que nous éprouvions, nous fûmes trop heureux d'avoir au moins recours à nos talens, & n'ayant rien de mieux à faire, nous nous amusâmes à prendre plufieurs Vues du Rempart de *Syracufe*, au pied duquel nous étions fi triftement retenus, & fi mal à notre aife, telle que celle qui eft préfentée ici, N°. 108.

Enfin après avoir été les victimes de l'avarice & de toute la rapacité de ces malheureux Commis, après avoir effuyé vingt-huit mortels jours de quarantaine, couché tout ce temps entaffés avec nos Matelots, baignés chaque nuit par l'exceffive humidité de la faifon & du lieu, brûlés à midi par l'ardeur du foleil & expofés tous les foirs à un vent de mer, qui nous laiffoit la courbature de la fièvre, notre liberté nous fut rendue, & nous fîmes notre entrée à *Syracufe* dans un état à faire pitié ; encore en eûmes - nous l'obligation à *Monfignor Gargallo*,

Vicaire-Général, qui en l'abfence de l'Evêque, auquel nous avions été recommandés, prit fur lui de foulager nos mifères de tous les adouciffemens qu'il pouvoit y apporter ; il eut même l'honnêteté de nous faire préparer des logemens au Palais Epifcopal, où nous pafsâmes quelques jours pour nous refaire de nos infortunes.

PLAN GÉOMÉTRAL DU SOL OU TERREIN

QU'OCCUPOIT

L'ANCIENNE VILLE DE SYRACUSE.

PLANCHE CENT NEUVIÈME.

AVANT d'entrer dans la defcription de cette ancienne Ville, ou plutôt de ce qui peut en exifter encore, avant de parcourir avec nos Voyageurs les différentes Vues qu'ils nous en ont envoyées & les détails que nous pouvons en donner, nos Lecteurs approuveront fans doute que nous mettions fous leurs yeux une Carte ou Plan Géométral de cette célèbre *Syracufe*, dont ils pourront par ce moyen fe former plus promptement une idée, foit de fa pofition & de fon étendue, foit de la forme & de la régularité de fon Port, un des plus heureufement difpofés par la nature.

L'on peut dire que c'eft prefque aujourd'hui tout ce qui exifte de cette ancienne Ville, fi ce n'eft le Rocher même fur lequel elle étoit conftruite, & où l'on ne reconnoît pour ainfi dire les traces & les apparences d'une Ville, qu'aux feuls veftiges des tours, des portes, & fur-tout des murailles qui l'entouroient, & dont il refte même encore quelques parties affez entières.

C'étoit fans doute d'après les defcriptions que nous en ont laiffées tous les anciens Auteurs, & fur-tout *Cicéron*, une des Villes les plus puiffantes de l'antiquité. Elle étoit compofée de quatre parties ou quartiers différens les uns des autres, également féparés par des remparts, & des murs élevés, qui en formoient comme autant de Fortereffes. Nous ne pouvons fûrement mieux faire que de joindre ici la defcription que *Cicéron* nous en a donné lui-même dans fes Oraifons contre *Verrès* (1).

---

(1) *Urbem Syracufas maximam effe Græcorum, pulcher-rimamque omnium fæpe audiftis. Eft, Judices, ita, ut dicitur ; nam & fitu eft cum munito, tum ex omni aditu, vel terra, vel mari præclaro ad afpectum ; & portus habet prope in ædificatione, adfpectuque Urbis inclufos : qui cum*

(1) On vous a fouvent rapporté que *Syracufe* eft la plus grande & la plus belle Ville de toute la Grèce, & ce que l'on en dit, Meffieurs, eft conftant ; car de tous les côtés qu'on en approche, fa fituation la fortifie par mer & par terre, & la rend agréable par fon afpect. Elle

LE GRAND PORT
DE SYRACUSE
Sinus Syracusanus

PORT de THROGILE

1. Restes d'un temple de Diane.
2. Ruine de Daphné.
3. ...
4. ...
5. Restes de l'ancien Palais de Diocles.
6. Pont qui joint l'Ortygie à l'Achradine.
7. Lieu où étoit placée la Fontaine.

8. Restes de l'ancien Théatre de Syracuse.
9. Carrières antiques nommées les Latomies, entre lesquelles ...
10. ...
11. Carrière où l'on voyait le Vase et le Gobelet.
12. ...
13. Ruines d'un ancien Amphithéâtre romain.

Échelle de ... mille Romains, le mille évalué à 556 Toises.

Carte ou Plan Géométral fait à vol d'oiseau de l'antique ville de Syracuse et de ses Environs.

Il la divife, comme l'on voit, en quatre Fauxbourgs, qui étoient l'*Ortigie*, l'*Achradine*, *Ticha* & *Neapolis*. L'*Ortigie* étoit renfermée dans cette Ifle qui fe trouve fituée à l'entrée du Port, c'étoit la Fortereffe de l'ancienne *Syracufe*, la demeure de fes Princes, & comme un lieu privilégié à caufe des Temples de *Minerve* & de *Diane* qui y étoient élevés ; c'eft aujourd'hui tout ce qui compofe feul la Ville moderne. L'*Achradine* formoit la partie la plus confidérable de l'ancienne Ville, c'étoit auffi une des plus magnifiques. L'on paffoit enfuite dans le Fauxbourg de *Ticha*, ou *Tiché*, ainfi nommée, à caufe d'un Temple de la Fortune qui y étoit fitué, τυχα ou τύχη en grec voulant dire *Fortuna*. Et enfin l'on arrivoit à la *Neapolis*, qui ayant été conftruite en dernier lieu, étoit appellée la nouvelle Ville, & formoit la partie occidentale de *Syracufe*.

L'enceinte de fes murailles formoit un circuit de vingt à vingt-un milles, en

diverfos inter fe aditus habeant, in exitu conjunguntur & confluunt. Eorum conjunctione pars oppidi, quæ appellatur infula, mari disjuncta angufto, ponte rurfum adjungitur.

Ea tanta eft Urbs, ut ex quatuor Urbibus maximis conftare dicatur ; quarum una eft ea quam dixi Infula, quæ duobus Portubus cincta, in utriufque Portus oftium aditumque projecta eft, in qua domus eft, quæ Regis Hyeronis fuit, qua Prætores uti folent. In ea funt ædes facræ complures : fed duæ quæ longe cæteris antecellunt. Diana una, & altera quæ fuit ante iftius adventum ornatiffima, Minerva. In hac Infula extrema eft fons aquæ dulcis, cui nomen Arethufa eft, incredibili magnitudine, pleniffimus pifcium, qui fluctu totus operiretur, nifi munitione, ac mole lapidum à mare disjunctus effet.

Alter autem eft Urbs Syracufis, cui nomen Actadina eft : in qua forum maximum, pulcherrima porticus, ornatiffimum Prytaneum, campliffima eft curia, Templumque egregium Jovis Olympii, cæteraque Urbis partes unâ latâ viâ perpetuâ, multifque tranfverfis divifæ, privatis ædificiis continentur.

Tertia eft Urbs, quæ, quod in ea parte fortunæ Fanum antiquum fuit, Tycha nominata eft : in qua & Gymnafium campliffimum eft, & complures ædes facræ ; coliturque ea pars & habitatur frequentiffime.

Quarta autem eft Urbs, quæ, quia poftrema ædificata eft, Neapolis nominatur quam ad fummam Theatrum eft maximum : præterea duo funt Templa egregia, Cereris unum, alterum Liberæ, fignumque Appollinis qui Temenites vocatur, pulcherrimum & maximum.

Cic. in Ver. Lib. IV.

a fes Ports prefque renfermés dans fa ftructure, & fous l'infpection des Edifices ; & quoique leurs eaux aient féparément leurs diverfes entrées, en confluent les raffemble toutes à leur fortie, leur réunion forme un petit détroit de mer, qui détache de *Syracufe* cette partie que l'on appelle infulaire ; mais elle s'y rejoint encore par un pont qui l'y retient attachée.

C'eft une Ville fi étendue, qu'on diroit qu'elle eft compofée de quatre autres. L'une eft cette Ifle dont je parle, qui, quoiqu'enveloppée de deux Ports, s'avance dans l'embouchure & dans l'entrée de l'un & l'autre Port. C'eft où eft bâtie la maifon que le Roi *Hieron* avoit habitée, & dont les Préteurs continuent de fe fervir. Elle contient plufieurs Chapelles, mais principalement deux, de beaucoup préférables aux autres. L'une eft confacrée à *Diane*, & l'autre qui avant l'arrivée de *Verrès* étoit très-ornée, eft dédiée à *Minerve*. A l'extrémité de cette Ifle eft une Fontaine d'eaux douces, qui porte le nom d'*Arethufe*, d'une extraordinaire largeur, prodigieufement poiffonneufe, & qui feroit toute couverte des flots de la mer, fi par un Môle ou par une jettée de pierre, elle n'en étoit féparée.

La feconde partie de *Syracufe* eft appellée *Acradine* ; il y a une place très-fpacieufe, de belles galeries, un Pritanée en très-bon ordre, une falle magnifique pour le Confeil, un fuperbe Temple de *Jupiter Olympien*, & les autres portions de cette partie partagées par une large rue d'un bout à l'autre, & par plufieurs rues de traverfe, qui contiennent les Edifices particuliers.

La troifième Ville dans *Syracufe* eft nommée *Ticha*, parce que dans cette partie il y avoir un très-ancien Temple confacré à la Fortune. Il y a de plus un vafte Gymnafe & plufieurs Chapelles confacrées, ce qui rend ce quartier-là fort refpecté, & fort peuplé d'Habitans.

La quatrième Ville, parce qu'elle eft la dernière bâtie, eft appellée *Neapolis*. Il y a tout au haut un très-grand Théâtre, de plus deux Temples merveilleux, l'un de *Cérès* & l'autre de *Proferpine*, une fort grande & belle Statue d'*Apollon*, furnommé le Temenite. *Traduction de M. DE VILLEFORT, pag. 418 & fuiv.*

y comprenant l'*Epipole*, qui étoit un cinquième Fauxbourg, conftruit à l'extrémité & fur la partie la plus élevée du Rocher. Il paroît, d'après *Cicéron*, que c'étoit une partie diftincte de *Syracufe*, puifqu'il ne la comprend point dans la defcription qu'il en fait. Ce quartier de l'*Epipole* étoit terminé par une Forterefle redoutable appellée *Euryale*, dont il eft fait mention dans tous les anciens Auteurs. Nous voyons dans le récit du fiége de *Syracufe* par les Romains, que lorfque *Marcellus* fe fut emparé d'une des portes de la Ville, qui lui avoit donné entrée dans le Fauxbourg de *Ticha*, il n'ofa pas entreprendre le fiége de cette Forterefle, & plaça fon camp entre *Ticha* & *Neapolis* (1).

Le grand Port de *Syracufe*, qui fe trouve fermé, comme l'on voit, par la petite Ifle d'*Ortigie*, a cinq milles de circuit, c'eft-à-dire environ deux de nos lieues, & près d'une lieue d'étendue dans fa plus grande dimenfion; une forte chaîne en traverfoit l'entrée, qui a un demi-mille depuis la pointe de l'Ifle jufqu'au Rocher *Plemmyrium*, où étoit conftruite une nouvelle Forterefle. L'on apperçoit encore les reftes de cet ancien Fort, à l'extrémité du Promontoire, dans un lieu appellé aujourd'hui *il Modio*. C'eft de cet endroit même qu'a été prife la Vue générale de *Syracufe*, que l'on vient de voir gravée N°. 107.

De l'autre côté de l'*Ortigie*, entre cette Ifle & une partie de l'*Achradine*, étoit placé le petit Port de *Syracufe*, autrefois nommé *Portus Marmoreus*; on lui avoit donné ce nom, à caufe que ce fecond Port étoit pavé de marbre, & orné d'une quantité confidérable de Statues. L'on fait que *Verrès* fit enlever toutes ces richefles & les fit tranfporter à *Rome*. Nous voyons dans la favante & curieufe defcription de l'antique *Syracufe* par *Mirabella*, écrite il y a environ cent cinquante ans, ainfi que dans *Fazelli*, que de leur temps on voyoit encore le long des murs qui bordent la Ville de ce côté, & dans le fond du Port, des parties entières de cet antique Pavé de marbre (2).

Nous bornerons ici la defcription de ce Plan de *Syracufe*, puifque nous devons entrer dans le détail de fes ruines & des différentes parties qui compofoient la Ville antique, à mefure que nous décrirons les Vues que nos Deflinateurs en ont prifes fur les lieux, & ayant d'ailleurs répandu fur le Plan même plufieurs Notes que l'on pourra confulter en l'examinant.

(1) *Itaque Marcellus poftquam ad inceptum irritum fuit ad Euryalum, figna referri juffit.* Et peu après : *Marcellus ut Euryalum neque tradi, neque capi vidit poffe,* inter Napolim & Ticham (*nomina partium Urbis & inftar Urbium funt*) *pofuit caftra.* Tit. Liv. Lib. V, Dec. III.

(1) *Recte autem & ex vero fcripfit Fazellus,* Hift. Sicil. Lib. IV, Decad. I, *fundum iftius portus quadratis lapidibus fuiffe conftratum, unde forte Marmoreus dictus.*

Noftris etiam temporibus aliquoties exficcatus quum fuerit, ipfe intrans fundum pavimentatum fuiffe inveni, multofque ibi grandiffimos quondam in illum ufum lapides. Mit. p. 22.

Ce *Vincentius Mirabella* étoit d'origine Françoife. Ses parens s'étoient établis à *Naples* vers 1400, & celui-ci homme très-favant, mourut à *Motica* en Sicile en 1624. Son ouvrage fur *Syracufe* eft infiniment curieux.

VUE

VUE DE LA FONTAINE
D'ARETHUSE.
PLANCHE CENT DIXIÈME.

Un des premiers objets de curiofité de *Syracufe*, & un de ceux que nous avions le plus d'empreffement de voir, étoit la fameufe Fontaine d'*Arethufe*, fi connue dans la fable, par la métamorphofe de la Nymphe de *Diane*, & par celle du Fleuve *Alphée*. On fait que cette Déeffe, pour fouftraire fa compagne favorite aux pourfuites de fon amant, imagina de la transformer en Fontaine, & que les Dieux, fenfibles aux malheurs d'*Alphée*, le métamorphosèrent à fon tour en Fleuve. Plus amoureux encore fous cette forme, & ne pouvant oublier fa tendreffe pour *Arethufe*, *Alphée* eut bientôt réuni fes eaux avec celles de la Nymphe dédaigneufe, qui ne pouvoit plus l'éviter.

Fiction charmante, mais que le lieu même, & ce qui porte encore aujourd'hui le nom de Fontaine d'*Arethufe* auroient fûrement bien de la peine à rappeller à l'imagination du Voyageur. Il eft auffi très-vraifemblable que cette Fontaine aura également changé avec tout le Pays de forme & de nature. Sa fituation feule, à ce qu'il paroît, doit être cependant toujours la même, & telle que nous venons de la voir indiquée par *Cicéron* dans la defcription de Syracufe. *Fons qui fluctu aquæ totus operiretur, nifi munitione ac mole lapidum, à mari disjunctus effet.*

Cette *Arethufe*, fi chère à *Diane*, à laquelle on accordoit les honneurs divins, à laquelle *Hercule* même facrifioit des Taureaux : cette Fontaine révérée dont les eaux nourriffoient une quantité innombrable de poiffons facrés, n'eft maintenant qu'une abondante fource d'eau faumâtre, qui s'échappe entre de triftes Rochers, coule dans une efpèce de baffin anguleux, formé de deux vieilles murailles, qui n'ont même pas le mérite d'être antiques, & où le linge le plus fale eft lavé par une troupe de femmes plus fales encore. A côté de cette Fontaine, l'on voit d'autres canaux, qui conduifent avec la même abondance les eaux de la même fource dans des tanneries ; le refte divifé dans des conduits épars, fort çà & là, fe perd, ou eft retrouvé fans utilité, & vient aboutir enfin dans la mer par une quantité de canaux que l'on diftingue encore à l'entour de l'Ifle lorfque la mer eft baffe.

Malgré l'état pitoyable dans lequel eft aujourd'hui cette Fontaine d'*Arethufe*, en voyant l'abondance de fes eaux, l'on n'eft point étonné de la célébrité qu'elle

Vol. IV. Dddd

pouvoit avoir anciennement ; car il est pour ainsi dire miraculeux qu'il sorte du centre d'un Rocher isolé & presqu'entouré par la mer, une source d'eau douce, qui, si elle étoit rassemblée, paroîtroit plutôt la naissance d'un Fleuve ou d'une grande Rivière, que la source d'une Fontaine. Suivant toute apparence, elle avoit autrefois un grand & profond bassin, qui, au rapport de tous les Historiens, contenoit une grande quantité de poissons de toute espèce ; poissons qu'on ne pouvoit toucher sans offenser *Diane*, Divinité tutélaire de *Syracuse*, & à laquelle on avoit élevé un Temple dans le centre de l'Isle.

A cent toises environ de la Fontaine, & à l'embouchure du Port, lorsque le temps est calme, on apperçoit le bouillonnement d'une source abondante, qui sort avec violence du fond de la mer, & ne mêle ses eaux qu'à la surface. Quoique cet effet existe & se voye en d'autres endroits, il rappelle ici cette ancienne fiction du Fleuve *Alphée*, qui de l'*Elide* roulant ses eaux à travers celles de la mer, venoit, suivant la fable, les mêler encore dans toute leur pureté à celles de sa belle Nymphe. Nous cherchâmes à plusieurs reprises cette source connue depuis tant de siècles, mais le vent, ou la mer qui étoit trop haute apparemment, nous empêchèrent de la distinguer.

Près de la Fontaine d'*Arethuse* étoit le Palais de *Verrès*, & cette promenade délicieuse, dont *Cicéron* accuse l'avare Préteur d'avoir fait un lieu de prostitution. Il paroît même, d'après le passage de l'Orateur, qu'il devoit y avoir dans ce même lieu un bois révéré & consacré à la Divinité (1) ; c'est encore la promenade publique de la Ville moderne, mais sans nulle sorte d'ornement, & resserrée dans un espace fort étroit, planté de quelques arbres, entre un grand mur & le parapet du Port.

Après bien des recherches, nous découvrîmes cependant au bas de la muraille, & près d'une autre Fontaine, qui est un démembrement de l'*Arethuse*, deux Fragmens de Fabrique Romaine (*Opus reticulatum*), constructions antiques, qui véritablement pourroient avoir appartenu au Palais de *Verrès*.

---

(1) *Iste novo quodam ex genere imperator ; pulcherrimo Syracufarum luco stativa sibi castra faciebat. Nam in ipso aditu, atque ore portus, ubi primum ex alto sinus ad Urbem ab litore inflectitur, Tabernacula carbaseis intenta velis collocabat. Huc ex illa domo prætoria, quæ Regis Hieronis* *fuit, sic emigrabat, ut per eos dies nemo istum extra illum lucum videre posset. Huc omnes mulieres, quibus cum iste consueverat, conveniebant : quarum incredibile est, quanta multitudo fuerit Syracusis : huc homines digni istius amicitia, digna vita illa conviviisque veniebant.*

Cic. in Ver. Lib. V.

VUE DES RESTES

DU

TEMPLE DE MINERVE À SYRACUSE.

PLANCHE CENT ONZIÈME.

Nous rentrâmes enfuite dans l'intérieur de l'Ifle, encore appellée aujourd'hui *Ortygie*, de l'ancien nom grec Ορτυγια, qui veut dire Ifle, *Infula*. L'on voit dans la fable, que *Minerve*, *Proferpine* & *Diane* fe partagèrent la Sicile, & que *Syracufe* échut à cette dernière Déefse. Ce quartier de l'antique *Syracufe* refta toujours le plus important, parce qu'il commandoit les deux autres, & fur-tout l'entrée du Port ; il devint l'habitation des Tyrans qui le fortifièrent, & depuis les Romains fentirent fi bien de quel avantage étoit fa pofition, qu'ils ne voulurent point permettre à aucun Syracufain de l'habiter depuis la prife de la Ville.

Nous cherchâmes envain les Palais de *Denys*, fes jardins, fon Tombeau ; les bains fameux du tendre *Daphnis*, fils de *Mercure*, & l'Inventeur de la Poéfie Bucolique. Ce *Daphnis* qui charmoit *Diane* par le chant de fes vers, & qui devint aveugle pour avoir été infidèle (1) ; tout a difparu. Le feul Monument antique dont il exifte encore dans cette Ifle quelques reftes ún peu confervés, c'eft un Temple de *Minerve*, dont on a fait la Cathédrale de la *Syracufe* moderne; mais on a abfolument mafqué & dénaturé tout l'Edifice, qui étoit, ainfi que tous ces autres Temples antiques, d'Ordre dorique fans bafe. Un Evêque de *Syracufe* imagina de faire une Eglife de cet ancien Temple dans le douzième fiècle ; on a démoli depuis la partie occidentale pour y bâtir la façade de l'Eglife ; le mur intérieur a été ouvert en Arcades, & l'on a muré les entre-Colonnemens pour former des bas-côtés & donner plus de largeur au Temple moderne.

Il refte dans la partie latérale douze Colonnes engagées dans le mur ; ces Colonnes, avec celles que l'on a enlevées de la partie du fond du Temple pour y élever le Portail moderne, & celles qui naturellement devoient porter le Fronton oriental, auffi détruites, faifoient enfemble le nombre de feize Colonnes. Ces

---

(1) La Fable dit que ce Berger de Sicile, éperdument amoureux d'une Nymphe, avoit demandé aux Dieux, de concert avec celle qu'il aimoit, que celui des deux qui le premier violeroit fes fermens, devînt aveugle. *Daphnis* fut inconftant, il s'attacha à une autre Nymphe, & fut privé de la vue fur-le-champ.

feize entre-Colonnemens devoient donner une dimenfion bien longue à cet Edifice, pour les fix Colonnes qu'il avoit de largeur. Cependant les Colonnes intérieures qui formoient la porte du Temple ne laiffent aucun doute fur l'exiftence de deux entre-Colonnemens qui manquent au Fronton (1).

On dit qu'autrefois ce Temple étoit voûté, & qu'un tremblement de terre arrivé en 1542 fit écrouler la voûte qui le couvroit ; il refte à favoir fi cette voûte étoit antique ; ce qu'il y a de bien certain, c'eft que le tremblement a dû être très-violent, puifque l'Entablement en a été dérangé, & qu'une partie des Colonnes en ont perdu leur à-plomb. La dimenfion en étoit courte, l'entre-Colonnement fort large, & elles pofoient fans bafes fur trois Gradins de neuf pouces, qui eux-mêmes étoient appuyés fur la roche vive.

L'Hiftorien *Athenée* nous apprend qu'au-deffus du Portique de ce Temple il s'élevoit une Tour, où étoit un bouclier refplendiffant, qui s'appercevoit à une grande diftance fur mer, & que lorfque les vaiffeaux, en s'éloignant du Port, venoient à perdre ce bouclier de vue, ils jettoient leurs offrandes à la mer, pour fe rendre *Neptune* & *Minerve* favorables. L'hiftoire de ce bouclier n'eft peut-être pas bien certaine, mais la feule élévation du Temple, & fa fituation au-deffus de toute la Ville, devoit fuffire pour qu'il fût apperçu de très-loin (2).

On ne fait fi l'on doit regretter que l'on ait fait de cet antique Monument une Eglife moderne, car on peut dire que fi ce qu'on y a ajouté de murailles & de

---

(1) Dans le rang intérieur de ces Colonnes, on peut remarquer une fingularité affez rare parmi ces Temples antiques, c'eft qu'il s'y trouve deux Colonnes qui ont deux pieds de hauteur de plus que les autres ; mais malgré cette irrégularité, elles ne dérangent point l'ordre de l'Architecture, attendu qu'elles ne portent point fur le même focle qui fert de bafe aux autres Colonnes.

(2) *Altera ibidem Ædes Minervæ fuit, & ea ornatiffima, ad cujus verticem* (L. IX ex Palemone Atheneo referente) *eminebat ex ere fufo Minervæ fcutum, auro illitum, ingens adeò, ut eminus à navigantibus, atque alto mari cerneretur. Quod è Syracufano, qui folverant portu, cum primum videre defierant, Scyphum fictilem, quem à Deorum ara juxta Olympii fanum extra muros fita, confulto acceperant, melle, thure, aromatibus floribufque repletum in Neptuni & Minervæ honorem, in mare projiciebant; peracloque ita veteris fuperftitionis voto lati curfum fequebantur.* Fazelli, de reb. Sic. pag. 171.

Parmi les richeffes que *Cicéron* reproche à *Verrès* d'avoir enlevé de *Syracufe*, il regrettoit particuliè-rement tout ce qui ornoit ce Temple de *Minerve*, en Peintures, en Statues précieufes que ce Préteur avoit fait emporter, quoique *Marcellus*, dit l'Ora-teur, eut cru devoir les refpecter, lorfqu'il s'étoit emparé de la Ville. Les batailles d'*Agatocles* étoient repréfentées fur ces murailles en vingt-fept Ta-bleaux de la plus grande perfection. L'on y voyoit

en outre les Portraits de tous les Princes qui avoient régné en Sicile, & que *Verrès* fit détacher de deffus les murs, les laiffant fans nulle décora-tion, ainfi que les portes du Temple, qui étoient de la plus grande richeffe. L'on venoit admirer ces portes de toutes parts, à caufe des ornemens de toute efpèce, en or, en ivoire & en bronze, dont elles étoient enrichies. *Quid ego de Valvis illius Templi commemorem ? Vereor, ne hæc qui non viderunt, omnia me augere atque ornare arbitrentur............ Confirmare hoc liquide, Judices, poffum Valvas magni-ficentiores ex auro atque ebore perfectiores nullas unquam ullo Templo fuiffe............. ea detrahenda curavit omnia. Gorgonis os pulcherrimum, crinitum anguibus revellit atque abftulit, & tamen indicavit fe non folum artificio, fed etiam pretio queftuque duci, non bullas aureas omnes ex his Valvis, quæ erant & multæ & graves, non dubitavit auferre quarum ifte non opere delectabatur, fed pondere.*

Cic. in Ver. Lib. IV.

conftructions

conftructions le dénature, il y a beaucoup à parier qu'il n'en exifteroit peut-être plus rien fans elles : on en peut juger par le Temple de *Diane*, qui, non loin de là, eft fi détruit, que fans les plus grandes recherches, on pourroit prefque douter de fon exiftence.

Ce Temple fameux, le premier élevé à *Syracufe*, eft tellement recouvert & enféveli dans toutes fortes de mazures, qu'il faut en aller rechercher les reftes dans l'intérieur même des habitations, & des maifons élevées tout autour, dans lefquelles il eft comme enterré (1).

Obligés d'abandonner des recherches qui nous parurent abfolument inutiles dans cette partie de l'ancienne *Syracufe*, nous prîmes le parti d'aller vifiter & parcourir le refte de la Ville. Nous trouvâmes d'abord à la pointe de l'Ifle *Ortygie*, un Château que l'on y a conftruit vers le onzième fiècle, dans le ftyle & le genre gothique en ufage alors; il eft facile cependant de reconnoître parmi ces mauvaifes conftructions modernes, des parties entières d'Entablemens, de Colonnes & de Fragmens antiques, qui provenoient fans doute des Monumens de l'ancienne Ville, mais employés fans goût & fans difcernement.

Plufieurs Forts, de gros Baftions, des Châteaux ifolés, de grands Foffés où la mer communique du grand au petit Port, donnent extérieurement à cette partie de la *Syracufe* moderne l'afpect impofant d'une Place de guerre, & fembleroient annoncer toute autre chofe que les petites rues tortueufes & les méchantes habitations que l'on trouve dans fon intérieur.

Ce Château eft très-avantageufement fitué, & commande l'entrée du Port, qu'il pourroit défendre en cas d'attaque. C'étoit à cette pointe de l'*Ortygie* que s'attachoit une longue & forte chaîne qui fermoit le Port, & alloit aboutir de l'autre côté au Rocher anciennement appellé *Plemmyrium* (2). Ce fut dans ce Port où, fuivant l'hiftoire, fe donna la dernière bataille navale, qui fit perdre aux Athéniens tout efpoir de falut ; elle fut donnée fi près des murailles, que les Syracufains pouvoient encourager & animer les combattans de leurs cris.

Après avoir traverfé la petite Ifle *Ortygie* qui renferme, comme nous l'avons dit, aujourd'hui toute la Ville actuelle de *Syracufe*, nous en fortîmes par la feule entrée qui y conduit du côté de la terre. Cette partie ou extrémité de l'Ifle,

---

(1) En recherchant dans l'intérieur des maifons, on retrouve deux des Chapiteaux de ce Temple, que l'on voit encore en place & élevés fur leurs fûts. Nous les vîmes chez un Particulier qui demeure rue *Refaliba*. Ces Chapiteaux font à moitié engagés dans la conftruction d'un mur moderne, & on en retrouve l'autre moitié dans l'Etude d'un Notaire qui habite la maifon voifine.

(2) Nous voyons que *Plutarque* fait mention de cette chaîne qui défendoit le Port de *Syracufe*; elle étoit portée & foutenue de diftance en diftance, par des bateaux légers, des *Triremes*, liés & attachés enfemble avec des ancres & des chaînes. *Acatos enim Triremefque & onerarias ancoris firmitas & catenis ferreis conftrictas tabulatis pontibus infternunt.*

Mirabella, pag. 111.

appellée autrefois *la Rocca*, étoit l'endroit où *Denys* avoit établi fa demeure principale, depuis qu'au retour de la levée du fiége de *Gela*, il s'étoit vu abandonné de fa cavalerie & au moment d'être détrôné. Ce Château que fa fituation feule fuffifoit pour le rendre redoutable, défendoit tellement ce quartier, qu'on y affiégea vainement le Tyran, & que fon fils, quoique dénué de tous talens politiques & militaires, s'y défendit au point que fans la défection de fes Troupes, *Timoléon* n'eût pu l'en chaffer.

Cette entrée de *Syracufe*, & toute cette partie de la Ville, eft celle qui a le plus perdu de fon ancienne forme, ayant été bâtie & rebâtie en différens temps; auffi feroit-ce envain que l'on y chercheroit le moindre veftige d'antiquité. On dit cependant qu'il y refte encore des Souterrains qui communiquoient du Château dans tous les Fauxbourgs, mais nous ne les vîmes point, & continuant notre route, nous arrivâmes par différens Ponts à un autre quartier de la Ville antique, & un des Fauxbourgs les plus étendus, que l'on nommoit *Achradine*. Aujourd'hui cette partie de *Syracufe* eft en beaucoup d'endroits couverte de maifons de campagne & d'habitations modernes, mais l'on n'y voit aucun Monument, ni même la moindre trace des anciennes murailles qui devoient féparer ce quartier d'avec les autres.

Laiffant l'*Achradine* à droite, & entrant dans *Neapolis*, nous trouvâmes d'abord les reftes d'un ancien Amphithéâtre, bâti fur un terrein inégal. Cet Edifice, moitié taillé dans le roc, & moitié conftruit en groffes pierres, avec des Corridors voûtés, étoit d'une forme ovale fort allongée dans fon plus grand diamètre, & fort refferrée fur l'autre. Il paroît qu'en tout c'étoit un Monument médiocre, & il y a lieu de croire qu'il fut élevé par les Romains, ainfi que celui dont on voit quelques reftes à *Tarente*, & pour l'ufage feul de la Colonie qui y fut établie. On fait que les combats d'hommes & d'animaux auxquels les Amphithéâtres étoient deftinés chez les Romains, n'étoient point en ufage chez les Grecs, & qu'ils avoient même de l'horreur pour ces fortes de fpectacles. Au refte le Propriétaire de ce lieu, que l'on appelle aujourd'hui *la Foffa de' Granati*, fort peu amateur de l'antiquité, a détruit depuis peu une partie des voûtes des Corridors qui exiftoient encore, & enlevé le refte des Gradins, pour pouvoir labourer fur l'emplacement plus à fon aife.

VUE DES RESTES DU THÉÂTRE
DE SYRACUSE.
PLANCHE CENT DOUZIÈME.

PRÈS des Ruines de cet ancien Amphithéâtre, l'on retrouve celles d'un autre Monument, qui, quoique bien délabré, offre encore un aspect bien intéressant; c'est le Théâtre de *Syracuse*. Les Gradins qui étoient entièrement taillés dans le roc, s'étoient jusqu'ici parfaitement conservés, mais depuis quelques années ils ont été abandonnés à la barbarie des gens du Pays, qui viennent y chercher des pierres & des matériaux pour bâtir leurs maisons. Malgré toutes ces dégradations, on distingue encore une grande partie de ces Gradins, les deux Repos ou espèces de Paliers, *Præcinctiones*, qui servoient à la distribution des Spectateurs, & les Escaliers, par où l'on entroit & l'on sortoit du Théâtre.

Quant à la construction même de cet ancien Edifice, le peu qui en existe encore suffit pour faire voir qu'il avoit été fait avec le plus grand soin, & disposé pour que le Spectateur y fût placé & assis très à l'aise. Nous remarquâmes encore que chaque Gradin étoit entaillé dans son épaisseur, & formoit à l'extrémité de la pierre une espèce de rebord pour y appuyer les pieds & ne point gêner le Spectateur qui étoit assis plus bas (1). Il paroît qu'autour du Théâtre il régnoit une Galerie circulaire, dont on apperçoit encore la plate-forme en quelques endroits ; elle portoit vraisemblablement un Ordre d'Architecture avec un Corridor ou rang de Loges couvertes ; mais toute cette partie de l'Edifice est entièrement détruite. On distingue seulement très-bien les deux angles de l'Avant-Scène, & par-conséquent il est encore possible de juger de son étendue.

Nous ne pouvons douter que ce Monument n'ait été un des plus somptueux & des plus magnifiques Théâtres de l'antiquité, puisque *Diodore*, en parlant des différens Edifices qui ornoient plusieurs Villes de la Sicile dans ses plus beaux jours, & entre autres du Théâtre d'*Argyrium*, comme un des plus remarquables, dit que celui de *Syracuse* étoit supérieur à tous les Edifices de ce genre dans la Sicile (2).

---

(1) Consultez le Plan de ce Théâtre de *Syracuse*, donné sur la Carte ou Table générale des Edifices de la Sicile, N°. 79, chap. VIII.

(2) *In Urbibus quoque minoribus aliquid factum est, sicut Agirinæ Theatrum, omnium qui in Sicilia sunt, Syracusano excepto, pulcherrimum.* Diod. de Sic. Lib. XVI, §. XXIII.

C'étoit dans ce Théâtre où, fuivant l'ufage des anciens Grecs, toute la République des Syracufains fe raffembloit pour traiter des affaires publiques, & nous voyons à ce fujet dans *Plutarque*, que lorfque vers la fin du règne de *Timoléon*, il fe préfentoit quelque affaire importante où l'on defiroit le confulter, on le faifoit prier de la part de toute l'affemblée de fe rendre au Théâtre ; quand il paroiffoit, porté dans fa litière, parce qu'il étoit alors très-âgé & aveugle, tout le Peuple le faluoit par des applaudiffemens univerfels. *Timoléon* y répondoit, dit l'Hiftorien, en faluant également l'affemblée, & quand le filence étoit rétabli, après avoir écouté attentivement ce qu'on avoit à lui demander, il difoit alors fon fentiment (1).

Au refte la fituation de cet Edifice étoit parfaitement belle, placé prefqu'au centre des quartiers principaux de *Syracufe*, & fur une partie un peu élevée, les Spectateurs avoient le coup-d'œil de la pleine mer, celui de l'Ifle d'*Ortygie*, du grand Port, des belles campagnes qu'arrofe l'*Anapus*, du quartier où étoit élevé le fuperbe Temple de *Jupiter Olympien*, du Fauxbourg de l'*Achradine*, & enfin de la *Neapolis*.

Malgré la non-exiftence prefqu'abfolue, & le dépériffement de tout ce qui compofoit une des plus vaftes & des plus magnifiques Villes de l'antiquité, les reftes du Théâtre de *Syracufe* préfentent encore un des plus beaux fites & un des tableaux les plus agréables que l'on puiffe voir. Des Aqueducs antiques y amènent un volume d'eau qui eft affez confidérable pour faire tourner un moulin: ces eaux s'échappent aujourd'hui de toutes parts, & vont former plufieurs cafcades très-pittorefques & couronnées du plus beau fond d'arbres & de magnifiques peupliers. L'enfemble de tout ce beau défordre, cette végétation toujours active, toujours animée, contrafte fi avantageufement avec ces Rochers auftères & ces reftes de Conftructions antiques, qu'un Peintre ne pourroit jamais efpérer de pouvoir raffembler à la fois tout ce que la feule nature lui préfente dans ce lieu : c'eft auffi ce que nos Artiftes ont eu foin de copier fidélement & fans y rien ajouter.

---

(1) *Illud etiam, quod in concionibus in honorem ejus factum eft, pulchrum erat fpectatu, nam cum autem de rebus parvis confultandum effet, ipfi inter fe decernebant ; cum verò grandia difceptarentur, illum accerfiri jubebant. Ille per forum in lectica delatus, ad Theatrum proficifcebatur,* & *dum veheretur, ut fedebat, populus cum una voce humaniffime appellabat atque falutabat. Ipfe identidem faciens, & paululum immoratus, paululumque laudibus præftitis auribus auditifque, deinde ad ea, de quibus confulebatur, refpondebat.* Mirabella, pag. 71. E.

VUE DES LATOMIES DE SYRACUSE,

A V E C

UNE VUE INTÉRIEURE

DE CES ANTIQUES CARRIÈRES.

PLANCHES CENT TREIZIÈME
ET CENT QUATORZIÈME.

C'EST à la droite & tout près des Ruines du Théâtre, que font les *Latomies* (1), ces Carrières fi fameufes dans l'hiftoire de l'ancienne *Syracufe*, où, dit-on, furent enfermés les Athéniens après leur défaite, & où l'on peut croire que les Tyrans envoyoient les ennemis de leur tyrannie. Cette Carrière fpacieufe & creufée, fans aucun doute, dans l'origine, pour en tirer les pierres & les matériaux avec lefquels on bâtit cette ancienne Ville, devint par la fuite une prifon auffi immenfe que redoutable. Une enceinte affez confidérable, taillée à pic dans le Roc & fermée par une muraille confervée dans l'épaiffeur du même Rocher, de plus de cent pieds d'efcarpement, fert d'entrée & comme de veftibule à ces grandes & vaftes Grottes, dont la célèbre *Oreille de Denys* eft la plus profonde.

On peut dire que le temps qui enlaidit tout, avant de tout détruire, a produit ici un effet bien contraire : car faifant abftraction des fcènes tragiques qui s'y font paffées & qu'on fe rappelle malgré foi, on n'y voit plus qu'un fite auffi riche que pittorefque. Des parties de rochers détachées du haut des voûtes & écroulées les unes fur les autres, ont fait difparoître ce que le travail des hommes avoit peut-être de fymétrique. D'un autre côté les canaux qui ont fervi autrefois à porter l'eau dans les prifons, s'étant rompus & détruits par le temps, laiffent maintenant toutes ces eaux fe répandre en cafcades au travers d'une multitude d'arbuftes diverfement coloriés, & finiffent par arrofer tous les environs plantés de légumes & d'arbres fruitiers de toute efpèce.

La première chofe qui frappe la vue, en arrivant dans l'enceinte dont nous venons de parler, eft l'entrée de ces Grottes, dont l'ouverture eft placée dans le

---

(1) Il fembleroit, en confultant l'origine & l'étymologie de ce mot que l'on devroit plutôt dire *Lythomie* que *Latomie*. λίθος en grec fignifiant *lapidem*, & τέμνειν, *excidere*, d'où l'on a fait τομος ou τομη *excavatio*, & dont le compofé λιθοτομια voudra dire *lapidum fectio*. Mirabel. Syrac. antiq. pag. 31.

fond des Rochers. La plus grande des trois est occupée par des Ouvriers qui y font continuellement du sel de nitre, & qui, noirs comme des Cyclopes, ne rappellent point mal à l'imagination le tableau des forges de *Vulcain*

La seconde Grotte est dans l'intérieur, plus mystérieuse encore & plus extraordinaire. Le plafond de cette Carrière n'est soutenu que par des piliers ménagés dans la Roche même, & de toute sa hauteur. Ces espèces de Colonnes rustiques, rongées par le temps, ressemblent à d'énormes stalactites, qui ferment l'entrée de la Grotte, & n'y laissent pénétrer qu'un jour foible & interrompu. Le vaste de ces Souterrains, le sonore de leur cavité fait que le moindre son semble blesser la tranquillité dont elles sont le sanctuaire; c'est le Temple du silence bâti dans un désert.

La troisième de ces *Latomies*, que l'on appelle l'*Oreille de Denys*, est plus étroite que les autres, & paroît encore plus sombre & plus imposante : c'est l'antre de la *Sibylle*; on frémit en la questionnant, & l'on croit entendre sa réponse. Il n'y a point de retentissement plus fin & plus subtil, & qui rende d'une manière aussi sensible l'unisson du bruit le plus léger; enfin c'est plutôt le sonore d'un instrument que celui d'un écho, sur-tout à l'entrée même, qui est l'endroit où elle raisonne & retentit le plus parfaitement.

SECONDE VUE DE L'INTÉRIEUR

DES

LATOMIES DE SYRACUSE,

A V E C

L'ENTRÉE DE CELLE QUI EST PARTICULIÈREMENT CONNUE

SOUS LE NOM DE L'*OREILLE DE DENYS.*

PLANCHES CENT QUINZIÈME

ET CENT SEIZIEME.

La réputation de cette Grotte renommée, appellée dans le Pays *Grotta della favella* ou la *Grotte qui parle*, fa forme fingulière & le pittorefque de tout ce qui l'environne feroient bien faits pour attirer dans ce lieu & le rendre auffi curieux qu'agréable à parcourir, fi l'on pouvoit oublier fon principe, les maux affreux qu'ont coûté ces excavations immenfes, & les malheurs dont elles ont été l'inftrument & le théâtre : mais alors le charme ceffe, l'on ne voit plus que la prifon, les chaînes, les tortures, la tyrannie ; on veut fuir, & l'on craint en fortant de rencontrer *Denys.*

Nous fûmes obligés d'allumer un flambeau pour aller reconnoître la profondeur de cette vafte & obfcure prifon, dont on atttibue l'invention à ce Tyran, & dont toute la curiofité intérieure fe borne à une excavation de quatre-vingt pas de profondeur, fur douze de largeur & cinquante pieds de hauteur. La forme de fon plan eft celle d'une s, & dans fa coupe elle a le trait d'une grande cloche ; c'eft-à-dire que la Grotte va en fe rétreciffant depuis la bafe jufqu'aux trois quarts de fon élévation, qu'elle s'élève en gardant la même dimenfion, & fe termine enfin par une voûte ou ceintre furbaiffé, dont la clef fuit exactement la forme que nous venons d'indiquer, & va infenfiblement en s'inclinant jufqu'au fond où elle finit quarrément.

Au milieu de la partie latérale à droite eft une efpèce de petite chambre quarrée, entaillée auffi dans la Roche, de dix pieds de profondeur, fur quatre de largeur. La tradition univerfellement reçue dans le Pays, & que les Cicérons de *Syracufe* ne manquent pas de répéter à tous les Voyageurs, eft que c'étoit dans ce lieu que le Tyran *Denys* fe rendoit fecrètement pour écouter & épier les prifonniers qu'il y faifoit renfermer ; attendu, difent-ils, que c'eft l'endroit de la Grotte où l'on entend le plus parfaitement la voix & jufqu'au bruit le plus léger, quoiqu'il foit beaucoup plus vraifemblable de penfer que cette petite Grotte particulière n'a jamais été deftinée qu'à y loger ou retirer quelques Travailleurs, dans le temps où les excavations n'étoient encore qu'à cette hauteur, & qu'elle aura, comme de raifon, été abandonnée avec le temps, quand on aura continué de travailler & d'excaver au-deffous.

Quant à l'intérieur de la Grotte même, il eft certain que malgré huit ou neuf pieds de terre qui fe font amaffés par le temps fur la fuperficie du terrein, & qui ne peuvent que l'affourdir beaucoup, le retentiffement qui y exifte eft encore véritablement très-extraordinaire. Les parties latérales, taillées très-uniment font recouvertes par un enduit de mouffe ou ftalactite verdâtre que l'humidité y a dépofé depuis des fiècles.

On ne diftingue contre ces murs que quelques trous qui ont pu fervir à attacher peut-être quelques échafauds, & des anneaux, que l'on voit entaillés dans la pierre même, & dont il paroît d'abord affez difficile de déterminer l'ufage. S'ils furent faits pour attacher des prifonniers, il y en auroit eu de fufpendus à plus de quinze pieds d'élévation ; mais ce font précifément ces trous percés dans les murs qui doivent faire penfer que cette vafte prifon ayant été creufée en différens temps, & à mefure que le fol de la Carrière s'abaiffoit par les excavations, ces anneaux que l'on avoit taillés dans la pierre font reftés ainfi élevés. Idée beaucoup plus naturelle que celle où l'on eft généralement dans le Pays, que cette vafte caverne ait jamais été une prifon faite par *Denys*, pour connoître les fecrets des prifonniers.

L'infpection feule du local, obfervé avec un peu d'attention, fuffiroit même pour détruire cette opinion, à moins qu'on ne veuille fuivre aveuglément une vieille erreur, par refpect pour fon antiquité ; opinion au refte qui n'eft que populaire, & n'eft appuyée fur aucun trait hiftorique. Les Hiftoriens rapportent, à la vérité, que ce Tyran avoit près de fon Palais des prifons où il faifoit tourmenter les prifonniers d'Etat, dont il, avoit intérêt de connoître les projets, mais indépendamment de ce que les *Latomies* n'étoient pas très-voifines de fon Palais, fi celle-ci eût été deftinée à cet ufage, on ne l'eût point faite de cette profondeur, puifqu'il a fallu des fiècles pour la creufer ; les Tyrans veulent d'ordinaire des moyens plus prompts pour fervir leurs craintes ou leurs paffions : & encore quelle poffibilité d'entendre, de diftinguer & de fuivre la voix & les converfations

dans

dans un lieu où, dès que deux ou trois perſonnes parlent, les ſons ſe réuniſſent, ſe renforcent prodigieuſement, & ne produiſent plus qu'un bruit confus & ſans aucune articulation (1).

L'hiſtoire nous apprend d'ailleurs que ces vaſtes priſons n'étoient deſtinées que pour la multitude, comme le ſont parmi nous les galères, & jamais pour de grands criminels, ni pour des priſonniers diſtingués. Lorſque *Denys* y envoya le Dytirambique *Philoxène*, qui avoit pris la liberté de trouver ſes vers mauvais, on peut croire que ce fut plutôt pour le punir par une humiliation, que pour le tourmenter. L'on ſe rappelle que quelques jours après, ce Poëte ſe trouva à la table du Souverain, & jugea une ſeconde fois ſes vers, en demandant qu'on le remenât aux Carrières.

Tout porte donc réellement à croire, ainſi que nous l'avons dit, que ces fameuſes excavations ne furent jamais faites dans leur origine, que pour en retirer des matériaux, & que dans la ſuite il eſt vraiſemblable qu'on en profita, pour en faire des priſons & y enfermer des multitudes de priſonniers de guerre, dont on faiſoit des Eſclaves après leur défaite. L'on ſait que ces malheureux que l'on employoit à travailler aux Edifices publics, y reſtoient toute leur vie, s'y marioient & y avoient des enfans eſclaves comme eux. Il fallut bien pourvoir à leur ſubſiſtance, & c'eſt ſans doute ce qui a obligé d'y conſtruire des Aqueducs pour y amener des eaux, ainſi que différens canaux en brique pour les diſtribuer, & dont on voit encore les reſtes incruſtés dans la pierre.

L'on retrouve dans la Grotte où ſe fait le ſel de nitre, à l'autre bout de la

---

(1) Soit que la forme qui a été donnée à cette Grotte fameuſe ait été un effet du hazard & qu'aucun projet n'a dirigé, ce qui eſt plus que vraiſemblable, ſoit qu'elle ait été ainſi conſtruite à deſſein, il n'en eſt pas moins certain que le retentiſſement, le ſonore dont elle eſt encore, eſt vraiment une choſe digne de curioſité : il n'eſt point même étonnant que ſa ſingularité ait produit tous les contes populaires auxquels elle a donné lieu, quoique ce ne ſoit dans le vrai qu'un écho très-naturel, mais multiplié, & prolongé au point de produire un effet fort étrange.

Indépendamment de la ſenſibilité extrême avec laquelle le ſon y eſt repercuté, il y acquiert une force prodigieuſe, & s'y augmente à un point extraordinaire ; l'on ne ſera point fâché de trouver ici la deſcription qu'en a faite le Père *Kircher*, qui nous a paru fort curieuſe.

» *Exciſa eſt ex vivo ſaxo, qua cocleato ductu in* » *anguſtum canalem deſinens, cubiculo cuſtodis ſpeluncæ* » *ſuprapoſito inſinuabatur. Fiebat itaque, ut omnis vel* » *minimus ſtrepitus, aut ſubmurmuratio cocleatum opus* » *ingreſſa, in cubiculum derivaretur cuſtodis, ubi quælibet* » *ſubmiſſè prolata, ac ſi præſentia fuiſſent percipiebantur.* » *Hodie muro obturato canali, voces immurmuratæ in* » *pulcherrimam, & mirificam Echo degenerant ; Voces* » *enim non ſicut reliquæ Echi reddit æquales, ſed ſub-* » *miſſam vocem in clamorem extollit ; excreationis ſonus* » *tonitru exhibet ; percuſſio pallii manu plana facta tormenti* » *exploſo videri poſſet, imò non vocem tantum intendit,* » *ſed aliquoties repetit ; Hinc Canon muſicus à duobus* » *hic cantatus, mox in quatuor vocum concentum evadit ;* » *dum reflexa vox primi, ſecundi vocem pulchrè excipit ;* » *res prorſus auditu digniſſima* «.

Kircherius, Lib. IX, ch. IV.

Latomie, les commencemens d'une autre excavation faite dans le même genre, mais elle n'a jamais été finie. La même forme de voûte se trouve encore aux *Latomies* du Fauxbourg de l'*Achradine*, dans ce que l'on appelle la Forêt des Capucins, dont nous donnerons une Vue au Chapitre suivant.

SYRACUSA

VOYAGE PITTORESQUE

DE

LA SICILE.

CHAPITRE TREIZIÈME.

SUITE

DE LA DESCRIPTION DE SYRACUSE.

SES TOMBEAUX, SES CATACOMBES.

GROTTES ET VALLÉE D'ISPICA.

RETOUR A MESSINE PAR AUGUSTA, LENTINI, CATANA, &c.

APRÈS avoir parcouru en entier le Fauxbourg de l'ancienne *Syracuse*, appellé l'*Achradine*, nous pafsâmes à celui de *Ticha* ou *Tiché*, qui étoit au-deſſus. L'on ne découvre dans toute cette partie de la Ville antique que quelques indications de ſes anciennes rues tortueuſes & étroites, mais faciles encore à diſtinguer aux traces que les roues des chars ont autrefois formées dans le Rocher même : on les apperçoit, ces traces, creuſées dans quelques endroits juſqu'à ſix pouces de profondeur.

Ce Rocher qui faiſoit preſque toujours la première aſſiſe des murailles, donne çà & là quelques indications du plan des maiſons antiques ; il paroît qu'elles étoient toutes fort petites, poſées à crû ſur la Roche, & ſans aucunes fondations ni ſubſtructions : l'on diroit que le temps en a dévoré les pierres, car l'on ne voit plus dans toute cette partie de *Syracuse* qu'une Roche toute nue, & il feroit impoſſible de deviner qu'il y ait jamais exiſté une Ville, ſi l'on n'appercevoit de diſtance en diſtance des reſtes d'Aqueducs qui avoient été conſtruits & pratiqués ſous terre ; pluſieurs de ces Aqueducs conduiſent encore l'eau aſſez abondamment, après l'avoir amenée de trois lieues de diſtance.

Vol. IV.   Hhhh

Nous en comptâmes jufqu'à douze qui vraifemblablement autrefois diftribuoient l'eau à tous les quartiers de *Syracufe* par des canaux qui fe divifoient & fe coupoient dans tous les fens. Il y a lieu de croire que l'on avoit pratiqué dans un grand nombre des maifons de la Ville des puits particuliers qui y répondoient, car l'on en voit plufieurs encore exiftants. Ces puits font fort étroits & forés comme un canon ; mais ce qu'il y a de vraiment étonnant, c'eft la folidité de ces anciens Aqueducs fouterrains qui dans beaucoup d'endroits paroiffent parfaitement confervés, quoiqu'ils aient été conftruits l'un au-deffous de l'autre jufqu'à trois étages, & fans s'élever au-deffus du niveau du fol.

A côté & fur la gauche de ce Fauxbourg de *Ticha*, on entre dans celui de *Neapolis*. Nous nous approchâmes des murailles antiques & de l'enceinte de ce quartier, en fuivant les finuofités de la Roche qui y formoit une fortification naturelle. Ces murailles plus ou moins fortes & plus ou moins élevées, felon la néceffité du terrein, étoient bâties de groffes pierres quarrées, & pofées à fec les unes fur les autres : il y a encore plufieurs endroits où il en refte jufqu'à quatre Affifes bien entières. Enfin nous arrivâmes aux ruines d'un Château qui terminoit ces deux Fauxbourgs dans la partie la plus élevée de la Ville, que l'on appelloit *Epipole.*

L'on eft incertain de favoir, comme nous l'avons déja obfervé, fi *Epipole* étoit un cinquième quartier de *Syracufe*, ou feulement le nom d'une Fortereffe qui n'en faifoit point partie, & qui étoit, fuivant les apparences, autrefois féparée du refte de la Ville, puifque *Cicéron* n'en fait point mention. Elle étoit conftruite fur la partie la plus élevée du Rocher, qui fe termine au point, & dans le lieu où eft actuellement un Hameau appellé *Belvedere.* L'on ignore fi l'enceinte où étoit l'ancienne Fortereffe s'appelloit *Euriale*, ou bien fi *Euriale* étoit le Château même. Quoi qu'il en foit, il en refte encore une ruine affez apparente, pour juger de fon étendue & de fa forme : c'étoit fans doute le pofte le plus avantageux que les Romains euffent pu prendre pour affiéger *Syracufe*, puifque de là on découvroit non-feulement tous les mouvemens qui pouvoient fe faire dans les différens quartiers de la Ville, mais dans tout fon territoire, dans fes deux Ports & jufqu'en pleine mer. Cependant *Marcellus* négligea, à ce que dit l'Hiftorien, de s'en emparer, & l'on voit dans le récit qu'il fait de ce fiége célèbre, qu'après avoir emporté le Fauxbourg de *Ticha*, il fit retirer fes Troupes, dans la crainte fans doute d'être enveloppé entre l'*Achradine* & la Garnifon du Château qu'il laiffoit derrière lui à la puiffance de l'ennemi.

C'étoit à un des Châteaux de cette Fortereffe qu'aboutiffoit cette fameufe muraille de trente ftades de longueur qui enfermoit *Ticha* & une partie de l'*Achradine*. Cette muraille fut élevée par *Denys* : il y employa, dit-on, soixante mille hommes pendant vingt jours, & la fit conftruire en entier avec des pierres de taille énormes qui en rendoient la conftruction d'une extrême folidité. On en voit encore les ruines, qui fuivent, de même que du côté de *Neapolis*, toutes les finuofités du Rocher (1).

Ce fut près de ces murailles que *Marcellus* pofa fon camp, & c'eft par ce côté qu'il entra dans la Ville. C'eft de là auffi, que l'on peut, ainfi que ce grand-Homme, pleurer fur *Syracufe*, en penfant à la deftruction, à l'anéantiffement prefque total dans lequel eft réduite aujourd'hui une des Villes les plus magnifiques & une des plus célèbres de l'antiquité. Elle étoit fi vafte qu'on fe faifoit la guerre dans fon enceinte, & qu'on fe la difputoit comme un Royaume. *Denys* le jeune dans l'*Ortigie*, les Carthaginois dans le Port, *Hycetas* dans l'*Achradine*, & *Timoléon* dans le refte de la Ville. Chacun avec un intérêt différent, étoit feul contre tous, s'obfervoit, fe retranchoit, & faifoit tous les mouvemens d'une campagne. Cette Ville enfin, que le règne d'*Hiéron* avoit portée au plus haut point de richeffe & de grandeur, eft tellement ruinée & détruite qu'on la chercheroit dans elle-même fans pouvoir la trouver, fi le fol même de la Ville, & la nature du Rocher fur lequel elle étoit bâtie, ne retraçoient encore fon enceinte.

Nous redefcendîmes dans la *Neapolis*, & revînmes paffer près du Théâtre, dans l'endroit où l'on dit qu'*Hiéron* fit élever un Temple qui avoit une ftade de longueur. C'eft des ruines de ce Temple que furent enlevées, à ce que l'on affure, ces belles Colonnes de granit que nous admirons encore au Portail de la Rotonde à *Rome*. Il ne refte plus aujourd'hui dans tout l'emplacement de l'antique *Syracufe* qu'un bien petit nombre de ces Monumens refpectables faits

---

(1) Malgré l'état de deftruction de l'antique *Syracufe*, il eft aifé de voir que fa fituation fur la plate-forme d'un Rocher naturellement efcarpé & prefque de tous côtés, étoit une des plus avantageufes que l'on pût defirer, & c'étoit fans doute la raifon pour laquelle nous voyons dans *Tite-Live* que *Marcellus* craignoit d'en entreprendre le fiége. *Quamquam ne vi capi videbat poffe inexpugnabilem terreftri ac maritimo fitu Urbem, nec fame, quam prope liberi ab Carthagine commeatus alerent.* Indépendamment de ces remparts naturels, *Syracufe* étoit entourée par de fortes murailles foutenues de diftance en diftance par des Tours que fes différens Princes avoient fait élever. L'on trouve à ce fujet dans *Diodore* une defcription curieufe des travaux prodigieux que *Denys* l'ancien avoit ordonnés avant de déclarer la guerre aux Carthaginois & auxquels il préfidoit lui-même pour encourager & animer les Travailleurs par fa préfence. *Tanta operantium multitudo magnam fpectantibus admirationem afferebat, dum quifque defignatum fibi munus gnaviter exfequi laborat. Etenim Dionyfius, ut alacritatem operarum excitaret magna hic Architectis, illic Fabris, iftic operariis dona propofuerat. Ipfe praeterea cum amicis per totos dies operum infpectioni adherebat, ubique fefe oftendens & defatigatos fubinde relevans : tandem fepofita Imperii majeftate, privati perfonam induit, & graviffimis fe minifteriis ducem & magiftrum praebens, communes cum aliis quibufvis aerumnas in fe receptas fuftinuit, quo factum, ut certatim quique labori incumberent, & diurnis nonnulli operibus etiam noctis partem adjicerent : tam ambitiofa multitudinem confummandi operis cupiditas inceflerat.* Diod. de Sic. L. XIV, chap. XIX.

pour attefter la magnificence de l'art chez les Anciens, mais la nature feule, plus fublime, plus grandiofe que tout ce qui y avoit été formé de la main des hommes, fuffit pour en dédommager amplement ceux qui peuvent l'apprécier & en admirer les beautés.

VUE D'UNE LATOMIE

OU

CARRIÈRE DE SYRACUSE,

SERVANT AUJOURD'HUI DE JARDIN AUX CAPUCINS DE CETTE VILLE.

PLANCHE CENT DIX-SEPTIÈME.

UN des lieux qui nous frappa le plus par fa fingularité, eft encore une de ces *Latomies*, à-peu-près pareile à celles dont nous avons déja cherché à faire la defcription, mais qui, par fon immenfité & fes contraftes, offre peut-être encore plus de curiofité. C'eft celle qui appartient aujourd'hui aux Capucins de *Syracufe*, & dont ils ont formé leur jardin. Les différentes plantations qu'ils y ont faites, ou qui y viennent naturellement, la rendent d'un effet auffi myftérieux que pittorefque. Que l'on imagine une vafte galerie, fi l'on peut donner ce nom à l'excavation la plus agrefte & la plus fauvage, conftruite & taillée entre des Rochers coupés à pic, d'une hauteur prodigieufe, & qui, par leur forme irrégulière, & quelquefois percés à jour, produifent dans leur enceinte des effets de lumière tel qu'un Peintre ne pourroit les imaginer, ni plus piquants, ni plus heureux.

C'eft au milieu de ces Roches menaçantes & efcarpées, fous ces voûtes fufpendues & mangées par le temps, que l'on peut à l'ombre des orangers errer avec une forte de volupté, à caufe de la fraîcheur qui s'y rencontre & de l'air parfumé qu'on y refpire. Indépendamment d'une quantité d'arbres de toute efpèce que la nature y a fait croître, ou par touffes ou bien épars çà & là, de longs & magnifiques berceaux couverts de vigne, qui ont été conftruits au pied de ces Rochers, & dans toute leur longueur, y ajoutent encore un nouvel agrément: enfin il feroit difficile de rencontrer nulle part un contrafte plus frappant du gracieux au terrible, du févère à l'agréable, & l'on peut dire qu'*Anacréon* & *Young* y auroient trouvé également l'un & l'autre les couleurs de leurs tableaux.

Quant aux Poffeffeurs actuels de ce lieu, vraiment curieux à parcourir, les

bons

bons Capucins, qui nous en firent les honneurs de leur mieux, font fort peu occupés de tout ce qui les entoure, & fans s'amufer à refpirer l'odeur de la fleur d'orange qui leur eft, à ce qu'on prétend, un peu étrangère, ils nous parurent ne penfer qu'à la récolte de leurs fruits, & fur-tout à celle d'un raifin parfait dont toutes leurs treilles étoient alors couvertes en abondance.

Le vafte, l'étendue de ces Carrières, bien plus confidérables que celles dont nous avons déja donné les Vues & les defcriptions, ont fait croire que ce devoit être celle de ces *Latomies* redoutables où les Syracufains renfermèrent & firent périr de misère fept mille prifonniers qu'ils avoient faits fur les Athéniens, dans la guerre qu'il y eut entre ces deux Peuples vers la quatre-vingt-onzième Olympiade, & quatre cents treize ans avant l'Ere Chrétienne (1).

Nous retrouvâmes encore dans le même endroit une autre excavation dans le même genre, & à-peu-près conftruite comme l'*Oreille de Denys* ; mais moins heureufement faite ou creufée avec moins de foin, & bien plus détruite, foit par le temps, foit peut-être par de nouveaux travaux, elle n'a pu acquérir aucune célébrité. Nous apperçûmes dans l'intérieur de cette dernière Grotte les mêmes entailles, les mêmes anneaux qui ont été autrefois formés dans le Rocher, & qui fuivant toutes les apparences n'ont jamais dû être autre chofe que les attaches des chevaux & des animaux qui voituroient les pierres que l'on fortoit de ces Carrières.

---

(1) L'on voit dans *Diodore* les détails de toute cette guerre terrible, qui finit par la défaite abfolue des Athéniens, & la mort de leurs Généraux *Nicias* & *Démofthènes*. Tous les Auteurs de l'antiquité rapportent le même fait, & *Plutarque*, entre autres, ajoute que ces malheureux prifonni ˙ ainfi con- damnés à y paffer & à y finir leur vie, n'eurent d'autre nourriture que deux petites mefures d'orge, & une mefure d'eau qui leur étoient diftribuées par jour à chacun. *Perpeffi ibidem fcim fuere, atque famem, n*que enim finguli in die plus accipiebant, quam duas hordei cotylas, unam verò aqua, quæ fane nimis iniqua menfura victus erat.*

Plutarchi Niciæ Vita.

PLAN GÉOMÉTRAL

DES

CATACOMBES ANTIQUES DE SYRACUSE,

AVEC

LA VUE INTÉRIEURE D'UNE DES CHAMBRES SÉPULCRALES.

PLANCHES CENT DIX-HUITIÈME
ET CENT DIX-NEUVIÈME.

Nous pafsâmes de ces *Latomies* aux *Catacombes* de *Syracufe*, les plus vaftes, les mieux confervées qui exiftent, & peut-être les plus faites pour donner une idée jufte de ces fombres demeures. Celles-ci forment comme une Ville fouterraine, avec fes grandes, fes petites rues, fes carrefours & fes places, taillées, excavées dans le Rocher à plufieurs étages, & évidemment creufées pour en faire des fépultures; bien différentes de ces excavations dont nous venons de parler, qui n'étoient fûrement que des Carrières. Celles-ci au contraire n'ont pu que difficilement fervir à en retirer des pierres, les iffues n'en étant ni larges, ni commodes. Tout l'efpace intérieur a été travaillé à différentes époques & diftribué en voûtes plates, ceintrées ou fphériques, mais en fi grand nombre que ce doit être l'ouvrage d'un grand Peuple & pendant une longue fuite de fiècles.

Ce qui fe préfente d'abord en entrant, paroît avoir été deftiné & employé dans des temps plus modernes à former une Eglife, on la regarde même comme la première qui ait été élevée au Chriftianifme, & l'on croit qu'elle fut bâtie du temps de *Saint Marcian*, le premier Evêque envoyé par *Saint Pierre*, & martyrifé à *Syracufe* même. Cette Eglife fouterraine étoit décorée de débris antiques, & dans une forme grecque, c'eft-à-dire que la longueur des croifées ou des nefs étoit égale. On voit à droite le Siége Epifcopal, décoré avec deux Colonnes & un Chapiteau Ionique. A côté eft le Tombeau de *Saint Marcian*, taillé avec toute la fimplicité des Apôtres. De l'autre côté, on a confervé une Colonne de granit tronquée qui eft aujourd'hui fort révérée par le Peuple, parce qu'on prétend à *Syracufe* que cette Colonne a fervi à attacher & à martyrifer plufieurs Saints.

Nous trouvâmes dans la bâtiffe de cette Eglife gothique plufieurs Fragmens

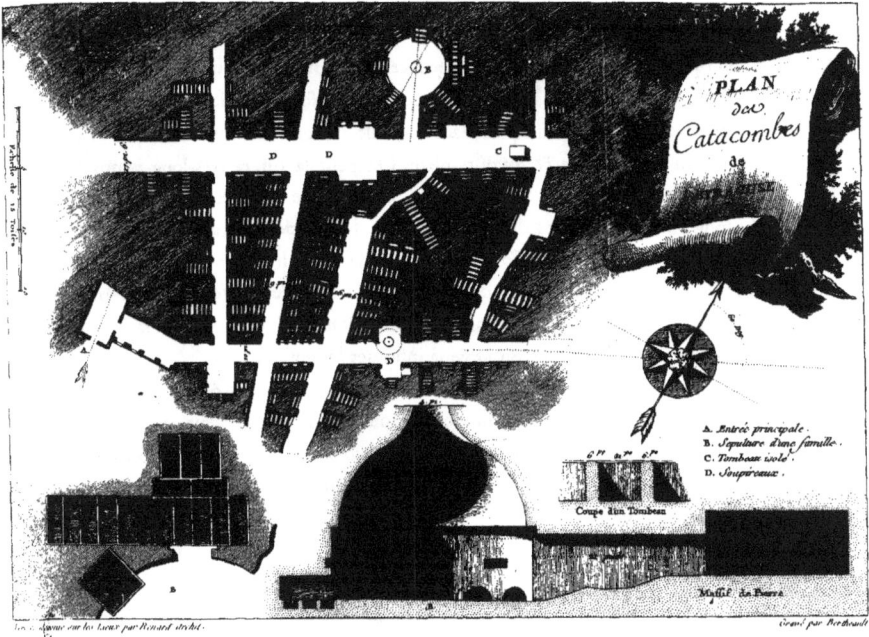

PLAN
des
Catacombes
de

A. Entrée principale.
B. Sépulture d'une famille.
C. Tombeau isolé.
D. Soupiraux.

Coupe d'un Tombeau

Massif de Pierre

Dessiné sur les lieux par Renard Architet.   Gravé par Berthault

Vue intérieure d'une des Chambres sépulcrales
faisant partie des Catacombes de Syracuse.

Dessiné par Roques   Gravé par Berthault

d'Infcriptions grecques du moyen âge, ce qui prouve évidemment que l'emploi que l'on a fait de cette partie des Catacombes eft fort poftérieur à leur première conftruction. La rue principale dans laquelle on entre enfuite eft affez large, elle eft en ligne droite & à voûte plate. On peut la fuivre très-long-temps fans en connoître abfolument la longueur, étant arrêté par des attériffemens qui s'y font faits avec le laps des temps. Dans les parties latérales de cette rue, l'on rencontre de grands Tombeaux incruftés dans le roc : leur forme demi-circulaire, que les Architectes défignent fous le nom de *cul de four*, eft terminée & recouverte par une voûte en plein ceintre. Nous y vîmes auffi dans la longueur plufieurs petits Monumens où étoient inhumés les enfans.

D'efpace en efpace, font d'autres excavations profondes & en droite ligne, où l'on voit jufqu'à foixante Tombeaux, tous de même grandeur, ménagés dans le maffif de la pierre ; il nous parut qu'ils avoient tous été ouverts ou fouillés. Dans d'autres endroits il y a des chambres fépulchrales particulières, avec des portes qui autrefois ont fermé à clef, on y voit encore l'entaille des gonds : & au milieu de ces falles, de grandes & larges Tombes ifolées, qui étoient fans doute deftinées aux Chefs des Familles. De diftance en diftance, l'on rencontre des efpèces de carrefours formés par la rencontre de deux rues. Ces carrefours font ouverts de quatre côtés, & quelques-unes de ces rues donnent entrée à de grands fallons ronds, pareils à celui dont on voit ici le Deffin, & la coupe fur le Plan géométral, lettre B. Les voûtes de ces principales chambres fépulchrales étoient cylindriques, artiftement travaillées & percées par une ouverture qui alloit aboutir à la fuperficie du fol, pour y chercher l'air extérieur. Autour de ces fallons font des Tombeaux placés fymétriquement, & de même forme que ceux de la rue principale.

En parcourant ce labyrinthe ténébreux, on eft tout étonné de revenir fur fes pas fans s'en appercevoir, & de fe trouver dans un étage au-deffous de celui qu'on vient de quitter : quoiqu'à chaque inftant on foit arrêté par les décombres & les attériffemens & que l'on ne puiffe parcourir qu'avec peine une partie de ces vaftes fouterrains, ce que l'on en voit eft fi étendu, qu'il y a tout lieu de penfer que les Syracufains n'ayant pu creufer eux feuls ces immenfes excavations, y auront employé un grand nombre d'Efclaves & pendant beaucoup d'années. Il eft vraifemblable que ces Sépultures ont été faites du temps des Grecs, puifque pendant & depuis le temps de la domination des Romains, *Syracufe* n'a jamais été affez peuplée pour avoir pu entreprendre des travaux auffi confidérables, quand tous ces Habitans n'auroient été employés à autre chofe. Il femble de plus que cette égalité, cette grande fimplicité, jufques dans les honneurs rendus aux morts, annoncent un temps de liberté & de République qui n'a plus exifté depuis la prife de *Syracufe*.

Les feuls Ornemens qu'on y rencontre dans quelques endroits, y ont été ajoutés poftérieurement, & fe réduifent à quelques mauvaifes Peintures grecques des derniers temps de l'Empire, faites fur un enduit pofé fur la Roche, avec des lettres grecques ou latines, ou bien encore à des marques ou indices de Martyrs, qui étoient peintes dans l'intérieur des Tombeaux, telles que des palmes, des colombes, des cercles au milieu defquels l'on voit des croix & des lettres, ou ces autres marques-ci, A ☧ Ω (ΧΡΙΣΤΟΣ), qui étoient les fignes employés autrefois pour défigner les Tombeaux des Chrétiens. On doit penfer que ces efpèces de monogrammes n'ont pu être placés que long-temps après & dans les premiers fiècles de l'Eglife ; époque où ces fouterrains furent vraifemblablement occupés par des Fidèles qui s'y cachoient peut-être dans des temps de perfécution, & qui ajoutoient ces différens caractères fur leurs fépultures, pour pouvoir diftinguer leurs frères d'avec les Idolâtres qu'ils avoient remplacés.

En général, ces Catacombes de *Syracufe* n'ont point l'afpect lugubre des Catacombes de *Naples* ou de *Rome* ; il y règne une tranquillité myftérieufe, qui annonce le fanctuaire du repos. Enfin de tous les Monumens qui reftent de *Syracufe*, on peut regarder celui-ci comme le plus capable de donner une idée de la grandeur de cette Ville autrefois fi puiffante. Il faut voir au fortir de là les Ruines de l'Eglife d'un ancien Couvent de Bénédictins, fondé par le Pape *Grégoire le Grand*. L'on y retrouve des Fragmens de Colonnes cannelées, d'ordre Dorique, qui avoient fans doute appartenu à quelque Temple, & que l'on avoit adaptés depuis à la conftruction & à la décoration de cette antique Eglife.

VUE

VUE D'ANTIQUES TOMBEAUX
À SYRACUSE.
PLANCHE CENT VINGTIÈME.

EN fortant des Catacombes, & remontant vers le nord de la Ville, entre les Latomies & le Théâtre, on rencontre les reftes d'une Rue antique entaillée dans le Rocher, qui bordoit l'enceinte de l'*Achradine*. Elle étoit garnie de Tombeaux & de Sépultures, coupés & creufés dans le Rocher avec de petits enfoncemens quarrés où il eft à préfumer qu'étoient incruftés en marbre les Infcriptions ou Epitaphes de ceux qui occupoient ces Sépultures.

Nous rapprochants enfuite du Théâtre, à l'angle, d'un Carrefour, nous apperçûmes un genre de Monument peu connu, & que nous n'avions encore rencontré dans aucune de ces anciennes Villes. Parmi plufieurs Rochers réunis par la nature & dont la maffe informe & régulière ne préfentoit d'abord rien d'intéreffant à voir, nous fûmes fort furpris de découvrir plufieurs décorations & ornemens d'Architecture, entaillés à même le Rocher, & compofés d'un Fronton & de deux Colonnes d'ordre Dorique. Les Colonnes étoient cannelées & fans bafe, ainfi qu'elles le font à prefque tous les Monumens de cette première Architecture des Grecs. Au-deffous du Fronton, une porte quarrée donnoit entrée à une petite falle excavée dans l'intérieur de la Roche. Cette falle étoit entourée de Niches creufées dans la pierre, & dont l'emploi avoit été fans doute de recevoir les Urnes cinéraires, que l'on alloit y dépofer, fuivant l'ufage des Anciens (1).

Ces Tombeaux d'un afpect très-pittorefque, & dont le ftyle annonce l'antiquité,

---

(1) Ce genre de Monument antique, ces efpèces de Tombeaux ruftiques taillés dans la roche même, peuvent rappeller ceux qui fe trouvent dans la Grèce, près de *Telmiffus* dans la Carie, & dont M. de *Choifeul-Gouffier* nous a donné des Vues & des defcriptions intéreffantes dans fon Voyage de la Grèce, chap. VIII, page 118. Toute la différence qui fe trouve entre ces Monumens, que l'on peut croire d'une égale antiquité, c'eft que les Tombeaux de *Telmiffus*, ainfi que ceux dont parle *Corneille de Bruyn*, fitués près de *Perfepolis*, font taillés dans des rochers coupés à pic & d'une trop grande élévation, pour que l'on ne puiffe y arriver qu'avec beaucoup de peine & de rifque, au lieu que ceux de *Syracufe* font d'un abord très-aifé : l'on ne peut au refte douter qu'ils n'aient été également faits, à l'imitation des Perfes & des Egyptiens, dans l'enfance de l'Architecture, à l'époque des premiers établiffemens que les Grecs font venus faire en Sicile, c'eft-à-dire fept cents ans environ avant l'Ere Chrétienne : temps où les Hiftoriens s'accordent à placer la fondation de *Syracufe*.

doivent prouver que, fi dans beaucoup de Villes Grecques la coutume étoit de placer les Sépultures hors de l'enceinte des Villes, cet ufage n'étoit pas général, puifque ces Tombeaux-ci fe trouvent renfermés, ainfi que les Catacombes mêmes, dans l'intérieur de *Syracufe*. Ceux de *Timoléon* & de *Denys* avoient été élevés dans l'*Ortygie*, celui de *Trafibule* dans le Fauxbourg de *Ticha*, & ceux d'*Hiéron* & d'*Archimède* dans *Neapolis*.

L'on penfe effectivement que ce fut dans cette partie de *Syracufe* que *Cicéron* découvrit autrefois le T .mbeau d'*Archimède*. Cette opinion eft fondée fur ce que dans le récit qu'il fait d'une découverte qu'il regardoit comme très-précieufe, *Cicéron* dit précifément que ce fut parmi un grand nombre de Tombeaux qui fe trouvoient près la porte *Agragiana*. Or nous voyons fur le Plan même de *Syracufe*, qu'une des parties de la Ville où l'on rencontre le plus de ces veftiges de Tombeaux, eft à peu de diftance de celle de fes anciennes portes, par laquelle l'on devoit paffer pour prendre le chemin d'*Agrigente* (1).

Toute cette partie de l'antique *Syracufe* eft auffi détruite, auffi ruinée que le refte de la Ville, & l'on doit peu s'en étonner, puifque dans le temps même de la Quefture de ce célèbre Orateur, il nous raconte lui-même que ce fut parmi les Ruines & au travers des brouffailles & des épines, qu'il découvrit un Monument fi intéreffant pour les Syracufains, & dont ils n'avoient cependant déja plus d'idée.

---

(1) *Cicéron* favoit que fur la Tombe de ce grand-Homme il devoit fe trouver les figures d'une fphère infcrite dans un cylindre, figures qu'*Archimède* avoit lui-même defiré que l'on gravât fur fon Tombeau, pour rappeller une de fes découvertes en Géométrie, dont il faifoit le plus de cas, favoir les rapports qu'il y a entre un cylindre & une fphère qui y feroit contenue (*). On verra fans doute avec plaifir comment *Cicéron* raconte la manière dont il fit cette découverte, & l'efpèce d'amour-propre qu'il y apportoit. *Ex eadem Urbe hominem homunculum è pulvere & radio excitabo, qui multis annis poft fuit Archimedem. Cujus ego Quæftor ignoratum ab Syracufanis,*

(*) Une fphère eft à un cylindre circonfcrit autour d'elle, comme 2 eft à 3. Ou bien le quarré du diamètre de la fphère eft au quarré du diamètre d'un cylindre qui lui eft égal, comme le triple de la hauteur du cylindre eft au double du diamètre de la fphère.

ENCYCLOPÉDIE.

cum effe omninò negarent, feptum undique & veftitum vepribus & dumetis indagavi Sepulchrum : tenebam enim quofdam Senariolos, quos in ejus Monumento effe infcriptos acceperam, qui declarabant in fummo Sepulchro fpharam effe pofitam cum cylindro. Ego autem cum omnia colluftrarem oculis, (eft enim ad Portas Agragianas magna frequentia fepulchrorum) animadverti columellam non multum è dumis eminentem : in qua inerat fphara figura & cylindri. Atque ego ftatim Syracufanis (erant autem Principes mecum) dixi, me illud ipfum arbitrari effe, quod quærerem. Immifci cum falcibus multi purgarunt & aperuerunt locum.

Quo cum patefactus effet aditus, ad adverfam bafim acceffimus. Aparebat epigramma exefis pofterioribus verficulorum, dimidiatis fere. Ita nobiliffima Græciæ Civitas, quondam vero etiam doctiffima, fui Civis unius acutiffimi Monumentum ignoraffet; nifi ab homine Arpinate didiciffet. Tufcul. Cic. Lib. V, n. 23.

VUE D'UNE PARTIE DES GRADINS
DE
L'ANCIEN THÉÂTRE DE SYRACUSE.
PLANCHE CENT VINGT-UNIÈME.

APRÈS avoir long-temps erré, ainfi que *Cicéron*, au milieu des Tombeaux de *Syracufe*, mais fans avoir fait de découverte auffi curieufe que la fienne, nous prîmes le parti de quitter cette partie de la Ville, & de nous rapprocher du côté du grand Port. Nous avions le projet d'en faire le tour & d'aller voir enfuite les reftes du Temple de *Jupiter*, qui étoit fitué de l'autre côté du Port; mais comme notre chemin étoit en repartant du point où nous étions, de repaffer encore par ce beau Théâtre dont nous avons déja parlé, nous l'examinâmes encore avec plus d'attention que la première fois. En nous promenant autour des Gradins, nous apperçûmes à une des parties latérales & fur la hauteur du Stilobat, les reftes encore très-apparents d'une Infcription grecque écrite en très-grands caractères : cette découverte nous engagea à prendre une Vue de cette partie du Théâtre, telle qu'elle fe trouve gravée ici.

La Table fur laquelle cette ancienne Infcription a été fculptée eft faillante de deffus la Roche même & comme en relief. Elle commençoit par ces deux mots ΒΑΣΙΛΙΣΣΑΣ ΦΙΛΙΣΤΙΔΟΣ, qui fuffifent pour indiquer que ce Monument avoit été conftruit du temps de la Reine *Philiftide*. Le refte des caractères eft trop effacé pour y diftinguer autre chofe, fi ce n'eft encore le mot ΗΡΑΚΛΕΟΣ, d'où l'on peut conjecturer que ce Théâtre étoit peut-être confacré à *Hercule*.

Nous redefcendîmes enfuite du côté de la mer, en fuivant une Vallée enfoncée & étroite qui y conduit. Il paroît qu'il y avoit dans ce lieu une porte, avec des marches pour y defcendre ; peut-être étoit-ce une des portes du Fauxbourg de l'*Achradine*. Vis-à-vis font deux Roches à fleur d'eau appellées *gli Scogli*, & plus loin nous trouvâmes un autre chemin antique dans l'endroit que l'on nomme *Buon Servizzio*. L'opinion vulgaire eft que c'eft vers cette partie de la Ville que devoit être fituée la maifon d'*Archimède*, & la pofition du lieu qui domine fur l'entrée du Port, rend cette opinion affez vraifemblable.

Au refte il n'y a plus dans cette partie de *Syracufe* le moindre veftige d'aucune conftruction antique, ni du Palais de *Gelon*, ni du grand & fameux Temple d'*Efculape*, qui étoit bâti dans l'*Achradine*. Ce Temple d'*Efculape* étoit un des plus célèbres de l'antiquité : nous voyons dans *Athenée* que l'on avoit été obligé d'élever tout autour du Temple , à la diftance de cent pas , un grand nombre d'Autels, pour faciliter la quantité prodigieufe de Sacrifices que l'on venoit y offrir continuellement (1). Tout ce côté eft ruiné , au point que la Roche même qui fervoit de fondement aux Edifices eft mangée par l'air & le laps du temps, & reffemble plutôt à des fcories qu'à de la pierre (2).

Plus nous avançâmes le long du Port de *Trogille* , plus les traces de ces antiques murailles devinrent fenfibles, & lorfque nous eûmes paffé un petit Golfe près d'un lieu appellé *Tonnara di Santa Buonaccia*, lieu où la mer rentrant dans la Ville, forme une petite Anfe profonde & étroite , nous retrouvâmes les fameufes murailles élevées par *Denys*, que l'on fuit & que l'on diftingue parfaitement : on les voit encore bâties par affifes, alternativement de deux pierres, pofées en large , & deux pofées en long (3). De là nous revînmes , traverfant l'ancienne Ville dans fa plus grande largeur, mais fans y découvrir le moindre veftige d'antiquités ; fon centre, un peu moins aride, eft planté de vignes & d'oliviers, avec quelques habitations modernes, mais fans nul intérêt. A en juger par le temps que nous avions mis à parcourir tout l'efpace que contenoit l'ancienne *Syracufe*, & le chemin que nous avions fait pour la traverfer en entier, nous jugeâmes qu'elle devoit être au moins de la grandeur dont eft aujourd'hui la Ville de *Paris*.

---

(1) *Cicéron* cite encore ce Temple d'*Efculape* , en parlant d'une Statue précieufe d'*Apollon* , que *Verrès* en avoit fait enlever. *Signum Pœanis ex Æde Æfculapii præclare fatum facrum & religiofum non fuftulifti ? Quod omnes propter pulchritudinem vifere, propter religionem colere folebant*. L'on fait que *Pœan* étoit un des furnoms donnés à *Apollon* , à caufe qu'il préfidoit auffi à la Médecine.

(2) A comparer les ruines de *Syracufe* avec celles du Temple de *Junon Lacinie* à *Crotone* , & celles de *Metaponte* plus anciennes que *Syracufe* , on voit évidemment que cette pierre morte, tendre & groffière avec laquelle ces Monumens avoient été élevés, & qui eft plutôt une concrétion marine qu'une pierre de roche , réfifte plus au temps,

conferve mieux fes formes, que la pierre fine & vive, qui formoit le territoire de *Syracufe*, & avec laquelle elle a été bâtie.

(3) Au fond du Port de *Trogille* , Port toujours ouvert aux Flottes des ennemis de *Syracufe* , & où *Marcellus* avoit placé la fienne, l'on peut diftinguer la plage où il eft dit dans tous les Hiftoriens que pendant l'échange des prifonniers , quelques Soldats Romains s'approchant des murailles & des Tours, en mefurèrent la hauteur, en comptant les affifes des pierres, & particulièrement de la Tour nommée, fuivant *Tite-Live* , *Turris Galeagra*. Ce fut, comme nous l'avons déja dit, ce qui caufa la première furprife du quartier de *Ticha* , & enfin peu de temps après, la prife entière de *Syracufe*.

Difcours Préliminaire, page XVJ.

V U E   D E S   R U I N E S
D U
TEMPLE DE JUPITER OLYMPIEN
À SYRACUSE.

PLANCHE CENT VINGT-DEUXIÈME.

LA deftruction prefqu'abfolue de tous les Monumens de *Syracufe* rend plus précieux encore le peu de veftiges que l'on en peut rencontrer, auffi ne pûmes-nous paffer près des débris du Temple de *Jupiter Olympien* fans prendre une Vue de ces deux feuls Fûts de Colonnes tronquées. C'eft tout ce qui exifte aujourd'hui de cet antique Edifice, un des plus célèbres & des plus magnifiques de cette ancienne Ville (1). Ces Colonnes étoient cannelées & d'une grande proportion, mais il eft impoffible qu'elles donnent une idée ni du Plan, ni de la forme de ce Monument, dont l'on n'apperçoit plus abfolument une feule pierre, que ce qui refte de ces deux Colonnes. Le terrein, le lieu où il étoit élevé, appartient à un Monaftère *di Santa Maria*, & n'a pas aujourd'hui d'autre nom que *le Colonne* (2).

---

(1) Tous les Hiftoriens parlent de ce Temple de *Jupiter Olympien* comme ayant été un des plus riches Monumens de l'ancienne *Syracufe*. Dans le nombre des Statues dont il étoit décoré, l'on remarquoit fur-tout celle d'un *Jupiter*, qui avoit été donnée par *Hyeron I*. Elle étoit d'or maffif, & l'on voit dans *Valère Maxime*, que *Denys* le Tyran, après avoir fait enlever à cette Statue une draperie d'or d'une grande valeur & y en avoir fait fubftituer une de laine, dit en plaifantant aux Syracufains : que c'étoit par attention pour le Dieu qu'il avoit fait faire cet échange, attendu que le manteau d'or devoit être trop lourd pendant l'été, froid pendant l'hiver, & que celui de laine feroit plus propre à toutes les faifons. *Detracto Jovi Olympio magni ponderis aureo amiculo, quo eum Tyrannus Hyero è manubiis Carthaginenfium ornaverat, injectoque ei laneo pallio, dixit, aftate gravem effe aureum amiculum, hieme frigidum, laneum autem ad utrumque tempus anni aptius.* Val. Max. Lib. I, c. II. Mirabella, pag. 47. A.

(2) Il paroit par la defcription que l'on trouve dans l'Ouvrage de *Mirabella*, des ruines de cet antique Edifice, qu'elles étoient bien plus entières de fon temps qu'elles ne le font aujourd'hui. Cet Auteur qui écrivoit, comme nous l'avons dit, au commencement du dix-feptième fiècle, & qui eft mort en 1624, dit précifément qu'il y avoit encore fix de ces Colonnes parfaitement confervées, & que l'on voyoit clairement par ce qui reftoit des débris de ce Temple, qu'il avoit dû avoir douze Colonnes fur fa longueur ; qu'à juger par celles que l'on voyoit encore fur pied, le fût de ces Colonnes, toutes d'une feule pierre, avoit vingt-cinq palmes de hauteur, fans compter les bafes, ni les chapiteaux; qu'elles étoient d'ordre Dorique, & d'une proportion telle que trois hommes avoient peine à les entourer. *Praterea ex folido unove omnes faxo funt, longe XXV palmos prater Capitella & bafes, qua fingula fingulo folido conftant lapide, ita ut Columna, bafes & Capitella ex tribus folis confient conjunctim lapidibus. Craffitudo vero tanta eft quantum tres homines circum ambire brachiis poffint. Et quoniam fex adhuc ibi fuperfunt Columne, locus ab incolis vocatur* delle Colonne. Mirabel. pag. 47. B.

Cette partie de *Syracuse*, bâtie sur une Eminence, entre deux marais, étoit autrefois comme un quartier isolé, & celui dont se saisit *Imilcon*. Ce Général, après avoir conquis toute la Sicile, vint faire le siége de *Syracuse*, entra dans le Port, suivi de mille vaisseaux & de trois cents mille Carthaginois, pilla le Temple de *Cérès* & celui de *Proserpine*, qui étoient sous les murailles de *Neapolis*, & vint poser son camp dans le Temple de *Jupiter*, après avoir démoli tous les Tombeaux des environs pour s'y fortifier.

La nature du lieu est effectivement très-avantageuse pour y placer un camp, mais la proximité des marais qui l'avoisinent, y amène un mauvais air presque perpétuel. On voit dans l'histoire que cet inconvénient produisit un effet heureux pour *Syracuse*, en portant la peste dans l'armée des Athéniens pendant qu'ils en faisoient le siége ; & une autre fois dans le camp des Carthaginois. Elle y fut si terrible à l'époque de ce siége, que tous ceux qui en étoient attaqués devenoient furieux ; les malades étoient en si grand nombre, que dans l'impossibilité de les secourir, l'on fut obligé de laisser les morts sans sépulture. Ce spectacle effrayant augmenta encore le mal, la terreur & le désespoir s'emparèrent du reste de l'armée : enfin ce fier *Imilcon*, qui, après avoir ravagé la Sicile, étoit venu comme en triomphe faire le siége de *Syracuse*, avec mille vaisseaux & trois cents mille Soldats, se vit obligé de mendier la pitié de *Denys*, de lui payer trois cents talents, & de fuir à la faveur de la nuit, après avoir abandonné ses Alliés, laissant cinquante mille morts sans sépulture ; poursuivi par la peur jusqu'à *Carthage*, il eût été trop heureux de n'y pas aborder.

Le théâtre où s'étoient passés de tels évènemens, le souvenir qu'ils en présentent à l'esprit, quand on se retrouve sur les lieux, y portent une impression qu'on n'éprouve point ailleurs, & font encore frémir après tant de siècles.

Dessiné par Chatelet

Vue prise sur l'Anapus petite riviere qui se jette
dans le Port de Syracuse
et près de la fontaine où croit le Papyrus

Gravée par Lienard

Vuë des Restes du Temple de Jupiter Olympien
à Syracuse

VUE PRISE SUR L'ANAPUS,

PRÈS

DU PORT DE SYRACUSE,

AVEC

QUELQUES DÉTAILS SUR LA PLANTE DU PAPYRUS.

PLANCHE CENT VINGT-TROISIÈME.

LA proximité où nous nous trouvions de la petite Rivière de l'*Anapus*, qui se jette dans le grand Port, à peu de diftance du Temple de *Jupiter*, nous engagea à l'aller reconnoître de plus près, & en conféquence nous prîmes une barque avec laquelle nous arrivâmes bientôt jufqu'à fon embouchure. Nous fûmes bien étonnés de voir que ce Fleuve tant cité par les Hiftoriens n'eft plus aujourd'hui qu'un Ruiffeau tranquille, une petite Rivière de vingt-quatre pieds de largeur, fur douze à quinze de profondeur, à l'endroit où elle fe jette dans le Port.

Jamais promenade ni aucun Pays ne nous parurent plus agréables à parcourir: nous n'eûmes pas remonté l'*Anapus* pendant quelque temps, que bientôt la fcène changea, les trifles & lugubres tableaux dont nous nous étions occupés, s'effacèrent d'eux-mêmes, & il leur en fuccéda de plus riants. Les rives du Fleuve fe rétrecirent, & nous nous trouvâmes à l'ombre des cannes & des rofeaux. Cette efpèce de plante eft effectivement fi élevée, & en fi grande quantité le long de cette petite Rivière, que l'on fe croiroit au milieu d'un taillis épais. L'eau fur laquelle nous voyagions s'éclairciffoit de plus en plus par fon extrême tranquillité, & femblable au cryftal le plus limpide, à peine pouvions-nous appercevoir fon courant; enfin nous arrivâmes à l'endroit où la Fontaine de *Cyanée* vient fe joindre à l'*Anapus* (1).

---

(1) L'on voit dans la fable que cette Nymphe, compagne de *Proferpine*, fut changée en Fontaine pour avoir voulu s'oppofer à l'enlèvement de la Déeffe. La Fontaine de *Cyanée* étoit en grande vénération chez les Syracufains; fon culte étoit en quelque façon lié par les traditions fabuleufes avec celui de *Proferpine*, & nous voyons dans *Diodore*, que tous les ans les Habitans de *Syracufe* venoient facrifier des taureaux au Temple que l'on voit

élevé à cette Nymphe à peu de diftance de la Fontaine. *Proferpinæ Fontem Cyanen ingentem Syracufis dedicatam ferunt : ex eo vero, quod Pluto rapta Proferpina prope Syracufas per terræ hiatum ad inferos curru defcenderit, Fonfque Cyane dicta exfilierit juxta illum fingulis annis Syracufi dies feftos celebrant, in quibus facra faciunt, privatim parvis victimis, publice tauros una facrificant, morem Herculis imitati, qui ejufmodi facris in eodem loco ufus fuerat.* Diod. de Sic. Lib. V.

Ayant abandonné le Fleuve pour fuivre le cours de la Fontaine, nous y trouvâmes bientôt le *Papyrus*, cette plante curieufe, & anciennement fi utile, qui n'exifte dans le monde que fur les marais que forme le Nil dans fes débordemens & fur cette Fontaine tranquille & ignorée (1).

La plante étoit alors dans fa beauté; prefqu'errante fur l'eau, elle n'eft attachée par fes racines, ni au fond, ni au bord de la Fontaine. C'eft par ces foibles & délicates racines que le *Papyrus* pompe la fubftance qui lui eft néceffaire, de la même manière dont fe conservent les fleurs que nous faifons venir en hiver dans des vafes: il fe reproduit, fe multiplie comme les marcottes de nos oignons de fleurs, & le pied qui fait touffe & qui baigne dans l'eau eft précifément de la même forme & de la même couleur.

Il fort de chaque rejetton un feul brin triangulaire, qui va en diminuant vers le fommet de la tige, & peut avoir dans le bas de la plante, de deux à trois pouces de largeur fur chaque face du triangle: cette tige eft couverte d'une enveloppe ou pellicule très-mince & très-légère qui s'éclate avec le temps, & laiffe épanouir une houppe verte formée de brins de la groffeur d'un fil commun, qui croiffent & fe fubdivifent à mefure que la tige s'élève, & enfin il paroît à la pointe de cette frange une fleur verte d'une fineffe prefque imperceptible dans le moment de la floraifon, c'eft celui de la perfection de la plante.

Sa crue eft depuis cinq jufqu'à dix pieds, d'une tige droite & bien filée, & eft terminée par cette efpèce de houppe ou de panache qui vient quelquefois jufqu'à quinze pouces de longueur, & qui eft d'un effet très-agréable. Cette tige paroît d'abord avoir quelque folidité, mais fon écorce, quoiqu'affez ferme & fort liffe, eft compofée de fibres, dont le tiffu couvre une moëlle fpongieufe, qui s'affaiffe & fe détruit, dès qu'elle n'eft plus imbibée de l'eau qui la nourrit. La mort de chaque brin entraîne celle de fon oignon & des racines qui lui étoient attachées, & produit à la fin, par la quantité qui s'en amoncèle enfemble, comme autant de petites Ifles qui finiroient par couvrir toute la Fontaine, fi on ne prévenoit cet inconvénient en les féparant.

(1) Les Botaniftes diftinguent plufieurs efpèces de plantes aquatiques du même genre que celle qui croît en Egypte, & qui eft particulièrement connue fous le nom de *Papyrus*. Elles diffèrent entre elles par l'élévation & la force de la tige, ainfi que par la beauté & l'étendue du panache qui la termine; variétés qui peuvent dépendre du climat, autant que des lieux marécageux où elles croiffent. Il paroît même, fuivant *Pline*, qu'indépendamment du *Papyrus* du Nil, il croiffoit encore fur les bords de ce Fleuve une autre efpèce de plante aquatique dans le même genre à laquelle il donna le nom de *Sari*, & qui venoit, dit-il, abondamment en Sicile, dans la Calabre & l'Apulie, mais moins forte & moins élevée que le *Papyrus* qui ne croiffoit qu'en Egypte. *Strabon* annonce encore une autre efpèce de *Papyrus* dans les Indes. Il y a tout lieu de croire que cette dernière eft la même qui croît dans l'Ifle de *Madagafcar* & qui nous a été apportée il y a quelques années par M. *Poivre*. Ces différentes plantes font réunies par les Botaniftes fous le nom générique *Cyperus*.

Les

Les Habitans des environs de *Syracuse* ne font d'autre usage de cette plante que pour lier le grain dans le temps des récoltes, bien différens en cela de leurs ancêtres, & bien éloignés de l'industrie avec laquelle les Anciens avoient su l'approprier à différens usages, tous plus utiles les uns que les autres. Nous voyons dans *Pline* qu'indépendamment du papier que l'on fabriquoit avec le *Papyrus* d'Egypte, invention à laquelle, suivant cet Auteur, les hommes étoient redevables du commerce de la vie civile & de la mémoire des évènemens (1), une partie de

---

(1) *Cum Charta usu maxime Humanitas vitæ conflet & memoria.* Pl. Lib. XIII, §. 21.

Les sentimens ont fort varié non - seulement sur la manière dont les Anciens s'y prenoient pour former avec le *Papyrus* une espèce de tissu qui a été le seul papier connu dans le monde pendant tant de siècles, mais même pour décider quelle étoit la partie de la plante qui y étoit plus particulièrement employée; *Pline*, si intéressant à lire dans toutes les descriptions qu'il nous a laissées en parlant des procédés des arts chez les Anciens, ne s'étant pas expliqué très-clairement sur celui-ci, & ayant négligé des détails qu'il regardoit sans doute comme inutiles de son temps, & qu'il seroit cependant aujourd'hui si curieux de savoir.

On connoît l'excellent Mémoire que M. le Comte *de Caylus* a fait à ce sujet, & qui se trouve dans le vingt-sixième Volume de la grande Edition des Mémoires de l'Académie des Belles-Lettres, & le quarante-quatrième de la petite Edition. Nous avons cru devoir d'abord transcrire ici en entier un des passages de *Pline*, les plus importans sur cette matière, ainsi que la traduction qu'en a donnée M. de Caylus. *Texuntur omnes tabula madente Nili aqua; turbidus liquor vim glutinis præbet in re, cum primò supinæ tabulæ scheda adlinitur, longitudine Papyri quæ potuit esse resegminibus utrimque amputatis; transversa posita crates peragit; premitur deinde pralis, & siccantur sole plagulæ, atque inter se junguntur, proximarum semper bonitatis diminutione ad deterrimas: numquam plures scapo quam vicent.* Plin. Lib. XIII, §. 23.

» Tous les papiers sont tissus sur une table par
» le moyen de l'eau du Nil, dont on les humecte:
» ce liquide, trouble & limonneux, fournit en effet
» une bonne colle. On forme d'abord sur la table
» horizontale une feuille de la longueur de la tige
» du *Papyrus*, autant que les rognures faites de
» part & d'autre ont pu le permettre: cette feuille
» est croisée par une autre posée transversalement;
» on les met ensuite à la presse, & on fait sécher

» ces lames ou feuillets à la chaleur du soleil; après
» quoi on les joint toutes ensemble, les meilleures
» d'abord, ensuite selon qu'elles diminuent de
» bonté, enfin les plus mauvaises. Il n'y a jamais
» plus de vingt de ces lames dans une tige «.

M. le Comte *de Caylus* rend compte également & avec la même précision de tous les détails que *Pline* nous a laissés à ce sujet, & dont il paroît résulter que c'étoit uniquement la tige du *Papyrus* que l'on étoit venu à bout de diviser & de séparer par lames ou feuillets très-minces & dans toute la hauteur de la plante. Réunissant ensuite ces différentes bandes & les reposant transversalement l'une sur l'autre, on en formoit une sorte de tissu plus ou moins parfait, & plus ou moins étendu, suivant la grosseur & la beauté de la plante. C'étoit donc ce tissu, cet assemblage de lames réunies qui composoit le papier des Anciens. Ils en formoient, en les collant & les réunissant les unes au bout des autres, de longs rouleaux, auxquels ils donnèrent le nom de *volumen*, *volumina*, du mot *volvere*, *rouler*.

Ces papiers varioient par conséquent dans leur largeur, les plus beaux avoient treize pouces de large; celui que l'on nommoit *Hiératique*, ou sacré, en avoit onze; celui de *Says* en avoit moins, & enfin le plus commun n'avoit que six pouces de largeur.

Pline ne fait nommément aucune mention de l'emploi que l'on pouvoit faire du *Papyrus* de Sicile, & il est certain que tout le papier employé à *Rome* étoit d'abord fabriqué en Egypte, d'où l'on le transportoit dans cette Ville pour y être perfectionné & retravaillé suivant les différens usages que l'on en vouloit faire. Aussi nous voyons que ces papiers prirent par la suite des dénominations romaines, il y avoit le papier d'*Auguste*, celui de *Livie*, de *Fannius* qui devoit être le nom de quelque Papeterie célèbre, d'*Amphithéâtre*, &c.

Proximum Amphitheatricæ datum fuerat à confectura loco. Excepit hanc Romæ Fannii *Sagax officina, tenuatamque curiosâ interpolatione principalem fecit è Plebeiâ, & nomen ei dedit.*

la plante pouvoit fervir de nourriture, & l'on en retiroit un fuc agréable & falutaire ; propre à revêtir ou conftruire des barques legères, de fon écorce on faifoit des voiles & des cordages : l'on avoit eu encore l'art d'en former des nattes & différentes fortes d'habillemens (1).

Il faut pour la croiffance du *Papyrus* toutes les circonftances qui fe rencontrent dans ce Pays : un climat chaud, une belle eau profonde, & affez tranquille pour ne point froiffer fes racines délicates par un courant rapide, qui par des débordemens ou des décroiffemens fubits, les expoferoient à toucher la terre, à laquelle elles n'ont point affez de force pour s'attacher. Cette plante autrefois fi célèbre, qui n'occupe dans l'Europe qu'un mille de longueur du cours de cette Fontaine, femble n'y exifter que comme une curiofité, il ne feroit même point hors de vraifemblance de croire qu'attendu fon utilité elle n'y eût été apportée d'Egypte, & envoyée à *Hiéron* par *Ptolomée*, qui avoit des liaifons & une grande intimité avec ce Prince.

Après que nous eûmes paffé le *Papyrus*, nous nous trouvâmes dans une immenfe prairie noyée d'eau, & que nous n'aurions pu parcourir qu'avec notre barque : les plantes & les fleurs couvroient également & le cours de la Fontaine & le fond de la prairie qui n'étoit qu'un vafte marécage. Enfin nous arrivâmes à la fource, qui eft un grand baffin d'une limpidité fi parfaite, qu'on y diftingue le plus petit poiffon à trente pieds de profondeur, parmi de grandes plantes touffues qui croiffent au fond des eaux & qui y produifent en quelque forte l'effet d'un bofquet qu'on verroit à vol d'oifeau. Ces poiffons autrefois confacrés par le culte accordé à la Nymphe, font encore protégés aujourd'hui par la profondeur & la limpidité de fon eau (2).

Ayant heureufement trouvé un endroit un peu plus ferme & plus folide que le refte de la prairie, où nous pûmes aborder, nous y élevâmes une tente, près de cette belle Fontaine dont le cryftal n'eft pas troublé de la plus petite bulle d'air, & qui malgré le volume énorme d'eau qu'elle donne, ne forme pas un

---

(1) *Ex ipfo quidem* Papyro *navigia texunt, & è libro vela, tegetefque, nec non & veftem, etiam ftragulam ac funes : mandunt quoque crudum, decoctumque, fuccum tantum devorantes.* Pl. *idem,* §. 11.

(2) L'endroit où la Fontaine prend fa fource eft effectivement d'une profondeur très-confidérable. On lui donnoit autrefois dans le Pays le nom de *Pifcina* ; depuis, par corruption, on en a fait *Lapifma*. Rien n'eft au refte plus agréable que le cours de cette charmante Fontaine, ainfi que celui de l'*Anapus* : il ne manque à cette partie des environs de *Syracufe*, & à tout ce canton, que des hommes pour le cultiver, & en faire un lieu de délices. *Incredibilis ibidem eft amœnitatis, quoniam ripæ ejus confita funt arboribus, & cannis & vitibus filveftibus, aliifque herbis, ita ut quovis anni tempore fint virides, aqua vero leni & amabili curfu limpidiffima fertur, operta vero frondium umbraculo contra folis æftum haud mediocrem voluptatem affert illis, qui animi recreandi, gratiâ ratibus per illam feruntur ubique enim valde & profundum, nifi ubi os ejus in mare fe exonerat. Varii generis & multos pifces producit.* Mirabella, page 49. E.

feul bouillonnement ; & après nous être repofés quelque temps, à l'ombre de
ces grands rofeaux dont nous étions entourés, & avoir bu, entre autres, d'excellent
Calabrèfe de *Syracufe*, dont nous avions eu la précaution de nous munir,
nous reprîmes gaiement notre navigation, & ne rentrâmes dans la Ville qu'à
la nuit.

VUE DES GROTTES D'ISPICA,

ET

D'UNE PARTIE DE LA VALLÉE

APPELLÉE DANS LE PAYS *CASTELLO D'ISPICA.*

PLANCHE CENT VINGT-QUATRIÈME.

Nous n'entendions parler depuis long-temps à *Syracuse* que de la Vallée &
des Grottes d'*Ispica* qui font dans les environs de cette Ville , comme étant
un des lieux des plus curieux de la Sicile. Les détails que nous en entendions
faire nous donnèrent le defir de les connoître , & quoique nous ayions été plus
d'une fois trompés dans des recherches pareilles , la crainte d'emporter des regrets
avec nous, nous détermina à en faire le Voyage. Nous partîmes donc en conféquence
un matin à la pointe du jour. Nous traversâmes d'abord la plaine qui est au midi
de *Syracufe*; cette plaine couverte de vignes & d'oliviers nous conduifit dans une
campagne pierreufe jufqu'aux approches du Fleuve *Cafibili*, qui coule dans une
petite Vallée , & la rend très-fertile.

Nous eûmes beau chercher , dans toutes ces campagnes, la *Via Helorina* dont
on nous avoit parlé comme étant une des plus anciennes Voies des Romains
dont on voit encore des parties affez entières en Sicile, nous ne pûmes la découvrir.
A trois milles plus loin , nous apperçûmes fur le bord de la mer de grands efpaces,
des champs entiers tapiffés d'un verd tendre & frais ; on nous dit que c'étoient
les plantations de fucre du Prince de *Monte Leone* , le feul Propriétaire du pays
qui cultive encore par magnificence cette production en Sicile (1).

---

(1) La plante du fucre , telle qu'elle vient en
Sicile , est mince & ne s'élève qu'à fept pieds :
elle vient par touffes féparées, reffemble au rofeau
par la feuille , & à la canne par le jet. Les nœuds
s'éloignent les uns des autres à mefure que le brin
s'élève de la terre : chaque nœud a un œil pro-
ductif, & le pied demande à être perpétuellement
arrofé comme le riz. En le travaillant on relève
la terre à l'entour , ce qui fortifie & groffit le pied
de la plante , fait développer les boutons des premiers nœuds & produire des brins: elle commence
à croître au mois de Février , & ne fe recueille
qu'au mois de Décembre , aux approches de Noël,
temps où l'on coupe la canne à quatre pouces de
terre, pour en multiplier les plans : on détache de
la touffe les jeunes brins, que l'on replante fans

racines comme un morceau de bois que l'on enfon-
ceroit en terre.

Quoique les cannes ne fuffent pas encore à leur
parfaite maturité , elles nous parurent avoir un
goût & une faveur agréables. La partie fupérieure
a un acide qui ne tient que fort peu de la nature
& de la douceur ordinaire du fucre ; on la taille ,
& on la donne pour nourriture aux animaux qui
l'aiment beaucoup. Toute la partie de la plante
voifine de la terre est ligneufe & prefque fans goût.
C'est dans le fût de la canne qu'est contenue une
fubftance moëlleufe , qui produit cette liqueur
miellée & glutineufe dont on fait le fucre, en le
faifant cuire à plufieurs reprifes , & le purifiant
enfuite.

Nous

Nous nous rendîmes de là à *Avola*, qui n'est qu'à un mille plus loin, & à seize de *Syracuse*. Cette Ville, qui autrefois étoit bâtie sur une Montagne, se vantoit d'être l'*Hibla major*, si célèbre par son miel ; mais tant de Villes en Sicile veulent être l'ancienne *Hibla*, qu'on ne peut rien décider à cet égard. Nous en avions trouvé trois dans notre tournée qui ont la même prétention, savoir, cette Ville-ci, *Hibla Megara* près de *Mililli*, & *Paterno* près de l'*Etna*, qui y prétend encore. *Avola* ayant été ruinée absolument par le tremblement de terre de 1693, ses Habitans abandonnèrent le lieu où elle étoit située, à cause de son élévation, & en choisirent un autre dans la plaine où ils bâtirent leur nouvelle Ville, au milieu d'un territoire fertile, abondant en grains, en fruits, & principalement en amandes, dont ils font un commerce considérable.

Après avoir dîné à *Avola*, nous partîmes pour *Noto*, qui n'est qu'à six milles par delà, dans une campagne riche & couverte d'arbres. L'ancienne *Noto*, capitale du Canton, & qui avoit donné son nom à cette division de la Sicile, étoit bâtie à six milles de la nouvelle, au sommet d'une Montagne. Elle fut renversée de fond en comble par le même tremblement de 1693, qui détruisit *Catane*, *Lentini* & *Avola*, & fut la cause que les Habitans se déterminèrent à transporter leurs demeures où elles existent à présent. La Ville nouvelle fut placée sur une plate-forme, & semble n'avoir été destinée qu'à loger un peuple de Prêtres & de Religieuses, car on ne voit d'Edifices finis & un peu remarquables que des Eglises & des Couvens.

Comme le chemin que nous avions à faire n'étoit pas très-connu & que nous craignions fort de nous égarer, nous crûmes devoir prendre un Guide à *Noto*, qui nous conduisit le lendemain à *Rosolini*, Village à quatorze milles plus loin, nous eûmes encore quelques milles à parcourir au milieu d'un désert pierreux & inculte, où l'on ne voit que quelques caroubiers épars. C'est à la suite de ce pays sauvage, & après avoir traversé une partie de plaine assez unie, que le terrein s'affaissant tout-à-coup, nous nous trouvâmes transportés dans une Vallée profonde, mais aussi riche & aussi abondante en productions, que le pays qui y conduit est sec & aride. Nous descendîmes un sentier périlleux le long de la Roche coupée à pic, qui borde cette Vallée, située à cent pieds du niveau que nous venions de quitter. Dans le fond de la Vallée, nous trouvâmes une Fontaine abondante, qui arrose de grands arbres, & coule par des canaux taillés dans le Roc, ce qui donne à ce lieu, situé dans la partie la plus âpre & la plus brûlée de la Sicile, toute la verdure & la fraîcheur de l'intérieur des Alpes en Eté.

Nous jouissions de l'agrément du pays qui nous entouroit, sans en appercevoir encore la curiosité, lorsqu'examinant avec plus d'attention, nous vîmes dans la partie latérale exposée au midi, & fort dégradée par les injures & l'impression de l'air, une multitude infinie de petites chambres, qui étoient entaillées dans la Roche par étage de dix à douze l'une sur l'autre.

La partie opposée n'avoit pas été moins travaillée, ni moins habitée, mais étant plus à l'ombre, elle avoit souffert moins de dégradations. Nous fûmes curieux d'aller l'examiner de plus près, & ayant réussi, non sans quelque peine, à entrer dans les ouvertures qui se trouvoient le plus à notre portée, nous y trouvâmes des chambres entières, dont les embrasures des portes étoient conservées, & avec une coulisse de chaque côté, pour y glisser vraisemblablement des planches avec lesquelles les Habitans s'y renfermoient.

Presque toutes ces chambres sont à-peu-près quarrées, avec des angles arrondis, & peuvent avoir environ dix-huit pieds de long sur six de large & six de hauteur. Vis-à-vis de la porte l'on voit une espèce de Niche, & dans chacune de ces Niches est figurée à-peu-près une mangeoire, avec un anneau entaillé dans le Roc, qui servoit sans doute à attacher ou une vache ou une chèvre : à côté de la porte il y avoit une espèce de baignoire ou de bassin creusé dans le sol, & au-dessus une ouverture à hauteur d'appui, pour laisser entrer le jour & l'air, quand la porte étoit fermée ; dans presque toutes ces chambres, on voit encore sur une des faces latérales une excavation de trois ou quatre pieds de profondeur sur six de long, qui suivant toute apparence devoit servir pour y coucher.

A l'entour de chacune des chambres, nous vîmes des espèces d'anneaux grossièrement taillés dans le mur, pour suspendre différents ustensiles, & de petites entailles creusées de quelques pouces, pour y poser des lampes ou autre chose. Nous trouvâmes dans quelques autres une espèce de buffet, sur lequel il y avoit une petite plate-forme ronde avec un canal à l'entour, & un échappement pour les eaux, mais le tout si dégradé & originairement si mal fait, qu'il est bien difficile d'en deviner l'usage.

Tel est le plan & la forme du plus grand nombre de ces sauvages habitations ; elles n'étoient au reste séparées entre elles pour la plupart que par une cloison très-légère, & de l'étage supérieur par un plancher également mince. Les petits sentiers qui conduisoient aux portes de l'étage d'en-bas étoient obliques, & masqués de broussailles & d'épines, de façon que l'abord en étoit devenu très-difficile ; & quant aux étages élevés, il est certain qu'on ne pouvoit y monter ou en descendre que par des échelles de corde.

Nous parcourûmes trois milles de la longueur de cette Vallée qui, à ce qu'on nous dit, en a plus de huit, en trouvant toujours les mêmes excavations dans le même ordre & de la même forme : quelques-unes cependant avoient une feconde chambre derrière la première, & d'autres qui communiquoient à l'étage fupérieur par une ouverture ronde comme celle d'un puits ; des trous que l'on voit dans l'épaiffeur de la Roche fervoient fans doute à mettre des échelons, pour tenir lieu de marches d'efcalier.

Nous vifitâmes tout ce qui fut à portée de l'être, fans négliger même les lieux où l'on ne pouvoit arriver qu'en grimpant avec peine, mais fans y rencontrer aucune différence, pas une ligne droite, pas un angle d'équerre, pas une voûte ceintrée ni de furface plane. La feule chofe qui nous étonna beaucoup, fut de trouver dans des demeures auffi ruftiques & auffi fauvages, des fragmens de Vafes de terre grecs de la plus grande fineffe. Dans le fond de la Vallée nous vîmes plufieurs Tombeaux, creufés dans des pierres longues de cinq pieds quelques pouces fur quinze pouces de large, & dans l'intérieur de ces Tombes, des os pétrifiés, avec une grande quantité de fragmens de Vafes d'une groffe terre rougeâtre.

En continuant nos recherches dans la Vallée, nous fûmes bien étonnés de rencontrer plufieurs de ces Grottes encore habitées, comme elles avoient pu l'être dans les plus anciens temps, & par des êtres tout auffi fauvages. Les enfans fe fauvoient à notre approche, & crioient de défefpoir, en nous voyant entrer dans la cabane de leurs pères, malgré toutes les démonftrations d'amitié que nous pûmes employer pour les raffurer & leur donner quelque confiance.

Notre projet étant d'emporter avec nous quelque Vue de cette curieufe Vallée, nous nous arrêtâmes dans un des endroits qui nous parut être un des plus pittorefques, & que nos Guides nous dirent être connu fous le nom de Château d'*Ifpica*. Les Rochers font, dans cette partie, efcarpés & coupés à pic dans toute leur hauteur. Toutes les premières chambres y paroiffent avoir été ouvertes par la chûte du Rocher. On en peut compter huit dans cet état, dont on ne voit que le fond ; une entre autres nous parut avoir dû fervir de cuifine, aux marques du feu qu'on y apperçoit, & à une efpèce de petit fourneau qu'on y peut diftinguer ; on montoit au fecond étage par un efcalier intérieur, le feul qui exifte dans la Vallée ; il n'y a pas au refte plus de recherche dans la partie que nous avons deffinée que dans toutes les autres ; la feule différence qu'il y ait n'exifte que dans la communication des étages l'un au-deffus de l'autre, mais fa pofition au centre de la Vallée, peut faire croire que ce devoit être le logement du Chef de la Peuplade.

Le nombre infini de ces cafes, creufées dans les Rochers qui bordent cette Vallée, depuis *Spacafurno* jufqu'à *Modica*, ne peut laiffer aucun doute qu'elle n'ait été occupée autrefois par un peuple très-nombreux, qui y vivoit fans connoître ni employer d'autre manière de fe défendre, & d'autre rufe, que celle de fe cacher, en s'efcarpant & s'incruftant pour ainfi dire dans le Rocher.

L'hiftoire nous donne pour premiers Habitans de la Sicile les Leftrigons & les Sicaniens. Les Leftrigons qu'elle a dépeints comme des hommes gigantefques dont on ne fait pas trop l'origine, & les Sicaniens, qui étoient des Peuples venus d'Efpagne. Elle dit que fe difputant fans ceffe les plaines de *Lentini* & les contrées abondantes de l'*Etna*, les Sicaniens furent obligés de les céder aux Leftrigons, qui les chafsèrent & les obligèrent d'aller occuper la partie du midi. Seroit-ce dans la Vallée d'*Ifpica*, qui eft à la Côte du midi, que feroient venus fe retirer les Sicaniens en fe cachant dans ce défert, pour échapper à la pourfuite de leurs redoutables ennemis. Tout porteroit à croire au moins que ce devoit être à une époque très-reculée, & même avant le temps où il y eut des Villes bâties en Sicile.

Le génie de l'homme eft d'imiter ce qu'il a vu, & de chercher à fe donner ce qui a déja été à fon ufage. Qu'on envoye des Européens dans un défert, ils y bâtiront une Ville, feront des maifons plus ou moins reffemblantes à celles où ils feront nés; mais ils n'habiteront jamais long-temps le trou d'un Sauvage. On doit donc faire remonter le temps où cette partie de la Sicile a été ainfi habitée, à la première antiquité, & au temps où l'Ifle n'étoit couverte que de peuples Pafteurs, ou d'un peuple fubjugué, fans défenfe, & réduit à fe cacher, pour échapper au vainqueur.

Il eft encore affez vraifemblable que ces efpèces d'habitations ont pu dans la fuite des temps & à différentes époques fervir de retraite à des Troupes vaincues & pourfuivies qui y trouvoient un afyle; ce qui a pu arriver foit du temps des Grecs, foit encore au temps où les Romains eurent à envoyer en Sicile de grandes armées contre ces Efclaves révoltés qui, après avoir perdu toutes les Villes qu'ils avoient foulevées, tenoient encore la campagne, difparoiffoient & reparoiffoient au moment qu'on les croyoit détruits. Ce pouvoit être alors une retraite affurée pour des Barbares qui alloient s'y réfugier; mais il nous parut très-fingulier d'y retrouver encore aujourd'hui de malheureux Bergers qui, fans rien changer à leur première forme, en font encore leur habitation unique, font auffi farouches que leurs ancêtres, vivent comme eux, de lait, de fruits, & de choux qu'ils cultivent au fond de la Vallée, attachent leurs vaches & leurs chèvres aux mêmes lieux & aux mêmes anneaux, couchent à la même place, & femblent effrayés à la vue d'un homme qui porte un habit.

Ces pauvres gens, lorfque le hazard leur amène quelques Etrangers, s'imaginent
qu'ils

qu'ils ne viennent dans leur retraite que pour y chercher des tréfors, & nos Guides eux-mêmes étoient affez tentés de le croire. Cependant le coucher du foleil, & la fraîcheur très-mal-faine de ces déferts vinrent nous furprendre au milieu de nos travaux, & nous obligèrent de quitter, quoiqu'avec regret, un lieu qui nous offroit de tous côtés les Sites les plus pittorefques & les plus finguliers. Nous remontâmes donc à cheval pour regagner *Syracufe*.

VUE DES RESTES D'UN MONUMENT

ÉLEVÉ AUTREFOIS PAR LES SYRACUSAINS

En mémoire de la Victoire mémorable qu'ils remportèrent fur les Athéniens.

PLANCHE CENT VINGT-CINQUIÈME.

APRÈS avoir repaffé à *Rofolini*, nous nous acheminâmes du côté de la mer, & defcendîmes dans le riche Vallon où coule le Fleuve *Helorum*, aujourd'hui *Abiffo*, qui l'arrofe en été, l'inonde en hiver & en fait une des campagnes les plus abondantes de la Sicile. L'on retrouve dans tout ce pays la vérité ordinaire des defcriptions géographiques de *Virgile*. Nous traversâmes le Fleuve, qui avoit encore quatre pieds d'eau après une fécherefle de cinq mois. Nous montâmes fur une terrafle élevée entre l'*Abiffo* & une autre petite Rivière appellée l'*Afinaio*, dans le même lieu où les Athéniens furent faits prifonniers par les Syracufains, là où l'armée Athénienne, exténuée de fatigue & de foif, fe trouva arrêtée par les marais, & où enfin le malheureux *Nicias* apprenant la défaite de *Démofthène*, rendit fon bouclier à *Gilippe*.

Nous vîmes dans ce lieu les reftes d'une Colonne, ou plutôt d'une Aiguille ou Pyramide arrondie, que l'on croit avoir été élevée comme un trophée en mémoire de cet évènement célèbre dans l'hiftoire de la Sicile, & qui arriva la troifième année de la quatre-vingt-onzième Olympiade, quatre cents ans environ avant J. C.

Ce Monument, que l'on apperçoit encore de loin, dans le lieu le plus apparent de tout le Canton, préfente à fa bafe un focle quarré d'environ quinze pieds de large fur environ fept pieds de hauteur, la plus grande partie en étant recouverte aujourd'hui par l'amoncellement des terres ou des broffailles qui l'environnent. Sur cette bafe conftruite de pierres énormes, s'élève une efpèce d'Aiguille, dont le noyau a été compofé d'abord d'un maffif de briques & de maçonnerie, &

recouvert enfuite par un parement de pierres, qui, malgré leur groffeur & la folidité de leur conftruction, font en partie tombées & dégradées par le laps de temps.

Ce qui refte de ce Monument refpectable, & auquel on doit donner plus de deux mille ans d'antiquité, s'élève encore à la hauteur de quarante ou quarante-cinq pieds, mais le fommet en eft détruit, & aura été vraifemblablement renverfé par quelque tremblement de terre.

Nous repartîmes le lendemain de *Syracufe*, en fortant par la porte de *Trogille*, & après avoir traverfé tout le fond du Port, nous trouvâmes vis-à-vis la Péninfule de *Tapfe*, aujourd'hui *Ponta di Manghifi*, les reftes d'un autre Monument que l'on dit avoir été élevé en mémoire de la fameufe victoire de *Marcellus* & de la conquête de la Sicile. Quoique le temps ait encore plus ruiné celui-ci, & que chaque jour on en enlève des pierres, on y diftingue encore la forme du Piédeftal, qui a dix-fept à dix-huit pieds de largeur, fur autant de hauteur. Il étoit terminé par une doucine & par une corniche, & au-deffus il y a un petit focle, ou un amortiffement qui fervoit de bafe à une Colonne de feize pieds neuf pouces de diamètre: il ne refte que fept pieds du Fût de la Colonne, encore eft-elle tellement dégradée, qu'il faut l'examiner de bien près pour en connoître la forme circulaire. On ne voit pas dans l'hiftoire que les Romains aient fait élever aucun Trophée à cette occafion, l'on fait feulement que le camp de *Marcellus* pendant le fiége de *Syracufe*, étoit dans cette partie, ainfi rien ne répugne à l'idée que ce foit en l'honneur de ce Héros qu'il aura été élevé (1).

Ce Monument délabré n'ayant rien d'intéreffant à nous offrir, nous nous mîmes en route, n'ayant pas plus de temps qu'il nous en falloit pour gagner *Carlentini* où nous devions aller coucher. Le premier endroit que nous rencontrâmes en partant de *Syracufe*, eft *Mililli*, bâti près du fameux Mont *Hibla*, fi renommé par la bonté de fon miel: malgré toute fa réputation, ce miel ne nous parut pas auffi bon que celui de *Malte*, ni même meilleur que celui de *Narbonne*; ce qui peut venir du peu de foin que les Habitans mettent à le préparer. Ils foignent cependant les mouches, les portent à la montagne pendant l'été, & les defcendent dans la plaine, l'hiver, en les divifant au printemps, au lieu d'attendre qu'elles fe féparent d'elles-mêmes. On les tient dans des paniers de canne, qui fe

(1) Nous voyons dans *Fazelli* que de fon temps cette efpèce de Pyramide exiftoit encore en entier, mais qu'un tremblement de terre arrivé en 1542 en renverfa une grande partie; caufe certaine & évidente de la deftruction de prefque tous les anciens Edifices de la Sicile. *Poft Tapfum, juxta Syracufanam viam, Pyramis ex quadratis lapidibus, & eis ingentibus in excelfum furgens, pervetufta quidem, fed integra atate mea cernebat: verum ejus quoque anno fal.* 1542 *concuffus, apex terremotu corruit.* Fazelli, de reb. Sic. Lib. III, pag. 162.

transportent avec facilité, & s'entassent commodément dans un petit espace sous quelques rochers à une belle exposition. Seroit-ce la réputation de ce miel & son abondance, qui a fait donner autrefois à cette Ville le nom de *Mililli*, ou bien les plantations de sucre ou cannes miellées que l'on y cultivoit autrefois, & que l'on n'y cultive plus.

On appelloit la Montagne qui étoit située tout auprès, & à peu de distance de la mer, *Hibla Megara*, à cause de la Ville de *Megare*. Cette *Megara* fut bâtie par les Grecs de *Megare*, Ville de l'*Achaye*, & elle bâtit à son tour, cent ans après sa fondation, la Ville de *Selinunte*. L'histoire rapporte que *Dédale* y creusa une piscine à travers de laquelle le Fleuve *Alabon* passoit avant de se rendre dans la mer.

Nous étions conduits par un Abbé érudit, qui nous déclamoit des passages de *Thucidide*, voyoit *Megare* encore dans sa beauté, & avoit bien de la peine à en montrer deux pierres l'une sur l'autre. Nous trouvâmes effectivement une si grande quantité de *matoni*, que nous ne pûmes douter qu'il n'y eut dans ce lieu d'anciennes constructions. Une grande digue moderne retient encore le Fleuve *Alabon*, qui sert à faire tourner un moulin, mais au lieu de reproduire la Piscine de *Dedale*, il ne forme plus que des marais puants, qui répandent un fort mauvais air dans tout le Canton. Nous crûmes cependant découvrir, à force de chercher, la trace des murailles de l'ancienne *Megare*, elles sont démolies jusqu'au niveau du sol, mais on peut encore juger, par ce que l'on en voit, que la Ville étoit quarrée & très-petite. Elle étoit bâtie sur une petite plage, & tout-à-fait au bord de la mer : c'est tout ce que nous en pûmes voir ; après quoi nous dirigeâmes notre marche droit à *Carlentini*, laissant à peu de distance, & sur notre droite, la Ville d'*Augusta*, bâtie dans le treizième siècle par l'Empereur *Frédéric*.

Augusta est située sur une péninsule, au fond d'un grand Golfe : on y a ajouté un Château pour défendre le Port, qui est un des plus grands de la Sicile, & depuis peu le Gouvernement a fait dégarnir d'artillerie les deux bastions de *Syracuse*, pour en porter la plus grande partie à *Augusta*, ce qui n'y seroit cependant pas plus utile quà *Syracuse*, l'une & l'autre de ces Villes étant bien peu en état de se défendre en cas d'attaque. Il est certain que le Roi de *Naples* avec le peu de Troupes qu'il entretient en Sicile, défendroit difficilement l'entrée de ce Royaume, & que ce qu'il y a de places serviroit plutôt de retraite & d'asyle à des rebelles, qu'elles ne pourroient résister à un ennemi puissant, qui voudroit y faire une invasion.

Nous suivîmes ensuite un beau Vallon, dans lequel coule une rivière, qui tombant sur des plans différens, forme à chaque instant des cascades bruyantes, & de petits Lacs tranquilles, où, après s'être divisée, elle fuit en petits ruisseaux, qui produifent dans tout ce Canton l'image de l'abondance & d'un printemps éternel. Nous arrivâmes à *Villa Armondi*, Bourg affez joliment bâti fur une monticule formée par une ancienne éruption volcanique, dont la lave eft rougeâtre, fpongieufe & moins dure que celle de l'*Etna*. La nuit nous furprit dans ce Bourg, & nous arrivâmes à *Carlentini* comme à tâtons, & par un chemin fort difficile. Cette Ville fut bâtie par *Charles-Quint*, qui vouloit en faire un quartier général de fes Troupes en Sicile ; mais le projet en eft refté aux murailles.

Les maifons de *Carlentini* font fi baffes, que les rues reffemblent à un camp. Trois mille Habitans, fans commerce, y vivent affez miférablement. Nous defcendîmes le lendemain à *Lentini*, autrefois *Leontium*, ancienne & célèbre Ville, bâtie par les Chalcydiens, dans le même-temps que *Catane*. Cette Ville, autrefois rivale de *Syracufe*, eft réduite maintenant à quatre mille Citoyens, qui habitent fur une très-petite partie des ruines de *Leontium*. Le mauvais air qui règne à l'entour empêche la population de s'y accroître, malgré l'abondance en tout genre des productions de fon territoire.

Leontium eut fes Tyrans comme *Syracufe*, & fut toujours fon ennemie ; c'étoit la partie du célèbre Rhéteur *Gorgias*, qui étonna les Athéniens mêmes, par fon éloquence. Ce fut lui qui leur perfuada la malheureufe expédition de *Nicias* Dans la fuite *Leontium* tomba au pouvoir des Syracufains. La pofition de fon Château & l'abondance du pays rendirent toujours cette Ville une place importante aux différens Peuples qui habitoient la Sicile. Ce fut le tremblement de terre de 1 6 9 3 qui acheva de la détruire, & qui la réduifit à l'état de mifère où elle exifte actuellement.

On ne peut voir une image plus complète du défaftre & de la dévaftation ; le terrein même femble avoir été comme retourné. L'ancienne Ville qui étoit bâtie fur quatre collines, n'offre plus qu'un fol traverfé par plufieurs ravins, où l'on découvre encore quelques débris de murailles, feuls reftes qui indiquent & atteftent le lieu où elle a dû être fituée autrefois. Le Château étoit élevé fur une roche ifolée, & oppofée à la Ville ; il avoit été comme taillé dans le roc, & par les fuites bâti & rebâti felon les temps, & les différentes manières de combattre. Les Ruines que l'on y voit actuellement ne peuvent donner ni laiffer connoître rien de fa forme antique, mais annoncent que celui qui y aura été conftruit dans des temps plus modernes devoit être très-fort, tant par fon fite même, que par la folidité de fa conftruction.

A trois milles de *Lentini*, nous rencontrâmes un Lac immenfe appellé *Bivière*. Ce Lac appartient au Prince de *Butera*, & lui vaut trente-fix mille livres de rente, par la quantité confidérable de poiffons de toute efpèce que l'on y pêche

tous

tous les ans, & fur-tout une efpèce appellé *Cefalu*, qui reffemble au *Barbeau*, & que l'on y trouve en abondance (1).

Nous partîmes de *Carlentini* après dîner, & defcendîmes bientôt dans le riche pays de *Leontium*, appellé à préfent la plaine de *Catane*, la plus fertile en bled de toute la Sicile. Cette plaine de douze milles de large fur vingt de profondeur, formoit anciennement les champs des Leftrigons. Elle eft partagée & arrofée par le *Simeto*, une des plus grandes rivières de l'Ifle, qui roule dans fes eaux une quantité d'ambre jaune & noir, que l'on va chercher à fon embouchure dans la mer, & que les Habitans de *Catane* travaillent avec affez d'adreffe.

La caufe de l'extrême fertilité de ces champs de *Leontium*, qui rendent, depuis dix jufqu'à cinquante pour un, des grains que l'on y sème, eft aifée à appercevoir dans la nature même du terrein, compofé d'une terre graffe avec un mêlange d'une grande quantité des cendres de l'*Etna*. Ces fels renouvellés continuellement par les exhalaifons nitreufes, dont l'air des environs de ce Volcan eft impregné, rendent (fi l'on peut fe fervir de cette expreffion) jufqu'à l'atmofphère productive. Toutes ces caufes jointes à la douceur du climat, en ont fait une terre tellement fertile, que le bled y vient naturellement & fans nulle forte de culture : c'eft peut-être ce qui a fait croire que c'étoit en Sicile qu'on avoit commencé à connoître l'ufage de cette plante : on en retrouve effectivement dans plufieurs endroits, mais il y a lieu de croire que cette efpèce de bled étant abandonné & fe reproduifant de lui-même, doit s'abâtardir, faute de culture (2).

Après avoir fait dix-huit milles depuis *Lentini*, nous arrivâmes à *Catane*, mais

(1) Il fe fait encore dans les environs de ce Lac une chaffe aux oifeaux de rivière qui eft affez amufante. Du grand matin les oifeaux qui font au Lac *Bivière* paffent aux *Pantini*, autres Lacs qui font à quelques milles de là : après les avoir tirés commodément au paffage, on les va chaffer tout le jour dans des petites barques, en fe promenant fur le Lac ; & le foir on revient les tirer au fecond paffage, lorfqu'ils reviennent au grand Lac. Ce genre de gibier y eft fi abondant & fi varié, que chaque mois de l'année y en apporte de nouvelles efpèces ; fouvent même les Chaffeurs y tuent des oifeaux qu'ils ne connoiffent pas. On peut affurer que ce feroit à l'entrée de l'hiver, temps du paffage des oifeaux, un féjour infiniment curieux pour des Amateurs d'hiftoire naturelle ; on y trouve, entre autres, le *Corlieu* ou *Courlis rouge* dont le plumage eft du plus beau pourpre, & d'une grande beauté.

(2) Cette efpèce de bled fauvage ne s'élève qu'à

quatre pouces de terre fur une paille noueufe, qui n'eft ni liffe ni droite, comme celle du bled ordinaire. Lors de la maturité, cette paille fe rompt facilement à l'endroit des nœuds, & laiffe tomber l'épi qui n'eft compofé ordinairement que de trois grains recouverts de trois enveloppes très-fortes ; elles font chacune le tour du grain & fe terminent par une barbe courte, rude & ferme, qui, au lieu de fe dreffer comme dans l'épi de l'autre bled, fe dirige horifontalement & en fens contraire. Le grain en eft petit, long & fec, une peau épaiffe, & la partie farineufe d'un grand blanc, avec le même goût que notre bled. On dit dans le pays qu'en le cultivant, il change de nature, & qu'en trois ans il reffemble au grain ordinaire. Cependant il y a lieu de croire que l'efpèce en eft différente, puifque l'on en diftingue fouvent, non-feulement à travers les pierres, mais dans les champs de bled les plus abondants, fans qu'il y ait changé en rien de fa qualité âpre & fauvage.

Vol. IV.

nous n'y trouvâmes plus le bon & docte Chanoine *Recupero*, qui étoit mort pendant le temps de notre tournée de la Sicile ; il étoit regretté, & fait pour l'être, non-feulement de fes amis, mais de tous ceux qui l'avoient connu perfonnellement. Le Prince de *Bifcaris* venoit alors d'être nommé Confervateur des Antiquités des *Val Demone* & de *Noto*. La Cour de *Naples* ne pouvoit pas fans doute faire un meilleur choix, puifqu'indépendamment des connoiffances de ce Prince, perfonne n'eft plus capable par fon extrême affabilité, d'en rendre l'étude & les recherches agréables & utiles aux Curieux & aux Voyageurs.

Les antiquités dans le Royaume des deux Siciles font un objet de fpéculation plus important qu'on ne l'imagineroit pour le pays. L'affluence des Etrangers y apporte journellement beaucoup d'argent, & y forme une confommation confidérable ; mais l'Etat, pour perpétuer cette fource de richeffe, devroit donc défendre févèrement l'exportation & la vente de ces mêmes objets de curiofité, qui doivent être du plus grand intérêt dans les lieux mêmes où on les découvre, & qui perdent les trois quarts de leur prix quand ils font tranfportés.

VUE D'ANTIQUES LAVES
DE L'ETNA
Qui ont coulé jufques dans la Mer près d'IACI REALE.

PLANCHE CENT VINGT-SIXIÈME.

APRÈS avoir paffé quelques jours à *Catane*, tant pour nous y repofer, que pour prendre congé du bon & refpectable Prince de *Bifcaris*, nous partîmes de *Catane*, & fûmes dîner à *Iaci*. Cette petite Ville eft bien bâtie, très-peuplée : l'on y fait quantité de foie, qui s'y travaille & s'y fabrique de différentes manières, & l'on y trouve en général plus d'activité & d'émulation que dans toutes les Villes de la Côte du Midi.

Iaci remonte fon origine jufqu'aux temps fabuleux, & tire fon nom d'*Acis*, Amant de *Galathée*, que le géant *Polyphême* dans un moment de colère écrafa, en lui lançant un rocher. Une autre Chronique du pays eft qu'un Roi *Acis* ayant bâti cette Ville, à laquelle il avoit donné fon nom, eut une guerre à foutenir contre un Prince *Leftrigon*, qui le vainquit & le tua, ce qui a donné lieu à la fiction de *Polyphême*. Quoi qu'il en foit, la Ville d'*Acis* ou d'*Iaci* a bien changé de fol, & celle d'à-préfent eft fûrement bien au-deffus de l'ancienne, fi l'on en juge par fon élévation actuelle au-deffus du niveau de la mer, & lorfque l'on compte les différentes laves dont on diftingue les couches, en defcendant la curieufe rampe qui va de cette Ville au *Caricatore* ; c'eft le Site qui forme le fujet de cette Gravure, N°. 126.

Nous partîmes d'*Iaci* l'après-dîner, & continuant de traverfer ces antiques laves, nous arrivâmes à *Legiari*, où commence la plaine. Nous traversâmes une petite rivière appellée *Fiume Freddo*, formée, dit la fable, du fang d'*Acis* écrafé par *Poliphême* ; de là nous pafsâmes le *Cantara*, & vînmes coucher & paffer une partie de la nuit aux *Giardini* fous *Taorminum*, où nous montâmes avant le jour. Nous eûmes encore le plaifir de nous trouver au lever du foleil à cette fuperbe Avant-Scène du Théâtre dont nous ayons donné des Vues dans le fecond Chapitre de ce Voyage, & d'où l'on voyoit dans ce moment le fommet de l'*Etna* fe colorer dans les nues, tandis que les vallons & les plaines du refte de la Sicile étoient encore dans l'ombre & l'obfcurité.

Après avoir admiré ce Volcan redoutable que nous vîmes alors fous un nouvel afpect, & déja couvert des frimats de l'hiver, nous prîmes congé de lui & de *Taorminum*, que nous ne pouvions abandonner fans regrets. Nous vînmes de là dîner à *Fiume di Nifi*, après avoir traverfé plufieurs Montagnes, au milieu defquelles on rencontre différentes efpèces de mines : on en exploite actuellement quelques-unes d'antimoine, que l'on nous affura très-abondantes, & il y a lieu de croire que l'on y en trouveroit de tous les métaux connus, car on nous fit voir des échantillons de plomb, de cuivre, de foufre, d'or & d'argent, qui ont été trouvés dans cette partie des Montagnes de la Sicile ; mais ces tréfors font heureufement encore renfermés dans le fein de la terre, & dans le vrai ce pays a bien d'autres richeffes à cultiver, avant de facrifier aux mines le peu de population qui y exifte, & qui laiffe en friche une grande partie de fa furface.

Nous arrivâmes de bonne-heure à *Meffine*, où la première nouvelle qu'on nous apprit fut que nous aurions encore une quarantaine à effuyer en repaffant en Italie. Cette trifte nouvelle nous rappella de fâcheux fouvenirs, mais il fallut bien prendre notre parti, & nous armer de patience. En attendant, & avant de quitter tout-à-fait la Sicile, nous formâmes le projet d'aller faire une courfe légère jufqu'au *Phare* ou Cap *Pelore*, un des trois angles ou Promontoires de l'Ifle, & qui n'étoit éloigné que de douze milles de *Meffine*.

Nous prîmes une barque pour faire ce petit Voyage, en bordant la Côte ; chemin faifant nous achetâmes de groffes *Murènes*, ou efpèce de Lamproies, qui font délicieufes fur ces parages ; tandis qu'on nous les accommodoit dans le Village du *Phare*, nous allâmes examiner quelques antiquités que l'on venoit de découvrir récemment en plantant des arbres dans un jardin appartenant au Marquis *Palermo*. Nous y vîmes prefqu'à la fuperficie de la terre des Ruines de murailles & de Conftructions antiques, revêtues de marbre avec un Pavé en Mofaïque blanche & unie. A quelque diftance de là on avoit découvert une grande Chambre circulaire, qui autrefois avoit formé vraifemblablement une Etuve, puifque l'on y voyoit encore les conduits de chaleur qui avoient été faits en briques, & formoient un double fond à la muraille. Les Ouvriers en travaillant, avoient rencontré quelques Monnoies antiques, mais peu curieufes, ce n'étoit autre chofe que des Monnoies Romaines du temps de *Conftantin*. En s'enfonçant dans les terres, on trouve un grand Lac falé, fur le bord duquel on voit auffi à la furface de la terre des veftiges de grandes murailles bâties de même en *matoni*, & qui fervent aujourd'hui de foubaffement à la maifon d'un Payfan.

On affure à *Meffine* que ce fut dans ce même lieu que l'on découvrit les groffes Colonnes qui décorent la Nef de la Cathédrale, & qu'elles faifoient partie d'un Temple antique. L'hiftoire ne parle que d'un Temple de *Neptune*, bâti à *Pelorum*, par le Géant *Orion*, fils de ce Dieu ; antiquité bien reculée,

&

& fur-tout bien fabuleufe, d'autant plus que toutes ces Ruines nous parurent être de Fabrique romaine, & pourroient bien avoir appartenu à une maifon de campagne de quelque Préteur ou Quefteur de *Meffine*: au refte il feroit bien aifé de s'en affurer par des fouilles & des recherches nouvelles, qui feroient très-faciles à faire ; car la terre n'eft dans cet endroit qu'un fable léger, où l'on n'auroit à creufer qu'à très-peu de profondeur : mais le peu de goût qui exifte à *Meffine* pour ces fortes de découvertes, pourra laiffer encore long-temps un voile fur les antiquités de *Pelorum*.

Notre principal objet de curiofité dans la courfe que nous étions venus faire à ce Cap, étoit d'en examiner la conftruction, & de nous affurer encore fi tous les fyftêmes & les difcuffions que l'on a élevés fur la rupture du Détroit de *Meffine*, & fur ces tranches correfpondantes des Montagnes oppofées de la Calabre & de la Sicile, avoient quelque fondement ; mais il nous parut que rien n'étoit moins vraifemblable, & que tous ces fyftêmes avoient été imaginés par des hommes peut-être très-favans, mais qui n'étoient jamais venus fur les lieux.

Il en eft de même du prétendu élargiffement du Détroit, qui rend aujourd'hui, à ce que l'on dit, les deux Ecueils de *Charybde* & de *Scylla* moins dangereux qu'autrefois. Il y a tout lieu de croire au contraire, que ces deux Ecueils ont toujours été tels qu'ils font, ou à-peu-près & dans le même lieu, *Charybde* ayant toujours été à l'entrée du Port de *Meffine*, comme *Scylla* fe trouve à douze milles de diftance, de l'autre côté du Détroit, & dans une fuite de rochers qui n'ont pu changer de place ; le temps, ni les efforts perpétuels de la mer & des courants n'ayant pu en altérer en rien ni la forme ni la fituation.

Ces rochers, dont l'afpect eft auffi effrayant qu'ils font vraiment dangereux, font toujours également bordés & foutenus par de grandes Montagnes à pic, qui n'ont jamais permis au Canal de s'élargir de ce côté, & l'on voit qu'à la rive oppofée la plage eft baffe, & le terrein compofé entièrement de fable & des ponces du *Stromboli* : il s'eft même allongé affez fenfiblement dans toute cette partie, pour laiffer en arrière la Tour du *Phare* ; ce qui prouve certainement que le Détroit, loin de s'élargir, fe fera plutôt rétreci.

Il eft encore très-vraifemblable que le Lac qui occupe cette partie baffe, aura été formé de même par l'amoncellement des fables & des ponces, qui lui auront fait une digue, & que ce côté ménagé par les courans qui vont toujours frapper les Côtes de la Calabre, fe fera allongé : l'embouchure du Détroit s'eft donc refferrée, & par conféquent le danger des Ecueils n'en a pas diminué. Mais tout ce que l'on peut dire, c'eft que fi les defcriptions que l'on en fait aujourd'hui, ne le rendent plus fi terrible, ni fi effrayant, c'eft que ce ne font

Vol. IV. Qqqq

plus les Poëtes qui se chargent de les faire ; que la Marine s'est bien perfectionnée depuis *Homère* , & que nos Navigateurs n'y soyent plus de monstres comme autrefois ; cependant il est certain qu'ils ne s'y engageroient pas avec moins de dangers qu'au temps d'*Ulisse* , si on enlevoit tout-à-coup les Pilotes Côtiers de *Messine* & du *Phare*, qui deviennent bien nécessaires dans toute cette partie de la mer & des Côtes de la Sicile.

SYRACUSA

VOYAGE PITTORESQUE

DE

LA SICILE.

CHAPITRE QUATORZIÈME.

DESCRIPTION D'UNE PARTIE DU VAL DI NOTO
ET DES ISLES DE LIPARI.

VUE DES ENVIRONS DES VILLES

DE

PIAZZA ET DE PIETRA-PERCIA,

Situées dans la partie de la Sicile appellée VAL DI NOTO (1).

PLANCHES CENT VINGT-SEPTIÈME
ET CENT VINGT-HUITIÈME.

Sɪ la beauté des campagnes de l'ancienne *Enna*, maintenant *Caſtro Giovani*, eſt au-deſſous de l'idée qu'on a pu s'en former d'après la deſcription des Poètes; ſi leur fertilité, quoique fort grande, ne répond pas à ce qu'on étoit dans le droit d'en attendre, d'après la ſuppoſition que *Cérès* y avoit établi ſon ſéjour, l'on peut au moins aſſurer que les environs de *Piazza* ſurpaſſent tout ce qu'on peut imaginer en abondance & en activité de végétation.

---

(1) Nous joindrons ici, & comme Supplément à notre Voyage, ces Notices ſur une partie du *Val di Noto*. Les Deſſinateurs que nous avions envoyés en Sicile, ayant négligé d'aller viſiter cette partie méridionale de l'Iſle, plus curieuſe, il eſt vrai, à parcourir & à examiner par des Naturaliſtes, qu'elle ne l'eſt pour les Monumens & les Antiquités qui y ſont en très-petit nombre, nous ne doutons point que l'on ne liſe avec le plus grand plaiſir les deſcriptions que M. le Commandeur de *Dolomieu* nous en a envoyées, & particulièrement ſes obſervations ſur un aſſemblage d'anciens Volcans éteints depuis des ſiècles dans cette partie de la Sicile, qu'il s'eſt attaché à examiner avec la plus grande attention. Ce Mémoire nous a paru renfermer en particulier les vues les plus neuves, & les détails les plus intéreſſans.

Cette Ville, placée dans le centre de la Sicile, est bâtie sur une petite Montagne isolée. Elle n'a rien de remarquable dans ses Edifices publics & particuliers, mais elle doit s'enorgueillir de la richesse de son territoire & de la beauté de ses campagnes. Tous les genres de production lui sont propres , & elle réunit ce qui appartient à tous les climats, à toutes les températures : la vigne s'y appuye indifféremment sur l'oranger & sur le noyer. La Ville est entourée de Vallons, qui, comme des fossés naturels, pourroient servir à sa défense, mais qui sont uniquement employés à la culture des légumes & des herbages de toute espèce ; ils en fournissent non-seulement pour la consommation des Habitans, mais encore pour être un objet de commerce lucratif avec les Villes qui sont à quelque distance , & qui sont moins favorisées par la nature.

Les Vallées voisines qui forment son territoire, sont de la plus grande fertilité, & présentent à chaque pas des aspects enchanteurs. Un des objets les plus intéressans de la culture, ce sont les bois de noisettiers, qui occupent tous les lieux où les eaux sont abondantes, & fournissent des promenades charmantes par leur fraîcheur & par leur ombre.

Il y a un nombre infini de jardins dans tous les environs de la Ville, chaque Particulier a le sien, ou plutôt la campagne entière est un vaste & beau jardin, divisé par quelques fossés, pour servir de limites aux possessions ; celles qui appartiennent aux Nobles, dans lesquelles on n'a pas sacrifié tout à l'intérêt, & où on a pu admettre des productions de pur agrément, sont des endroits délicieux.

Un des plus remarquables de ces jardins est celui dit des *Capucins vieux*, appartenant au Marquis de *la Foresta*. L'art n'y a exactement fait que ce qu'il faut pour jouir d'une superbe nature, & pour mettre en action toute sa fécondité. Ce n'est point un jardin Anglois, encore moins un jardin François ; rien n'y a été fait par syftême ; on ne s'y est assujetti à aucun plan ; on y a favorisé seulement la circulation des eaux, l'accroissement des arbres, la multiplication des plantes de toute espèce, & le jardin a été fait. Les arbres fruitiers de tous les genres y sont mêlés avec les chênes, les pins, les peupliers , les melicuques & le cyprès. Les arbustes odoriférants garnissent les intervalles des grands arbres. Les vignes se grouppent avec les noisettiers & les orangers, & forment des guirlandes en passant des uns aux autres. Tout est confondu , & tout réussit parfaitement , parce que la nature se complaît également dans toutes ses productions, lorsqu'on ne veut point forcer ses vues & son plan. L'œil se repose par-tout agréablement, il n'est point fatigué par la monotonie des formes, ni par l'uniformité des nuances. La chaleur y est tempérée par les eaux qui s'élèvent en jets, tombent en cascades, & circulent de toutes parts. Le nombre des rossignols, qui semblent s'y être rassemblés de toutes les parties de la Sicile, montrent par leur chant la prédilection qu'ils ont pour ce beau lieu, & en augmentent l'agrément.

Les jardins de *Centorbi* & de *Conſtantiniano* ne le cèdent en agrément à aucun autre. On y voit par-tout la même abondance, la même fertilité, la même quantité d'eau : on y remarque également de grandes allées de cyprès, des chênes énormes, dont les troncs ſont garnis de lierre, des boſquets d'arbuſtes, des maſſifs d'arbres fruitiers, des bois de noiſettiers, qui ont la hauteur des taillis de chênes, un mélange d'orangers, de citronniers, d'aloës, de vignes, le tout jetté confuſément. Il faut moins de temps ici, pour que les arbres y acquièrent toute la hauteur dont ils ſont ſuſceptibles, & on voit dans un jardin planté depuis vingt-cinq ans, des arbres, qui, par-tout ailleurs, auroient demandé cinquante ans, pour prendre un pareil accroiſſement.

Les jardins des Capucins & des Récollets ſont encore très-beaux, tant par leur poſition & leur étendue, que par la quantité d'arbres qu'ils renferment. Ils pourroient leur faire ſupporter les autres privations auxquelles les Moines ſont condamnés, s'il leur étoit poſſible d'y oublier qu'ils ont ſacrifié leur liberté, & qu'il ne leur reſte ni celle de penſer, ni celle d'agir : il n'y a point de beaux lieux, ni de poſitions agréables pour celui qui n'y voit qu'une priſon, des Maîtres & une Règle auſtère à obſerver.

Les campagnes de *Piazza*, outre le bled, dont elles donnent une très-grande quantité, fourniſſent encore une infinité d'autres objets d'exportation. Il y croît du chanvre & du lin, & toutes les Villes voiſines y envoyent prendre tous les fruits que la nature peut produire, & dont ces campagnes fourniſſent une immenſe quantité. On y compte entre autres plus de trois cents eſpèces de poires.

Les noiſettes y ſont un objet de commerce important, auſſi les bois de noiſettiers y ſont-ils cultivés avec un ſoin infini, ils demandent autant de façons que les vignes, & ils ont beſoin de fréquens arroſemens. Les vins y ſont de bonne qualité, & en grande abondance. On y exporte auſſi en grande quantité les pignons des pins, dont les amandes ſont de très-bonnes confitures, & des piſtaches comparables à celles d'*Alep*. Les huiles d'olive ſont les meilleures de la Sicile, parce qu'on les fait avec plus de ſoin. En un mot c'eſt un des Pays du monde le plus favoriſé par la nature. Mais je dois auſſi rendre juſtice aux Habitans, ils ne s'y livrent point à cette oiſiveté, à cette indolence, qui eſt propre aux Pays abondans & chauds ; ils ſont actifs, ils ont beaucoup d'intelligence pour l'agriculture, ſont très-bons Jardiniers, & entendent parfaitement les arroſemens. La fertilité des campagnes de *Piazza* eſt due à l'abondance de ſes eaux & au parti qu'on en ſait tirer.

Le Peintre ne pourroit rendre qu'imparfaitement dans ſes Payſages la beauté des campagnes de *Piazza* ; les richeſſes y ſeroient ſi prodiguées, qu'on croiroit toujours que ſes compoſitions ſont l'effet de l'enthouſiaſme ou d'une imagination féconde, quoique ſes tableaux fuſſent réellement au-deſſous de la nature.

Au-deſſous de l'enceinte de la Ville, auprès de la place du Marché, il y a un arbre remarquable par ſon ancienneté, & par l'époque à laquelle il a été planté. C'eſt un olivier qui date depuis plus de ſix cents ans, puiſqu'il fut planté en 1163, en même-temps que la Ville fut reſtaurée ſous le règne de *Guillaume le Bon* ; il n'eſt pas très-gros, & il ne paroît pas abſolument deſſéché par la vieilleſſe : on le conſerve avec ſoin, ayant pris la précaution de bâtir un petit mur pour ſoutenir les terres dans leſquelles il étend ſes racines, & on y a mis une Inſcription, où par deux vers latins on rappelle ſon origine commune avec la Ville.

> Par Urbi, ac olice ubertas, æqualis origo
> Sepibus huic arbor creſcat & Urbis honor.

Le nom de cette Ville lui a été donné, parce qu'elle fut la Place d'armes de *Roger*, lorſqu'il fit la conquête de la Sicile. On conſerve dans la Cathédrale l'étendard de ce Conquérant. *Piazza* porte le titre de *Urbs opulentiſſima*. Le Langage des Habitans diffère de celui du reſte de la Sicile, il ſe rapproche de la Langue Romance, dont il a conſervé beaucoup de mots.

A quinze à dix-huit milles à l'occident de *Piazza*, toujours en parcourant les charmantes campagnes dont nous venons de parler, l'on rencontre une autre petite Ville appellée *Pietra Percia*, ſituée, à ce que l'on prétend, dans le même lieu où les Carthaginois fondèrent autrefois une Ville ſous le nom de *Caulonia*. Les environs de *Pietra Percia* ſont couverts de bois & de la plus grande fertilité. La Ville, qui a le titre de Principauté, eſt bâtie ſur la crête d'une Montagne, & eſt dominée encore par un vieux Château bâti ſur la ſommité même. Un Rocher, percé de part en part à ſa baſe, a donné ſon nom à la Ville. C'eſt dans les campagnes agréables qui l'environnent qu'a été priſe la Vue que l'on préſente ici, ſous le N°. 128. On y trouve beaucoup de mines de ſoufre, dont quelques-unes ont été exploitées, & enſuite abandonnées.

Les Voyageurs font pluſieurs centaines de lieues pour voir les ruines informes d'un Monument antique, qui n'a jamais eu rien de remarquable, & aucun de ceux qui ſont allés en Sicile, ne ſont venus admirer les campagnes de *Piazza*. Combien il y a loin cependant des beautés de l'art & du travail des hommes à celles d'une nature féconde.

Il y a pluſieurs autres endroits de la Sicile, que la nature a pris plaiſir à
embellir,

embellir, & que les Etrangers ne vifitent jamais, tels font les Vallées de *Poliʒi*, au pied des fameufes Montagnes de *Madonia*, dont les productions ont du rapport avec celles de *Piaʒʒa*; les campagnes de *Caftel-Veterano*, dans lefquelles la quantité d'arbres, dont elles font couvertes, ne nuit point à la culture du fol & à l'abondance du froment; les environs de *Mineo* cultivés avec le plus grand foin, & rendant toujours au-delà de l'efpérance du Cultivateur. Par-tout ailleurs dans la Sicile, le bled croît en grande quantité, mais la campagne y paroît dépouillée, parce qu'elle n'y eft point couverte d'arbres comme dans les environs de *Piaʒʒa*.

·VUE DES GROTTES
DE
SAN PANTARICA PRÈS DE SORTINO,
A V E C
UNE AUTRE PETITE VUE PRISE DANS LES ENVIRONS.

PLANCHES CENT VINGT-NEUVIÈME
.ET CENT TRENTIÈME.

IL feroit bien à defirer que ceux qui parcourent la Sicile, voulûffent quelquefois quitter les routes battues par les Voyageurs qui les ont précédés; s'ils fe guériffoient de cette terreur fingulière, qui les empêche de pénétrer dans l'intérieur de l'Ifle, & qu'ils fe tranfmettent des uns aux autres, en citant des anecdotes auffi fauffes que ridicules; fi enfin ils fe dévouoient à la fatigue néceffaire, pour parcourir un Pays où les chemins font mauvais, & où il n'y a point d'auberges, ils prendroient de la Sicile, de fes Habitans, & de fes Monumens une idée différente de celles qu'ils peuvent avoir, lorfqu'ils fe font bornés à vifiter les Côtes, ou à fuivre les grandes routes qui conduifent à quelques Villes de l'intérieur.

Aucun Voyageur par exemple n'a été de *Syracufe* à *Sortino*, Ville Baronnale, qui n'en eft diftante que de fept lieues : quel contrafte cependant un auffi court voyage ne lui préfenteroit-il pas entre les mœurs corrompues des Habitans de la Ville maritime, & la fimplicité, l'honnêteté & la candeur de ceux de cette petite Ville : il auroit quitté un Peuple dévoué en naiffant à une maladie auffi incommode que dégoûtante, pour en voir un autre moins fameux, mais qui dans un atmofphère plus pur, jouit de la meilleure fanté, & parvient à une grande vieilleffe.

Le hazard feul me conduifit dans cette petite Ville, à peine connue des Habitans de *Syracufe*, & dont je n'avois trouvé le nom dans aucune relation. Je remontois le Fleuve *Anapus*, fans autre objet que de reconnoître où il avoit pris certaines pierres que je lui voyois rouler jufqu'à la mer, lorfqu'entraîné par la fraîcheur, la verdure, les fites pittorefques & l'abondance des eaux d'un Vallon profond, qui me conduifoit dans la direction de l'oueft, j'arrivai à *Sortino*. Cette Ville, autrefois nommée *Xuthia*, étoit bâtie fur la croupe d'une Montagne efcarpée, où elle fut entièrement détruite par le tremblement de terre de 1693, & réédifiée fur le plateau qui eft au-deffus, d'où elle domine de plus de deux cents toifes le Vallon par lequel j'avois été conduit. Je reçus des Habitans l'accueil le plus empreffé; logé dans un Couvent, on m'y apporta des provifions de toute efpèce, fans vouloir en recevoir le prix. Ma chambre étoit toujours pleine de gens, qui venoient m'offrir leurs fervices, & me faire des millions de queftions. Je leur trouvai autant de bonhommie, d'affabilité & de candeur, que j'avois trouvé d'aftuce, de baffeffe & de vil intérêt dans l'ancienne Colonie de *Corinthe*.

Son territoire eft fertile, & les Vallons dont elle eft entourée, offrent des pofitions délicieufes, des points de vue charmans, une fraîcheur & une vivacité de verdure qui firent fur moi d'autant plus de fenfation que je venois de *Malte*, un des pays les plus fecs & des plus arides de la nature. Il y a dans les Vallons une grande abondance d'eau, qui favorife la végétation, la culture d'une grande quantité d'arbres fruitiers, fur-tout des cerifiers, qui raffemblés en touffes, forment des bois charmans. L'on voit fur ces ruiffeaux plufieurs machines relatives aux arts, comme moulins à foulons, moulins à bled, &c.

C'eft auprès de *Sortino* que j'apperçus les premiers veftiges des Volcans éteints du Val *di Noto*, & que je commençai à obferver les circonftances fingulières qui les accompagnent. L'on rencontre auffi à deux milles de cette Ville l'emplacement & les ruines de l'antique *Erbeffus*, qui par fa pofition & fes Monumens mérite plus l'attention du Voyageur que des fragmens de Colonnes devant lefquels on s'extafie, parce qu'ils font cités par quelques Auteurs qu'on eft convenu de prendre pour guides.

Erbeffus, cette Ville qui joue un grand rôle dans l'ancienne hiftoire de Sicile, par les fiéges qu'elle a foutenus, & par la force de fa pofition, eft fi parfaitement oubliée dans la Sicile moderne, que le fol même fur lequel elle étoit bâtie, a perdu fon nom, pour prendre, on ne fait pourquoi, celui de *Pentalica* ou *Pentarica*; ce qui a fait naître des doutes & de grandes difcuffions fur fon emplacement : elle étoit fituée fur un plateau de cinq cents pas d'étendue, & entourée de toutes parts par des gorges d'une profondeur extrême.

Jamais Ville n'a été plus forte de position, puisque son accès est même encore très-difficile, quoiqu'on n'ait plus intérêt à le défendre. Il n'y reste plus aucuns Monumens, & les seules ruines qu'on y remarque sont les murs d'un Château placé à une des extrémités de la plate-forme. Ils sont bâtis en très-grosses pierres, quoiqu'ils ne soient pas d'une construction antique, & qu'on les soupçonne d'avoir été élevés par les Goths. D'ailleurs rien ne pourroit faire croire que cet emplacement ait été celui d'une grande Ville, sans la quantité innombrable de Tombeaux qui l'entourent & attestent son ancienne population.

Les Vallons qui lui servent de fossés naturels, se sont ouverts dans un massif calcaire, & présentent de tous côtés des escarpemens à pic, d'une grande élévation, où le Rocher absolument nud paroît semblable à une haute & immense muraille. C'est dans ces escarpemens que l'on voit une quantité incroyable de cavités, dont l'ouverture est un quarré long, & qui toutes ont intérieurement la même forme. Ce sont des chambres longues de six pieds, larges de cinq, & hautes de quatre; l'entrée, ou la porte a deux pieds de large & trois de hauteur, elle est précédée d'une incavation, ou espèce de rainure creusée dans la pierre, qui forme un encadrement à la porte, d'un pied de profondeur & d'un pied & demi de largeur tout autour.

Plusieurs Auteurs ont voulu que ces excavations servissent autrefois d'habitations aux Lestrigons, que l'on suppose les premiers Habitans de cette partie de la Sicile; mais lorsqu'on les a examinés avec attention, on ne peut pas leur imaginer un autre usage que celui d'avoir été des Tombeaux; car comment croire que des hommes, même pour motif de sûreté, se réfugiâssent dans des creux, dont l'accès étoit impossible, sans se servir de très-longues cordes pour y arriver, puisqu'il y en a qui sont sur des escarpemens, à plus de trois cents pieds du fond du Vallon, & à égale distance du sommet de la Montagne, de manière qu'il étoit impossible d'y parvenir par tout autre moyen. Le respect pour les morts, fondé sur la religion, faisoit qu'on cherchoit à les soustraire à la curiosité des hommes, à tout ce qu'on regardoit alors comme une profanation, aucun lieu accessible ne paroissant assez sûr, pour y placer des corps qui devenoient l'objet de la plus grande vénération.

Ces Grottes étoient fermées par une grosse pierre enchâssée dans le Rocher: plusieurs le sont encore; les autres ont été ouvertes par les Paysans des environs, dans l'espérance d'y trouver de l'argent. Dans chaque chambre, il y a un petit Gradin taillé dans la pierre, avec deux creux qui marquent la place de deux têtes. Il y a quelques-unes de ces chambres plus grandes que les autres, quelquefois du double, alors il y a place pour quatre têtes ou plus. Le nombre de ces Tombeaux, qui garnissent tous les Rochers des environs, doit faire supposer une immenfe population. Il y a des pans d'efcarpemens où l'on en.. peut compter jufqu'à deux cents, qui font fur fept ou huit rangs de hauteur, & il paroît que chaque Famille avoit fon emplacement féparé & diftinct, dans lequel elle creufoit, pour dépofer fes morts. Je vifitai plufieurs de ces excavations, & j'y trouvai encore des offemens & des têtes. On m'avoit affuré qu'elles étoient d'une proportion gigantefque, mais elles ne me parurent pas au-deffus des proportions ordinaires : d'ailleurs la longueur des chambres dans lefquelles les corps étoient étendus, indique que ces anciens Leftrigons n'étoient pas au-deffus de la taille actuelle des Siciliens. La feule remarque que j'ai faite fur ces offemens eft la grande épaiffeur de la boîte des crânes.

Il y a dans le maffif de Rocher qui forme l'emplacement de l'ancienne Ville, plufieurs fentes verticales d'une profondeur confidérable, qui ont jufqu'à un pied de largeur, & qui vont dans toutes les directions ; elles peuvent avoir été produites par des tremblemens de terre.

Si le mot *Erbeffus* eft Phénicien, & qu'il fignifie, ainfi qu'on le fuppofe, caverne ou montagne excavée, on ne peut pas refufer au lieu dit *San Pentarica*, d'avoir été l'emplacement de l'ancienne *Erbeffus*. Outre les excavations faites à mains d'hommes, dont je viens de parler, les gorges offrent de toutes parts des antres & des Grottes, quelques-unes très-profondes & très-fpacieufes. L'entrée de plufieurs fervent d'établiffemens à de petites Manufactures de falpêtre, où on leffive avec fuccès la terre enlevée à la furface de tous les rochers. La plus belle de ces Grottes eft celle nommée *della Meraviglia* : le périftile, s'il eft poffible d'employer un terme confacré aux arts pour décrire ceux de la nature, le périftile donc, occupé par l'attelier des Salpêtriers, eft haut, large & fpacieux. L'entrée en eft baffe & étroite, mais peu-à-peu elle s'élève, s'élargit & devient femblable à un vafte Temple avec fa nef. Dans un endroit, la partie fupérieure prend fi exactement la forme d'une coupole, que l'on eft étonné que la nature fe foit auffi parfaitement rencontrée avec les ouvrages des hommes. Cette Grotte pénètre la Montagne de trois cents pas, & mérite l'attention des Voyageurs. Elle renferme au furplus une grande quantité de chauve-fouris, dont les ordures accumulées fur le fol font d'excellens matériaux pour le falpêtre. Dans ce que j'appelle le périftile, l'eau fuinte à travers tout l'énorme maffif de rocher qui le recouvre, & y forme beaucoup de ftalactiques. L'intérieur de la Grotte eft fec, ce qui doit. venir d'une différence dans la denfité de la pierre.

Auprès de celle-ci, font d'autres Grottes également tapiffées par la nature d'une grande quantité de fuperbes ftalactiques, dont les formes font toutes plus bizarres & plus fingulières les unes que les autres.

Tous

Tous les environs de *Pentarica* pourroient fournir une fuite de Payfages infiniment curieux & intéreffans. De gros ruiffeaux précipitent leurs eaux au fond des gorges extrêmement profondes, & les roulent avec fracas au milieu des pierres ; des antres noirs & profonds, des rochers efcarpés, d'autres fufpendus en l'air par un refte d'adhérence avec le noyau de la Montagne ; des maffes énormes entièrement détachées & différemment inclinées ; des arbres, des arbriffeaux & des plantes, qui croiffent par-tout où elles ont pu prendre pied & trouver un peu de terre ; de grandes parties fortement ombrées, d'autres très-éclairées, & tous les accidens de lumière, produits par le contour des gorges ; voilà les principaux objets qui préfentent au Voyageur une variété infinie de points de vue les plus pittorefques, où le grand, le terrible eft joint à l'agréable ; c'eft en les imitant que le Peintre feroit un nombre immenfe de Deffins, dont il pourroit enfuite employer les idées dans fes Tableaux.

MÉMOIRE fur les Volcans éteints du Val DI NOTO en Sicile,

Par M. le Commandeur DE DOLOMIEU.

LE Mont *Etna* n'eft ni le feul, ni le plus ancien Volcan de la Sicile. Cette Ifle a été dans tous les temps la proie des feux fouterrains, & ils y avoient établi leur empire deftructeur, long-temps avant la retraite des eaux & le defsèchement du globe. Les deux grands agens de la nature dans le règne minéral, y ont travaillé dans le même-temps & dans les mêmes lieux à la formation des Montagnes, ils y ont mêlé leurs produits, & y ont laiffé des preuves de leur action fimultanée. On voit les matières volcaniques dans le fein des Montagnes calcaires, & les bancs calcaires s'y trouvent interpofés au milieu des courans de laves. L'ordre & l'arrangement fymétriques de ces différentes matières prouvent que leur mélange n'eft point l'effet d'un bouleverfement inftantané, qu'il n'a point été produit par une de ces grandes cataftrophes de la nature, qui réuniffent dans les mêmes lieux les fubftances qui ont pris naiffance à une grande diftance les unes des autres ; enfin elles ne font point difpofées ainfi par les courans qui entaffent confufément ce qu'ils arrachent fur leurs paffages. L'exiftence des Volcans avant la formation de certaines Montagnes calcaires, eft une vérité, qui m'a été conteftée, lorfque je l'ai annoncée en 1776, d'après mes obfervations en Portugal, vérité qui a été appuyée par les defcriptions des Volcans éteints d'Allemagne données par différens Auteurs (1), & à laquelle les Volcans éteints du *Val di Noto* en Sicile ajoutent la dernière évidence. Ces Volcans préfentent encore d'autres particularités intéreffantes, qu'on ne rencontre point ailleurs, & que je crois devoir faire connoître.

Les Volcans éteints de la Sicile occupent le centre du *Val di Noto* ; mais il feroit difficile de fixer exactement leurs limites, parce qu'ils ont envoyé par-deffous les maffifs calcaires, des courans de lave, qui y reftent enfévelis, & dont il n'eft pas poffible de fixer l'étendue. Souvent en creufant au milieu de la pierre calcaire, on eft tout étonné de trouver des matières volcaniques, dans des lieux où l'on ne devroit pas foupçonner ces produits du feu : les laves de ces anciens Volcans, en partant des Montagnes qui les ont lancées, comme autant de rayons divergents, vont s'étendre jufqu'aux extrémités de cette Province, & arrivent jufqu'à la mer qui bat fes Côtes.

Je trouvai les premiers indices de ces Volcans, en allant de *Syracufe* à *Sortino*, à une lieue de cette dernière Ville, aux extrémités du profond Vallon qui y conduit. Quelques morceaux de lave entraînés & arrondis par les eaux, m'annoncèrent d'avance que j'allois entrer dans un Pays volcanique. Mon attention fe fixa bientôt après fur un courant de lave que je vis fortir d'une Montagne calcaire qui étoit fur ma droite. Il étoit coupé par le Vallon dont les eaux couloient fur un fol calcaire, & alloient fe perdre dans un maffif d'une même nature, qui étoit fur ma gauche. Je paffai enfuite alternativement fur des matières calcaires & volcaniques, pour arriver à *Sortino*, Ville Baronnale, bâtie fur une Montagne calcaire, qui domine le Vallon, & qui lui préfente des efcarpemens de plus de deux cents toifes d'élévation, dans lefquels les bancs de pierres dures font horizontaux & exactement parallèles.

---

(1) Voyez entre autres le Tome IV des Lettres Phyfiques & Morales fur l'Hiftoire de la Terre & de l'Homme, par M. de Luc ; Lettres CIV & fuiv.

Les environs de *Sortino* m'offrirent des phénomènes & des singularités, dont l'explication me parut difficile, & qui tinrent pendant long-temps mon esprit en suspens. Je vis d'abord les matières volcaniques enfévelies fous des bancs horizontaux de pierre calcaire, très-coquillière, contenant fur-tout une infinité de *Madreporites*, quelques-uns d'un volume énorme. Je vis enfuite des hauteurs, dont les fommets feuls étoient volcaniques & les noyaux calcaires, fans que les laves qui couronnoient ces fommets euffent communication avec aucun courant, & euffent d'autre étendue que le plateau qu'elles recouvroient. Ces laves n'avoient pu être formées où je les voyois, elles étoient venues d'ailleurs : mais d'où & comment, furent les premières queftions que je me fis, & auxquelles je fus long-temps à trouver une réponfe. Je ne concevois pas comment elles avoient pu s'amonceler fur les hauteurs où je les trouvois ifolées, & où elles n'avoient relation avec aucun courant, dont je puffe fuivre les traces jufqu'au foyer ; d'autant qu'elles étoient environnées de Vallées toutes creufées dans la pierre calcaire. Je me déterminai à confulter les Montagnes les plus hautes, qui étoient à quelque diftance. J'en vis plufieurs dont la forme étoit à-peu-près conique, & dont les fommets étoient pointus ; elles étoient vers le nord ou nord-oueft de *Sortino*, dans la direction de l'*Etna*, qui terminoit mon horizon, à une diftance de treize ou quatorze lieues. J'imaginai dans l'inftant que ces Montagnes étoient les vrais Volcans, qu'elles repofoient fur les foyers où s'étoient préparées les laves que j'obfervois, & que ces foyers pouvoient avoir communication avec ceux de l'*Etna*. Ce petit fyftême arrangé me paroiffoit tout naturel, & je cherchois déja à expliquer comment avoit pu être rompue la communication des laves de *Sortino* avec les Montagnes dont elles étoient forties, mais quel fut mon étonnement ! lorfqu'après avoir vifité fucceffivement toutes ces Montagnes, je vis qu'aucune d'elles ne contenoit la folution de mon problème, & que même elles ajoutoient infiniment à la difficulté de fon explication.

La Montagne *Saint-Georges*, une des plus hautes de tout le Canton, du fommet de laquelle je pouvois prendre une idée topographique de tout le pays qui domine ce qui l'entoure, à l'exception de quelques pics calcaires qui lui font au fud, (tel que celui de la Montagne de *Bonjuan*) cette Montagne, dis-je, dont la forme eft conique, & qui eft ifolée par des Vallées, dont le fol lui eft furbaiffé de trois ou quatre cents toifes, à fa bafe calcaire. Sur cette première affife repofe une couche volcanique, enfuite une autre tranche calcaire, à laquelle fuccède un fommet formé d'une lave dure. Une autre Montagne auprès du Fief de *la Copodia*, également conique, eft toute volcanique, à l'exception d'une couche de pierre calcaire, dure & blanche, qui la tranche à moitié de fa hauteur & parallèlement à fa bafe. Quelques Montagnes où les couches volcaniques & calcaires font plus ou moins nombreufes. La Montagne de *Penculia* eft volcanique à fa bafe & calcaire à fon fommet. Et enfin la Montagne ifolée fur laquelle eft bâtie la Ville de *Carlentini* eft moitié calcaire & moitié volcanique; mais ici la divifion des deux fubftances fe fait par un plan vertical ; la pente du nord, c'eft-à-dire celle qui eft en face de l'*Etna*, eft calcaire, celle du midi eft volcanique. Cette dernière circonftance me prouvoit bien évidemment que ces laves n'avoient pu venir de l'*Etna*, quand même j'aurois fuppofé la formation de la Plaine de *Catane* produite par l'effort de courans poftérieurs aux premières éruptions de ce Volcan ; puifque ces laves n'auroient pu s'amonceler derrière un maffif calcaire, qui lui étoit oppofé.

Après être arrivé à cette limite des Volcans, dont je pourfuivois le foyer, je pris le côté de l'eft, je fuivis jufqu'à *Melilly* les hauteurs qui accompagnent la Vallée de *Lentini*, & qui dominent la Plaine d'*Augufta*, & cheminant à mi-côte, je vis déboucher du milieu des Montagnes (qui réunies par leur bafe, ne forment qu'un même grouppe fous le nom de Monts *Hybléens*, *Colles Hyblœi*), plufieurs courans de lave, qui fe terminent comme s'ils avoient été coupés, fans avoir eu le temps de defcendre dans la Vallée & de s'incliner pour en prendre la pente. Plufieurs de ces courans font cryftallifés (1) en bafaltes prifmatiques. On en voit de très-belles colonnes auprès de *Mililli*. Au-delà de cette Ville jufqu'à *Syracufe*, on ne voit plus de trace de Volcans, & les efcarpemens en face du Golfe d'*Augufta*, n'offrent qu'un maffif calcaire en bancs horizontaux.

Les courfes infructueufes que j'avois faites au nord & à l'eft de *Sortino* pour trouver les foyers qui avoient pu fournir les laves que j'avois rencontrées, loin de me décourager, ne firent que m'engager avec plus d'ardeur dans de nouvelles recherches. Je revins à *Sortino*, & en allant vifiter l'emplacement de l'ancienne *Erbeffus*, connue maintenant fous le nom de *Pentarica*, je traverfai deux gorges d'une extrême profondeur, dont les encaiffemens taillés jufqu'à pic, ont plus de fix cents pieds d'élévation ; je n'y vis rien que de calcaire, & je m'affurai ainfi que les Volcans que je cherchois n'étoient pas dans la partie du fud. Il me reftoit à vifiter celle de l'oueft. J'y voyois de loin de très-hautes Montagnes, & je ne pouvois plus douter qu'elles ne dûffent être le centre des courans de lave, que j'avois vus difperfés & dépecés en tant de lieux différens. Je m'acheminai donc fur celle qui me parut la plus haute ; & que l'on me nomma *Santa Venere* ; elle eft à trois lieues à l'oueft de *Sortino* ; le chemin qui y conduit eft fur un fol entièrement calcaire ; mais après avoir defcendu un Vallon pour arriver au pied de la Montagne, tout devient volcanique. J'y vis des laves poreufes & compactes, en blocs ifolés & en fragmens, des cendres, des fcories, & généralement tout ce qui caractérife une Montagne formée par l'entaffement des éjections volcaniques. La Montagne s'élève fous une forme à-peu-près conique, dont le diamètre de la bafe eft allongé de l'eft à l'oueft. Sa pente eft rapide, je la gravis du côté du fud. Au tiers de fa hauteur, fur un petit plateau en corniche, je trouvai un petit Lac de forme irrégulière, qui me parut avoir été une des branches latérales du Volcan. Le fommet eft terminé par un plateau un peu concave, qui en domine un autre un peu moins élevé du côté de l'oueft. L'un & l'autre doivent être l'emplacement d'un crater comblé par le temps ou par la main des hommes, car je trouvai fur ce fommet des fragmens de briques, & de pierres taillées, qui me firent foupçonner qu'anciennement on y avoit bâti un Fort ou un Château, d'où on jouiffoit fûrement de la vue la plus étendue & la plus propre à faire des découvertes.

Je ne pus pas douter que cette Montagne ne fût le Volcan que je cherchois, & qui avoit répandu fes laves à une très-grande diftance autour de lui, fur-tout dans la partie de l'eft ; mais il me reftoit à réfoudre le problême de la formation des Montagnes ifolées & coniques, mi-parties volcaniques & calcaires, qui ne tiennent à aucun courant, & qui fembloient n'avoir aucune relation directe avec mon Volcan. L'étude de la Montagne *Santa Venere* & des Pays circonvoifins m'apprit que ce Volcan s'étoit élevé au milieu de la mer, qui alors occupoit nos Continens, que fa tête feule s'étoit élevée au-deffus du niveau des eaux. Je fus convaincu que lorfqu'il répandoit autour de lui des torrens de matières enflammées, la mer entaffoit

---

(1) Ici, comme dans tous les bafaltes en colonnes, ce n'eft point une cryftallifation proprement dite, mais un fimple *retrait* de la lave fur elle-même, par le concours des eaux de la mer où ces laves ont coulé.

des dépôts calcaires, que chaque nouvelle éruption trouvoit un fol plus élevé fur lequel elle fe répandoit, que bientôt les nouvelles matières volcaniques étoient enfévelies fous de nouveaux dépôts, & qu'ainfi par l'entaffement fucceffif & régulier des produits du feu & des dépôts de l'eau, s'étoit formé un énorme maffif à fommet applati & horizontal. Ce maffif occupoit tout le centre du Val di Noto, recouvroit de plufieurs centaines de toifes le fol fur lequel s'étoient répandues les premières laves, & fut divifé, morcelé & dégradé par les courans ou par les ballottemens des eaux, lors de la grande débacle, ou de la cataftrophe qui changea l'emplacement des mers.

Les Vallons & les gorges qui fe formèrent au milieu de ce maffif, féparèrent les laves de la Montagne à qui elles appartenoient, coupèrent les courans, & façonnèrent, avec les débris de ces maffifs, des Montagnes de toutes les formes, mais la majeure partie conique; ainfi qu'on peut le voir journellement, lorfque dans un terrein argilleux & fubmergé, l'eau fe retirant avec précipitation, excave par-tout où elle trouve moins de réfiftance, creufe les premiers fillons qu'elle a tracés, & forme de petits cônes, dont les fommets font à la hauteur du fol fur lequel repofoient les eaux.

Les parties où les laves avoient coulé fucceffivement, dans la même direction les unes au-deffus des autres, ont donné naiffance aux Montagnes dans lefquelles les couches volcaniques & les calcaires fe fuccèdent parallèlement. Celles fur lefquelles aucunes laves ne fe font portées, n'ont produit que des Montagnes totalement calcaires, qui fe trouvent entremêlées avec les autres. Celles enfin fur lefquelles le hazard, ou des circonftances locales ont entaffé de préférence & dans le même lieu les matières que vomiffoit le Volcan, fans laiffer le temps au dépôt des eaux de fe mêler avec elles, ont produit quelques petites Montagnes prefqu'entièrement volcaniques, où les cendres font aglutinées par une pâte calcaire.

Pour parvenir à expliquer la formation de la Montagne de Carlentini, il faut fuppofer qu'un vafte courant de lave s'étoit enflé & entaffé à fon extrémité, que là s'étoit fait fon interfection pendant que les eaux arrondiffoient la portion du maffif calcaire contre lequel il s'appuyoit, & façonnoient ainfi un bloc mi-parti dont la divifion des matières fe faifoit par un plan vertical. Cette théorie rend raifon de tous les phénomènes, & de toutes les fingularités qui s'obfervent dans ce mélange des produits du feu & des dépôts de l'eau, & une infinité de preuves de différens genres, mais qui feroient étrangers à ce Mémoire, concourent à démontrer l'exiftence d'un ancien plateau qui étoit élevé de plufieurs centaines de toifes au-deffus du fol actuel des Vallées & du niveau de la mer, qui couvroit non-feulement le Val di Noto, mais encore toute la Sicile, & dont les débris ont formé toutes les Montagnes actuellement exiftantes, à l'exception de l'Etna.

La Montagne de Santa Venere eft la plus haute du Val di Noto, & une des plus hautes de la Sicile, après le Mont Etna. De fon fommet on découvre une étendue immenfe. La diftance & l'illufion de l'optique font paroître plane & de niveau tout le Pays qu'elle domine, quoique ce foit un affemblage de Montagnes féparées par des gorges profondes; elle eft couverte de neige tout l'hiver, & même elle la conferve pendant l'été dans des foffes où l'on la raffemble pour la provifion de Syracufe & des Villes voifines. Le 15 Mai j'avois grand chaud avant de m'élever fur cette Montagne, & je fentis un froid très-vif lorfque je fus au fommet. A midi même le foleil n'étoit pas affez chaud pour contrebalancer la fenfation du froid: le thermomètre de Réaumur placé à l'ombre, reftoit au point de la congélation. Tout le côté qui eft fous l'afpect du midi eft cultivé; malgré la pente rapide & la quantité de blocs, & fragmens de lave qui le couvrent, le froment y croît assez bien à la faveur d'un peu de terre noire qu'on apperçoit à peine au milieu des pierres. Les épis de froment étoient presque mûrs au pied de la Montagne, pendant que le bled étoit encore en herbe sur le sommet. Il y a plusieurs petites sources à une très-grande hauteur, fournies par la fonte des neiges, qui donnent une eau fraîche & légère. A l'aspect du nord, la Montagne est couverte de bois depuis le sommet jusqu'au tiers de sa hauteur. Au-dessous de la limite de cette forêt, c'est-à-dire aux deux tiers de son élévation, la Montagne a une enceinte calcaire qui l'enveloppe du côté du nord, qui cache sa base, & qui l'unit à des Montagnes calcaires qui sont au-dessous d'elle. Il est évident que toute la Montagne, à la réserve de son sommet, a été ensévelie sous des pierres calcaires, & que ce sont les courans qui l'ont de nouveau isolée, & qui l'ont détachée dans la partie du sud, du massif au milieu duquel elle se trouvoit. Une eau qui court, creuse en tournoyant au pied du rocher qui s'oppose directement à son impulsion ; de même la tête de cette Montagne a pu occasionner un effet semblable, en présentant un obstacle aux courans qui circuloient autour d'elle.

En mesurant cette Montagne, ce que les circonstances ne m'ont pas permis de faire, on pourroit peut-être connoître la hauteur que les mers n'ont pas surpassée pendant l'inflammation de ce Volcan, puisque si son sommet eût été submergé, & que son crater eût été rempli par les eaux qui l'environnoient, elles auroient communiqué par sa cheminée, avec son foyer, & elles auroient ou ralenti ou anéanti ses feux, dont le travail long & actif, est prouvé par l'immensité des matières qu'il a vomies. De même, en mesurant la hauteur où commencent les pierres calcaires, on sauroit que les eaux se sont nécessairement élevées au-dessus & entre ces deux extrêmes, on pourroit avec vraisemblance supposer l'ancien niveau pendant une époque fort longue. En jugeant par approximation, & comparativement avec les autres sommets qui m'environnoient, je croirois que la hauteur de cette Montagne est au moins de sept à huit cents toises au-dessus du niveau actuel, & que les premières couches calcaires sont élevées de cinq ou six cents toises.

Il y a donc un très-grand intervalle, relativement à l'élévation, entre le sol sur lequel ont coulé les premières laves, & celui sur lequel se sont répandus les courans postérieurs ; une des laves les plus basses & par conséquent des plus anciennes, est celle qui forme le sol de la Vallée dite *Piano delli Margi*, près de *Sortino* ; le fond est un *impasto* volcanique, formé de cendres & de fragmens de scories, foiblement agglutinés & recouvert par une lave solide. Ces matières pénètrent sous les côteaux voisins, de manière que si le berceau de la Vallée avoit été un peu moins creusé, son sol auroit été calcaire, sans qu'on pût soupçonner qu'il receloit un courant de lave. Au milieu de cette Vallée il y a un trou rond de douze pieds de diamètre, & de quinze ou de vingt de profondeur : il s'est fait pendant les tremblemens de terre de 1780, par l'affaissement de ce qui formoit le toît de la cavité à laquelle il communique : il m'auroit fallu des cordes pour y descendre, & je ne pus pas m'en procurer ; d'ailleurs l'entreprise n'auroit pas été sans danger. Je vis de ses bords qu'il donnoit jour à une galerie, qui va de l'est à l'ouest, selon la direction que devoit avoir le courant, & qui peut-être remonte jusqu'à la Montagne de *Santa Venere*, distante de deux lieues. Il y a une infinité de semblables galeries souterraines au milieu des laves de l'*Etna*.

A trois lieues, à l'ouest de la Montagne de *Santa Venere*, il y a une autre grosse Montagne volcanique nommée *Monte Lauro*. Son sommet étoit également hors de l'eau, & ses flancs recéloient un foyer, qui préparoit les laves qu'elle lançoit à une grande distance, autour de fa bafe. Ce Volcan a été, ainfi que le premier que j'ai décrit, enféveli au milieu du maffif calcaire, & il a mêlé fes productions avec celles de la mer. Sa fommité domine toutes les Montagnes des environs, & eft terminée par une efpèce de plateau inégal, dont le contour irrégulier peut avoir deux milles de diamètre, & fur la furface duquel il y a quelques endroits creux, comme de petites Vallées, femblables à celles du fommet de l'Etna ; mais je n'y ai trouvé aucuns veftiges du crater qui devoit y exifter anciennement, & que les cataftrophes de la nature ont fait difparoître. Il y a une grande quantité de blocs de laves de différente nature, & toute la Montagne eft formée de laves, de cendres & de fcories, entaffés par couches, qui indiquent les irruptions fucceffives du Volcan. La bafe du *Monte Lauro*, du côté de l'oueft & fud-oueft, eft enfévelie fous les Montagnes calcaires du Comté de *Modica*, de manière que le petit Village de *Monte Roffo*, eft en même-temps la limite du Comté de *Modica*, & des productions volcaniques vifibles. Si au-delà on ne trouve plus veftige de Volcan, ce n'eft pas qu'ils n'aient envoyé des laves fur cette direction, mais c'eft parce que l'ancien maffif y a été moins morcelé, & que les gorges n'y ont pas été approfondies au point de rejoindre & de couper les courans de laves qui ont paffé au-deffous, & qui fe font étendus jufqu'au Cap *Paffero*, à une diftance de plus de dix lieues (1).

Les laves de *Monte Lauro*, qui ont décrit d'autres rayons & qui fe font dirigées vers d'autres points autour de fa bafe, fe font mêlées avec les couches calcaires, comme celles de *Santa Venere*, & elles ont enfuite été féparées de leur Montagne originelle. La Montagne au pied de laquelle eft bâtie la Ville de *Bucheri*, & qui eft détachée par une Vallée ou gorge profonde, du grouppe de la Montagne, au centre duquel eft *Monte Lauro*, préfente dans fa partie du fud-oueft une alternative de couches calcaires & volcaniques, qui fe diftinguent de loin par la couleur noire des unes, & blanche des autres. Son fommet formé par un plateau très-élevé & très-étendu, eft entièrement couvert d'une couche volcanique ; mais dans la partie de *Bufchemi* le mélange ne fubfifte plus, tout y eft calcaire, & l'on croiroit que la Montagne à laquelle eft adoffée cette dernière petite Ville, feroit la limite des produits du feu & des Volcans éteints, fi dans le fond des gorges extraordinairement profondes, qui entourent la Ville de *Palazuolo*, on ne trouvoit des laves qui percent des deux côtés, le maffif calcaire & efcarpé, fous lequel les courans font enfevelis. Ces laves, peut-être, de la même époque que celles de la plaine *delli Margi*, dont j'ai parlé, font couvertes au moins par quatre cents toifes de pierres calcaires, en couches horizontales.

Entre *Bucheri* & *Vizini*, toutes les Montagnes font mi-parties calcaires & volcaniques. Cette dernière Ville eft bâtie fur la pointe & à l'extrémité d'une Montagne efcarpée de trois côtés, & entourée de gorges très-profondes. Elle tient du côté de l'eft à une autre Montagne, avec laquelle elle eft enchaînée, & qui la domine. Cette Montagne, dite *du Calvaire*, eft formée par des bafaltes, qui préfentent leurs têtes ou les extrémités de leurs prifmes, fur tous les côtés d'une efpèce de dos d'âne. J'ai jugé, d'après cette pofition, qu'ils partent tous d'un centre commun, dont ils s'éloignent en divergeant. Il y a une carrière ouverte fur les flancs de cette Montagne, dans laquelle on trouve & l'on détache des prifmes régulièrement

---

(1) Rien n'égala mon étonnement, lorfque me promenant au bord de la mer, fur la Côte voifine du Cap, on me montra des morceaux de lave dure & compacte, que l'on venoit de trouver, en creufant un puits, à peu de diftance du rivage, & dans laquelle lave on avoit été obligé de pénétrer pour trouver de l'eau. Ce courant doit avoir traverfé tout l'énorme maffif calcaire du Comté de *Modica*, pour arriver jufques-là.

cryftallifés ; on s'en fert pour paver les rues, pour faire des bornes au coin des maifons, & pour le feuil des portes (1).

Les efcarpemens qui entourent *Viʒini*, montrent d'une manière plus frappante, que nulle autre part, le mélange des produits du feu & des dépôts de l'eau. J'y ai compté onze couches alternativement calcaires ou argillo-calcaires & volcaniques ; & elles paroiffent de loin comme une étoffe rayée de noir & de blanc. Si j'avois même voulu diftinguer tous les petits bancs, d'un pouce d'épaiffeur, le nombre des couches auroit doublé. On y voit les matières volcaniques, en couches minces, au milieu de deux bancs calcaires fort épais, ou des bancs calcaires très-minces au milieu des laves (2).

Parmi les matières volcaniques de *Bucheri* & *Viʒini*, on trouve beaucoup de groffes boules de lave, formées de couches concentriques, qui fe détachent les unes des autres, lorfqu'on rompt la boule, & dont alors les morceaux reffemblent à des fragmens de bombes : on y trouve auffi quelques autres bafaltes, dont les tronçons, arrachés par les eaux, ont été entraînés dans le fond des Vallées.

Les produits des Volcans s'étendent jufqu'à *Grand'Michelle*. La plaine dite *Marineo*, qui eft au-deffous de cette petite Ville, a un fol volcanique, recouvert de quelques collines calcaires, dont les bancs fe correfpondent, pour l'élévation & la nature, d'une colline à l'autre ; on voit dans quelques-unes, par les excavations des ravins, quatre couches fucceffives de pierres noires & blanches, dont la plus baffe eft volcanique, & la plus haute calcaire. Le grouppe de Montagnes, dont la plus élevée s'appelle *Mahone*, & donne fon nom à tout fon contour, eft mi-partie calcaire & volcanique.

De plus longs détails, & une defcription plus circonftanciée de toutes les Montagnes, où l'on rencontre les veftiges de ces Volcans éteints, ne feroient point inftructifs ; je me bornerai donc à jetter encore un coup-d'œil fur leur enfemble, & je dirai enfuite quelques mots fur la nature de leurs productions.

Il paroît certain que ces Volcans exiftoient avant la retraite des eaux, puifqu'ils ont mêlé leurs produits avec ceux de la mer, & qu'il n'eft pas poffible de fuppofer une alternative de defsèchement & d'alluvions, qui feroient néceffaires, fi ces Volcans n'avoient pas brûlé au milieu de la mer. Il faut auffi que les dépôts des eaux fe foient faits d'une manière uniforme, puifque toutes les couches font horizontales, qu'elles fe correfpondent d'une Montagne à

---

(1) Les prifmes font pentagones ou hexagones ; leur diamètre varie depuis un pied jufqu'à deux : ils font articulés, & leurs vertèbres ont quatre ou cinq pieds de longueur ; leur matière eft une lave noire, compacte, très-dure. Il y a quelques grouppes où les bafaltes font moins bien exprimés ; alors j'ai remarqué que la matière eft plus poreufe & moins dure, raifon pour laquelle le retrait s'eft fait moins régulièrement.

(2) Les matières volcaniques font ici de différentes efpèces, & varient d'une couche à l'autre. Les plus communes font formées par un fable noir aglutiné, qui a produit une efpèce de tuf (*tufo* volcanique). On voit que ce fable ou cette cendre a été fufpendue quelque temps dans l'eau, & qu'elle s'en eft précipitée plus ou moins promptement, à raifon de fa groffeur ; puifque l'œil diftingue dans chaque banc une infinité de couches minces, les unes fur les autres, dont celles de deffous ont le grain plus gros que celles de deffus.

D'autres bancs, d'une grande épaiffeur, font compofés d'un *pooding* volcanique formé de fragmens de lave d'une denfité & d'une couleur différente, aglutinés par une matière calcaire, ou par une matière noire argilleufe. Quelques-uns paroiffent le produit d'éjections boueufes, bitumineufes. En général il y a peu de courans de lave dure & compacte. Dans plufieurs couches les matières des deux natures font mêlées & confondues à-peu-près par parties égales ; mais on voit que la partie calcaire a enveloppé l'autre, & s'eft modelée deffus. En général dans tous les bancs calcaires ou argillo-calcaires, quelle que foit leur épaiffeur, il y a quelques fragmens volcaniques. Cette obfervation eft commune à toutes les Montagnes dépendantes de *Santa Venere* & de *Monte Lauro*.

Toutes les fentes, fiffures & cavités de matières volcaniques, font garnies de lames & cryftaux de fpath calcaire, ou d'une matière blanche, qui approche de la nature du liège foffile, tel que celui que j'ai trouvé dans les bafaltes de Lisbonne.

l'autre,

l'autre, & qu'elles se recourbent seulement pour embrasser les courans de lave, qui se trouvoient sur le sol qu'elles élevoient. Ce n'est que long-temps après, & lorsque le massif entier a été formé, que les courans ou la fluctuation de toute la masse des eaux y ont ouvert des Vallées & des gorges, & qu'ils ont formé ces Montagnes mi-parties, qui sans cette supposition seroient inexplicables. Il n'y avoit donc point de courans pour lors, ni de causes qui troublâssent le travail réuni des deux élémens opposés. Mais il y a tout lieu de croire qu'à des époques postérieures & très-éloignées, le plateau qui formoit le sommet du massif a été morcelé, puisque les coquillages & les madrepores ont eu le temps de se multiplier, & d'acquérir un volume énorme, avant d'être ensevelis sous de nouvelles couches. Qui donc a pu produire presque subitement un mouvement assez violent dans toute la masse des eaux, pour qu'elles creusâssent à une si grande profondeur, & qu'elles emportâssent une si énorme quantité de matières, qui avoient eu le temps de se raffermir (1)?

Il falloit, ainsi que je l'ai déja dit, que les sommets de ces Volcans s'élevâssent au-dessus du niveau de la mer, car s'ils lui avoient été inférieurs, les eaux seroient entrées dans les foyers, & auroient éteint l'embrâsement peu après la première éruption. Leur inflammation a été longue, puisqu'ils ont préparé une immense quantité de matières, & qu'ils ont eu un grand nombre d'éruptions successives. Mais le niveau des eaux, à une autre époque, a été plus élevé, puisque dans la Sicile même, on voit des dépôts calcaires sur des Montagnes beaucoup plus hautes, telle la Montagne *Scuderi* dans le *Val Demona*, dont le corps de granit soulève une tête calcaire à plus de huit cents toises. Est-ce avant ou après l'inflammation des Volcans, que les eaux ont augmenté ou diminué? Voilà encore un autre problême que je ne puis point résoudre (2).

Il est d'autres Volcans éteints, voisins de ceux que je viens de décrire, mais dont j'ai cru devoir faire un article séparé; parce que j'imagine qu'ils n'ont pas brûlé dans les mêmes temps, & qu'ils se sont beaucoup moins élevés. Ils occupent les environs de *Palagonia*, de *Militello*

(1) Cette question tient à un grand fait, que M. *de Saussure* a entrevu, qui sera confirmé par la réunion des observations faites dans différens Pays, & qui n'est peut-être pas aussi ancien que plusieurs l'ont supposé, en faisant remonter l'état actuel des choses au-delà de neuf ou dix mille ans. Une seconde question, appuyée sur un fait également certain, me paroît encore plus difficile à résoudre. Comment les laves qui couloient au milieu de la mer, ont-elles pu s'étendre aussi loin de leurs foyers, & parcourir un espace de dix lieues, sans être coagulées par le contact des eaux?

(2) Les productions de ces Volcans présentent quelques variétés : on trouve presque par-tout un *impasto*, ou mélange de cendres, de sable, & de fragmens de lave, foiblement agglutinés & formant ensemble une pierre molle, de couleur grisâtre, dans laquelle se sont infiltrées des parties calcaires, qui remplissent les fissures & pénètrent toute la masse. L'épaisseur & l'étendue de ces *impasto* prouvent que ces Volcans vomissoient une grande quantité de cendres, que les vents les chassoient tantôt d'un côté tantôt de l'autre, au point de les amonceler quelquefois à plus de soixante pieds de hauteur. Cette espèce de tuf fait plus des deux tiers des productions de ces Volcans. Les laves solides ont quelquefois coulé sur les cendres agglutinées, & quelquefois sur la pierre calcaire à nud, dont alors elles prenoient les inégalités, en remplissant les creux qui s'y trouvoient, de manière que dans les points de contact des deux matières, il y a toujours un petit mélange des unes avec les autres. Ces laves ont quelquefois

enveloppé des blocs de pierre calcaire, sans les réduire en état de chaux.

Les laves de ces Volcans sont les plus simples que je connoisse, elles ne contiennent point de *schorl*, & très-peu de *chrysolites*. Singularité remarquable, qui prouve que leurs foyers étoient au milieu de substances différentes que celles où sont placés les feux de l'*Etna*. Aussi sont-ils à une plus grande distance des Montagnes de granit du *Val Demona*, dont plus on s'éloigne, plus les roches deviennent simples. Quelques-unes de ces laves ont le grain fin, peu marqué, comme celui des *petro-silex* & de certains *schistes*. Les autres ont un grain plus gros, & ressemblent au grès ; elles sont rouges, grises ou noires ; les laves poreuses qui occupent ordinairement la partie supérieure des courans, & qui se trouvent ainsi en contact avec les matières calcaires qui les ont recouvertes, ont dans leurs cavités ou du spath calcaire, ou de la zéolite, & quelquefois ces deux substances mêlées ensemble. La zéolite affecte différentes formes ; lorsqu'elle remplit entièrement les trous globuleux de la lave, elle est blanche, opaque, soyeuse, & elle a de petits filets qui vont du centre à la circonférence ; lorsque la zéolite est dans des cavités qu'elle ne remplit pas entièrement, elle est en cristaux transparens, rhomboïdaux ou sous des formes dépendances du rhombe.

Je n'ai point trouvé de zéolite dans les laves poreuses qui forment le corps des Montagnes, qui ont contenu des foyers.

& de *Scordia*; on les traverse en allant de *Lentini* à *Mineo*; ils font fur la gauche du Fleuve *Erix*, maintenant nommé *Saint-Paul*. On rencontre au-delà du lieu dit *Castellana*, une infinité de petites Montagnes volcaniques, qui font entr'elles une espèce de chaîne ou cordeau en demi-cercle, elles font coniques, & n'ont pas plus de dix à douze toises de hauteur. Elles font toutes produites par des éruptions, & elles ont toutes un crater fur leurs fommets ou fur leurs flancs. Quelques-unes font entièrement ouvertes d'un côté & à moitié détruites. Elles font formées de fcories noires & de fragmens de laves; & il en eft forti quelques courans de lave folide. Il y a aufli d'autres craters, fans monticules, qui reffemblent aux creux qu'auroient faits des mines ou fougaffes. Aux environs de *Palagonia*, les Montagnes font plus élevées, & quelques-unes portent fur leur fommet une couche calcaire.

La fingularité la plus remarquable de ces Volcans eft le Lac *Palices* (*Palicorum Lacus*), maintenant nommé vulgairement *Donna Fetia* ou *Naftia*; il eft à deux milles à l'oueft de la Ville de *Palagonia*, & à une lieue de celle de *Mineo*. Il eft placé au milieu des Montagnes volcaniques, au centre d'un baffin ou petite plaine d'une demi-lieue de diamètre, entourée à moitié par des rochers efcarpés, qui la font reffembler à l'emplacement d'un vafte crater. Cette plaine, un peu concave, contient dans fon centre, comme dans le fond d'un entonnoir, le Lac dont le niveau des eaux varie & par conféquent l'étendue : pendant l'hiver il peut avoir de foixante à foixante-dix toises de diamètre, & dix toises de profondeur ; mais pendant l'été, lorfque la faifon a été chaude & fans pluie, il eft quelquefois entièrement fec. A l'époque où je l'ai vu, à la fin de Mai, il préfentoit un ovale, long de trente toises, large de vingt, & profond de cinq ou fix : il s'en exhaloit une forte odeur de bitume de Judée, ou d'afphalte, qui fe fait fentir à une affez grande diftance. Ses eaux font d'une couleur verdâtre, & elles ont un goût fade & nauféabonde. Lorfque je les ai obfervées, elles n'avoient pas plus de chaleur que l'atmofphère ; on me dit que quelquefois elles étoient un peu tièdes.

Dans différentes parties de ce Lac il y a un bouillonnement violent & continuel, que l'on remarque fur-tout dans quatre endroits diftinéts, près du centre. Là, après des intermittences irrégulières, le bouillonnement augmente, l'eau fe foulève, & forme de gros jets de deux ou trois pieds de hauteur, qui fe rabaiffent enfuite fubitement, pour s'élever de nouveau, après un intervalle qui ne paffe guères cinq ou fix minutes. Il y a des temps où le bouillonnement eft un peu moins vif, on n'entend d'autre bruit que celui de l'agitation de l'eau.

Lorfque le Lac eft à fec, on peut y entrer fans danger, & s'approcher du fond de l'entonnoir, où l'on voit plufieurs trous, très-profonds, d'où il fort continuellement un vent un peu plus chaud, qui foulève la vafe, le fable & les corps dont on obftrue fes ouvertures. Ce font ces mêmes vapeurs aëriformes, qui, lorfque le Lac contient de l'eau, produifent les bouillonnemens & les jets qu'on y obferve ; & en foulevant l'eau qui s'oppofe à leur iffue, elles y produifent une écume blanchâtre (1).

La vafe ou boue qui eft au fond & fur les bords du Lac, eft noire, vifqueufe & à une odeur bitumineufe ; on trouve quelquefois un peu d'huile de pétrole fur la furface de l'eau. Tout le fol de la plaine eft une terre noire, tenace, bitumineufe & inflammable. On y brûla, il y a quelques années, un tas de paille, l'inflammation fe communiqua au terrein, qui pendant plufieurs mois jetta une flamme blanchâtre, peu vive, telle que celle de la Fontaine ardente en Dauphiné, mais que l'on eut beaucoup de peine à éteindre, parce que lorfqu'on l'étouffoit

---

(1) Il auroit été intéreffant de connoître la nature de l'air qui produit ce fingulier phénomène ; mais quoique j'euffe apporté des récipiens pour en faire l'effai, il ne me fut pas poffible d'en recueillir, parce que je n'ofai pas hazarder de m'avancer dans l'eau, pour arriver jufqu'aux bouillonnemens qui étoient trop éloignés des bords.

d'un côté, elle reparoiſſoit de l'autre. Auſſi depuis lors, a-t-on l'attention de ne plus y faire de feu. Ce fait me feroit croire que l'air qui ſe dégage à travers l'eau, & qui prend peut-être iſſue à travers le ſol, eſt de l'air inflammable, de la nature de celui des marais, qui brûle ſans exploſions. La fertilité de ce baſſin eſt extraordinaire, il eſt toujours couvert de récoltes les plus abondantes, qu'il rend, ſans exiger preſqu'aucun travail du Cultivateur. Lorſqu'on le traverſe à cheval, on entend un bruit ſourd, qui annonce une grande cavité ſouterraine, recouverte d'une croûte en forme de voûte, telle que celle de la *Solfaterra* près *Pouʒʒole*. Tout me porte donc à croire qu'il eſt auſſi l'emplacement d'un ancien crater, dont une partie de l'enceinte exiſte encore dans les Montagnes eſcarpées, qui l'embraſſent du côté de l'eſt ; & entre ce Lac, & celui d'*Agnano* près de *Naples*, il n'y a d'autres différences que la plus grande abondance de l'eau dans l'un, & un plus grand dégagement de vapeurs dans l'autre. On diſoit auſſi de celui de *Palices*, que les exhalaiſons en étoient mortelles, que les oiſeaux & autres animaux qui s'y expoſoient tomboient morts. On prétend auſſi que les vapeurs qui s'élevoient du ſol étoient méphitiques, de manière que lorſqu'on s'y couchoit, ou lorſqu'on s'y inclinoit, on perdoit la vie, & ſi on y marchoit ſimplement, il n'arrivoit aucun mal (1). Ce phénomène reſſemble à celui qui s'obſerve encore maintenant dans la Grotte du Chien auprès du Lac *Agnano*.

Sur les bords du Lac *Palices*, il y a quelques petits cônes formés de cendres & de ſcories, telles qu'on les trouve quelquefois dans les craters de l'*Etna* & du *Véſuve*.

Les Montagnes & les laves qui environnent le Lac, portent des veſtiges de leur antiquité, puiſque dans une infinité d'endroits, elles ſont couvertes & couronnées de pierres calcaires : elles ſe ſont donc formées long-temps avant que notre Continent fût habité, & cependant le crater, dont le Lac occupe l'emplacement, conſervoit encore un reſte de ſon inflammation du temps de *Diodore* de Sicile, puiſqu'il en ſortoit alors du feu, que l'eau y avoit une chaleur conſidérable, & qu'on y entendoit un bruit effrayant (2).

J'ai voulu ſavoir ſi ce Volcan avoit quelque communication actuelle avec l'*Etna*, dont il n'eſt pas très-éloigné. J'ai demandé s'il y avoit quelque correſpondance entre ſes phénomènes & les éruptions de l'*Etna*, ſi ſon efferveſcence étoit plus vive, lorſque le grand Volcan étoit en travail ; on m'a répondu qu'on n'avoit jamais obſervé aucun rapport entre eux.

Les phénomènes de ce Lac ont toujours paru ſi extraordinaires, qu'ils ont dans tous les temps ſervi de baſe à une infinité de fables ; maintenant c'eſt une Fée qui l'habite ; anciennement tous ſes effets étoient regardés comme ſurnaturels & divins. On avoit bâti ſur ſes bords un Temple fameux, dédié aux Fils de *Jupiter* & de la Nymphe *Thalia*, dont j'ai envain cherché l'emplacement & les ruines (3). Les ſermens où le Lac *Palices* étoit invoqué étoient auſſi ſacrés que ceux faits par le *Stix* (4). Ce qui étonnoit le plus les Anciens, & ce qui eſt encore l'objet de la ſurpriſe & de l'admiration de ceux qui le voyent maintenant, c'eſt la quantité d'eau, qui

---

(1) *Athenis, regnante Epæncto, Olympiade 56, qua Aritamaï Laco ſtadium vicit, in Sicilia apud Palicios locum exædificatum fuiſſe, in quem ſi quis ingreſſus ſe reclinaſſet, mortuus fuerit ; ſin ambulaſſet, nihil mali paſſum.* Antigonus Mir. Narrat. Congeſ. fol. 245, n. 133.

(2) *Ac primum crateres in illo exiſtunt, amplitudine quidem non ita vaſti, ſed qui ex profunditate inenarrabili ſcintillas ingentes eructant, lebetum naturam referentes vi ignea æſtuantium, unde fervens aqua ebullit . . . . . aqua tamen ſulphuris odorem exuberantis præbet ; & vorago illa rugitum ingentem ac horrendum emittit. Tum quod longe admirabilius, humor neque ſupereffunditur, neque ſubſidit, ſed*

perpetuo agitatus motu, ſtupenda profluxus vi in altum ſe extollit. Diod. Sic. Lib. XI.

(3) *Situm verò eſt hoc Templum in campo ameniſſimo, & Deorum majeſtate digno.* Diod. Sic. Lib. XI.

Pinguis ubi & placabilis ara palici. Virg. Æneid. Lib. IX, v. 585.

(4) *Illic invocato loci numine, teſtatum faciebat eſſe juratorſ, de quo juraret. Quod ſi fideliter faceret, diſcedebat illæſus : Si verò ſubeſſet jurejurando mala conſcientia ; mox in Lacu amittebat vitam falſus jurator. Hæc res ita religionem fratrum commendabat, ut crateres quidam implacibiles, Palici autem placabiles vocarentur.* Macrobius Satur. Lib. V, cap. 19.

paroît toujours s'élever & fortir de deffous terre, en forme de jets, fans qu'elle augmente l'étendue du Lac, & qu'elle s'élève au-deffus de fes bords (1).

J'ai trouvé au milieu des Montagnes voifines fous des laves, une fubftance bitumineufe, odorante, difpofée par couches horizontales, & qui fe divife par feuillets, d'un ou deux pouces d'épaiffeur. D'ailleurs les productions de ces Volcans ne m'ont rien préfenté d'extraordinaire, & qui ne reffemblât pas aux matières des autres Volcans éteints de la même Province.

Le Val *di Noto* eft la feule partie de la Sicile dans laquelle j'aie rencontré des veftiges d'anciens Volcans, & les Voyageurs qui en ont fuppofé & placé d'autres dans les autres Vals, fe font trompés, ou ont eu de fauffes indications.

(1) *Eft & fons in Palice Siciliæ, amplitudine decaclini, aquas ad fex cubitorum altitudinem ejicit, ut inundaturus planitiem omnem videatur, verum eodem loco diffluens confiftit.* Ariftoteles de Mirab.

LEONTIUM, MEGARA, CAMARINA.

DESCRIPTION DES ISLES
DE LIPARI(1),

Extraite d'un Voyage fait en 1781 par M. le Commandeur DE DOLOMIEU.

LES Ifles de *Lipari* méritent fans contredit, par la variété des phénomènes qu'elles préfentent, d'attirer également & la curiofité du Voyageur, & l'étude du Phyficien & du Naturalifte. L'on rencontre en effet dans cet Archipel de feu, dans cet amas d'Ifles, toutes inconteftablement le produit des feux fouterrains, une fuite de Volcans qui réuniffent les différens états par où paffent fucceffivement toutes les Montagnes volcaniques; & ce qui leur eft particulier, & ne fe voit peut-être en aucun lieu du monde, un de ces Volcans, le *Stromboli*, qui eft dans une agitation & une activité continuelles, qui n'a pas un inftant de calme & de tranquillité, & après des intermittences courtes & reglées, lance au loin des tourbillons de feu & de pierres enflammées.

Le trajet de la Sicile aux Ifles de *Lipari*, en partant de la petite Ville de *Melazzo*, fituée fur la Côte, n'eft l'affaire que de quelques heures, lorfqu'on a fur-tout un vent favorable, ces Ifles n'étant diftantes de la Sicile que d'environ trente milles. L'affemblage, la réunion de toutes ces Ifles, dont le plus grand nombre porte encore l'empreinte des feux qui les ont fait naître, préfente en y arrivant un afpect auftère & menaçant. Situées vers le troifième degré de longitude, & le trente-huitième de latitude, elles fe trouvent placées entre l'Italie & la Sicile, mais bien plus rapprochées des Côtes de la Sicile. Elles font au nombre de dix, qui ont toutes leurs noms particuliers. Savoir, *Lipari, Vulcano & Vulcanello, Salina, Panaria, Baziluzzo, Lifcabianca, Datoli, Stromboli, Alicuda & Felicuda*. Les Anciens les nommoient *Ifles Æoliennes* ou *Vulcaniennes*, & aujourd'hui plus communément on les nomme *Ifles de Lipari*, du nom de la plus grande, de la plus peuplée, & la plus fertile de ces Ifles (2).

---

(1) Nous avons promis de donner à la fuite de notre Voyage de la Sicile, une defcription des Ifles de *Lipari*, mais nos Deffinateurs n'ayant pu s'y arrêter par les raifons dont nous avons parlé au commencement du huitième Chapitre du troifième Volume, nous y fuppléerons avec avantage par l'extrait que nous allons donner du Voyage que M. le Commandeur de *Dolomieu* y a fait en 1781. Nous regrettons fans doute de ne pouvoir rendre compte avec autant d'étendue que nous le défirerions de tous les détails curieux dans lefquels eft entré cet habile Naturalifte, mais fes recherches

& ces obfervations étant plus particulièrement du reffort de l'hiftoire naturelle, nous invitons ceux de nos Lecteurs qui fe font livrés à ce genre de connoiffances, à avoir recours à l'Ouvrage même qu'ils liront fûrement avec le plus grand intérêt.

(2) Voici les noms anciens de toutes ces Ifles. *Liparis* & *Vulcanis*, dont les noms, comme l'on voit, ont peu changé; *Evonimos*, que l'on croit être ce qui forme aujourd'hui l'Ifle de *Panaria*, & celles de *Lifca Nera* & *Lifca Bianca*; *Dydima* les Salines; *Strongile* Stromboli; *Phenicudes* Felicuda, & *Ericodes* ou *Ericufa*, maintenant *Alicuda*.

Il paroît par tous les Hiftoriens qui en ont fait mention, tels que *Strabon*, *Diodore*, *Pline*, &c., que l'on n'en connoiffoit autrefois que fept ; ce qui pourroit faire penfer que les trois autres font de formation plus moderne ; & d'après les obfervations récentes, dont nous fommes redevables à M. *de Dolomieu*, il y a tout lieu de croire que plufieurs *Iflots* ou Rochers ifolés, & que l'on diftingue aujourd'hui par des noms différens, faifoient autrefois partie d'une de ces Ifles volcaniques beaucoup plus confidérable, & que par quelque révolution nouvelle ou quelque bouleverfement intérieur, une portion de cette Ifle fe fera abîmée dans la mer, & n'aura laiffé que les côtés de fon immenfe crater, qui forment aujourd'hui comme différentes petites Ifles féparées les unes des autres ; c'eft ce que nous verrons plus en détail, en parlant de l'Ifle *Panaria*, & en y accompagnant notre Voyageur. Nous allons le fuivre d'abord à l'Ifle *Vulcano*, par laquelle il commence fes intéreffantes defcriptions.

VUES DE L'ISLE VULCANO.
PLANCHES CENT TRENTE-TROISIÈME
ET CENT TRENTE-QUATRIÈME.

L'ISLE *Vulcano* n'eft diftante du Cap *Melazzo* & des Côtes de la Sicile que de trente milles. Elle eft prefqu'inabordable de toutes parts, entourée de Rochers efcarpés & couverts de laves noires, grifes & rougeâtres, qui annoncent l'empreinte & les traces du feu auquel elle doit fa formation. La forme de l'Ifle eft celle d'un cône tronqué, à bafe circulaire, & fa hauteur à-peu-près un demi-mille. Après avoir fait prefqu'en entier le circuit de l'Ifle, l'on voit vers la partie oppofée au nord-eft, les Rochers qui s'abaiffent & préfentent une plage baffe, fur laquelle il eft poffible d'aborder ; l'on découvre alors que ce cône de Rochers dont on a fait le tour par mer, n'eft qu'une enceinte qui renferme un fecond cône plus exact que le premier, & dans lequel eft maintenant placée la bouche du Volcan.

En abordant fur cette plage baffe, qui forme comme une efpèce de Port, l'on a à la gauche ce cône intérieur du Volcan, & à la droite une autre petite Montagne volcanique appellée il *Vulcanello* : il paroît que cette Montagne formoit autrefois une Ifle féparée de la grande, mais que par quelque éruption du *Vulcano*, le bras de mer très-étroit qui les féparoit, a été comblé, & l'on eftime que ce fut celle qui arriva en 1550, ayant été une des plus confidérables dont on ait confervé la mémoire.

La grande Ifle *Vulcano* a à-peu-près douze milles de circuit ; elle eft formée comme nous l'avons dit, par une Montagne ou Rocher fait en forme de cône efcarpé de toutes parts & qui n'eft ouvert que d'un feul côté. Cette ouverture donne entrée à une Vallée circulaire, qui environne comme une efpèce de plate-bande d'environ cent pas de largeur, toute couverte de cendres blanchâtres & de fcories : on y voit auffi de groffes pierres de différente nature, & une grande quantité de pierres-ponces légères, toutes éjections du Volcan dans fes dernières éruptions.

Les différentes obfervations de M. *de Dolomieu*, & fur-tout le retentiffement des coups d'un marteau avec lequel il voulut caffer quelques pierres dans cette Vallée, lui prouvèrent qu'elle n'étoit foutenue que par une voûte fort mince, qui recouvroit un abyme immenfe. Le retentiffement, qui fe propageoit au loin dans des cavités fouterraines, lui fit même craindre qu'il n'y eût du danger à y refter ; & cependant en réfléchiffant fur la force de cette voûte, qui fupporte tout le poids de la Montagne intérieure, l'on peut être raffuré fur fa folidité. Cette Montagne, dont la pente eft fort roide, eft recouverte d'une cendre mobile, dans laquelle on enfonce jufqu'aux genoux ; ce qui en rend l'accès beaucoup plus difficile, que de celle qui contient le crater de l'*Etna*, & d'ailleurs elle eft encore plus haute & plus efcarpée.

Ici le crater n'occupe pas exactement le centre du cône, il eft placé un peu plus dans la partie du fud, & avant d'y arriver, on rencontre un plateau de foixante pas de large, percé de plufieurs trous en forme d'entonnoir, & une fciffure de vingt pieds de profondeur qui s'ouvre dans le milieu du crater. Toutes ces cavités font tapiffées de foufre, & il en fort une fumée blanche & épaiffe, qui eft fuffoquante ; c'eft fans doute par cette ouverture qu'a coulé une lave noire vitreufe, dont on voit le cours fur tout le flanc de la Montagne. L'Auteur remarque à ce fujet, que ces efpèces de laves vitreufes fe rencontrent plus fréquemment dans ces Ifles volcaniques que fur l'*Etna* ou le *Véfuve* ; ce qui fembleroit prouver que le feu qui les a produites, y eft d'une beaucoup plus grande activité. Cette lave vitreufe eft d'une extrême dureté : elle a la caffure du filex, & fait feu avec le briquet.

Après avoir traverfé, & non fans danger, cette efpèce de plate-forme, dont nous venons de parler, & monté encore une centaine de pas, notre intrépide Obfervateur fe trouva fur les bords du plus magnifique crater ou plutôt du plus redoutable ; mais pour ne point affoiblir, ni rien changer à fa defcription, nous tranfcrirons ici la peinture qu'il nous en fait lui-même. » C'eft, dit-il, une excavation qui » a la forme exacte d'un entonnoir, dont l'ouverture feroit un peu ovale ; fa » profondeur eft à-peu-près égale à la hauteur de la nouvelle Montagne, c'eft-à-dire

» qu'elle peut être d'un mille ; fon plus grand diamètre me parut d'un demi-mille,
» & fon moindre diamètre de quatre cents cinquante pas ; elle eft terminée dans
» le fond par une petite plaine, qui peut avoir cinquante pas de diamètre ; la
» pente des parois intérieurs eft extrêmement roide, de manière qu'il feroit
» impoffible de defcendre dans le fond, quand même on n'auroit pas le rifque du
» feu à courir. D'ailleurs qu'y gagneroit & qu'y verroit-on de plus ? Cette vafte
» cavité eft très-régulière, elle ne dérobe à l'œil rien de ce qu'elle contient, &
» j'avoue qu'elle fut pour moi un des fpectacles les plus grands & les plus impofans
» que la nature m'eût encore préfenté. Ce crater fait une impreffion plus vive
» fur l'imagination que celui de l'*Etna*, qui eft beaucoup plus vafte, mais moins
» profond & moins régulier, & que j'ai vu dans un inftant où le fond s'étoit
» élevé prefqu'à la hauteur des bas-bords du crater. Je reftai très-long-temps à
» admirer celui-ci, & à faire rouler dans l'intérieur de groffes pierres que je
» trouvai fur fes lèvres, & dont la chûte par la roideur de la pente, après avoir
» produit dans le fond un très-grand bruit, faifoit retentir & frémir la Montagne ;
» elles entraînoient avec elles des foufres fublimés & attachés aux pierres de
» l'intérieur de cet entonnoir : ces pierres, en arrivant dans la petite plaine,
» paroiffoient s'enfoncer dans un fluide, & je vis alors avec ma lunette que ce
» fond contenoit deux efpèces de petits Lacs, que je jugeai être pleins de foufre
» fondu, que je voyois couler fans ceffe des parois contre lefquels il s'étoit
» fublimé ; il s'y fond enfuite par la chaleur qu'il y éprouve, pour fubir de
» nouvelles fublimations ; car je ne puis croire qu'il y ait de l'eau dans cette plaine
» brûlante, elle y feroit à l'inftant réduite en vapeur «.

M. *de Dolomieu* a obfervé enfuite, après être defcendu de la fommité du
Volcan & avoir examiné les différentes natures des pierres dont il eft entouré,
qu'il y exifte dans beaucoup d'endroits de profondes crevaffes, dont il fort
continuellement de la fumée, qu'il y en a beaucoup qui donnent une forte
chaleur, & fubliment du foufre, & que jufques dans la mer on éprouve fenfiblement l'impreffion du feu, principe & fource de tous ces phéomènes ; le fable
même, quoique recouvert par l'eau, conferve un grand degré de chaleur ; & il
eft des endroits à quelques pas du rivage, où la mer, quand on y met la main,
eft chaude au point de caufer une fenfation douloureufe.

Autour de cette Ifle, & particulièrement dans la petite rade où l'on peut
aborder, & qui eft au pied du cône intérieur, l'on voit fouvent des bulles d'air
s'élever du fond de la mer ; elles viennent s'éclater à la furface, & leur effet
reffemble au bouillonnement de l'eau fur le feu. Les anciens Auteurs, tels que
Pline, *Strabon*, &c., ont parlé de cette ébullition de l'eau de la mer autour des

Ifles

Ifles de *Lipari*, & attribuent ce phénomène à l'extrême chaleur de l'eau, quoiqu'il foit impoffible qu'un auffi grand volume d'eau puiffe jamais s'échauffer au degré de l'ébullition. M. *de Dolomieu* penfe au contraire que ce phénomène n'eft dû qu'à un très-grand développement d'air fixe, qui traverfe toute la maffe de l'eau, pour venir éclater à la fuperficie, & qu'il eft produit en plus grande abondance dans le temps de la fermentation intérieure, qui précède & accompagne les éruptions.

Lipari n'eft éloignée de *Vulcano* que d'un mille, mais le canal qui fépare les deux Ifles eft d'une très-grande profondeur. Celle-ci, placée au nord-eft de *Vulcano*, peut avoir dix-huit milles de circuit, elle eft fort irrégulière dans fa forme, ainfi qu'à fa furface, qui contient plufieurs Montagnes très-diftinctes, & trè diverfement compofées. Les unes font noires, & ont l'afpect des Montagnes volcaniques, & d'autres font d'une blancheur éblouiffante & femblable à celle de la craie.

Les pierres & les terres de ces Montagnes ont auffi des caractères extérieurs, qui les feroient méconnoître, & cauferoient même quelque doute fur l'agent qui a contribué à leur formation ; les unes ayant l'apparence du filex ou caillou, & d'autres reffemblant aux pierres & terres calcaires : tout, en un mot, dans cette Ifle, doit tenir en fufpens & l'efprit & l'imagination du Naturalifte qui y arrive ; ce n'eft qu'après deux jours de courfes & d'obfervations que M. *de Dolomieu* lui-même s'eft convaincu qu'elle devoit être entièrement volcanique. •

Parmi les différentes Montagnes qui s'élèvent dans l'Ifle de *Lipari*, on en peut remarquer trois, dont la plus haute, placée dans le centre & qui fe nomme *Monte Sant-Angelo*, paroît avoir été formée avant toutes les autres, & leur avoir comme fervi de bafe & de point d'appui. La forme du crater qui la termine eft très-reconnoiffable par l'efcarpement intérieur des collines ou enceintes qui l'environnent : mais le temps a prefque rempli cette ancienne bouche du Volcan, qui ne préfente plus aujourd'hui qu'une plaine circulaire d'environ deux cents pas de diamètre. La Montagne eft toute compofée de pierres-ponces, de cendres de différentes couleurs, & de morceaux de lave noire & vitreufe.

Au nord de cette Montagne de *Sant-Angelo*, il y en a une autre d'une forme conique, moins élevée que la première, mais dont le crater eft plus déterminé. Celle-ci eft couverte dans fa totalité de cendres d'une blancheur éblouiffante, ce qui lui donne l'apparence d'une Montagne entièrement compofée de craie ; mais avec plus d'examen, l'on voit que cette cendre n'eft autre chofe qu'une pierre-ponce calcinée & réduite par le feu à une extrême raréfaction.

Outre ces deux ou trois Montagnes principales, dont notre Obfervateur fait

Vol. IV. Zzzz

la defcription, & qui dominent toute l'Ifle de *Lipari*, il a reconnu à plufieurs
autres les mêmes formes de craters plus ou moins grands, & qui fuffifent pour
prouver qu'elles ont toutes été autant de productions des feux fouterrains, fur-tout
celle appellée *Monte della Guardia*, au fud de la Ville de *Lipari* : celle-ci eft
prefque toute formée par des laves folides de diverfes couleurs, qui ont coulé
fur fes flancs, & jufques dans la mer. On en trouve auffi beaucoup de vitreufes,
& particulièrement d'une efpèce de verre noir fort recherché des Anciens, &
qu'ils appelloient *pierre obfidienne*.

Un des phénomènes qui annonce le plus dans l'Ifle de *Lipari* la préfence des
feux fouterrains, encore dans une grande activité, c'eft la chaleur fubfiftante de
fes Étuves ; elle y eft même dans quelques-unes au point de ne pouvoir être
fupportée. Ces excavations en forme de Grottes, de quatre ou cinq pieds de
large fur autant de hauteur, font taillées dans les Rochers fitués à l'oueft de l'Ifle,
dans une partie fort efcarpée fur le bord de la mer : une forte odeur de foufre
les annonce au loin, & tout le terrein fur lequel elles font placées eft pénétré
par des vapeurs brûlantes, qui fortent au travers des fentes du Rocher, fous la
forme d'une fumée épaiffe.

Ces Etuves de *Lipari*, toutes groffièrement taillées dans le tuf volcanique,
feroient falutaires dans beaucoup de maladies, mais elles font fi incommodes, fi
dénuées des chofes les plus néceffaires, qu'elles font fort peu fréquentées ; l'on
n'y trouve même prefque point de logement. Les vapeurs qui échauffent ces
Etuves, font humides & femblables à celle de l'eau mife en ébullition par une
forte chaleur ; mais elles varient & éprouvent toutes les viciffitudes des Volcans.
Il y a même des temps où elles deviennent trop fortes, pour que les malades
puiffent les fupporter. Notre Voyageur a remarqué qu'il fort du corps de la
même Montagne, & à trois cents pieds environ au-deffous de ces Etuves une
fource d'eau prefque bouillante, affez confidérable pour faire tourner trois moulins
placés au-deffous de la chûte ; l'eau de cette fource jette une fumée épaiffe, &
conferve fa chaleur quelque temps même après avoir mis les roues des moulins
en mouvement ; elle defcend à la mer par un ravin profond, & lorfqu'elle eft
refroidie, elle fert de boiffon aux Habitans de l'Ifle, qui n'en ont point d'autre.
Il eft très-vraifemblable que c'eft cette même fource d'eau chaude, qui produit
les vapeurs des Etuves dont nous venons de parler.

De ces Etuves, M. *de Dolomieu* paffe enfuite à des bains chauds, qui en
font éloignés d'un mille, & qui confervent cependant une très-forte chaleur ; les
eaux en font prefque bouillantes, & l'on eft obligé de les laiffer refroidir du jour
au lendemain, pour pouvoir s'y baigner. Ces bains, fort connus des Anciens,

& dont ils faifoient même fouvent ufage par volupté, produiroient les meilleurs effets pour toutes les maladies de peau, pour les rhumatifmes, &c., mais ils font aujourd'hui entièrement abandonnés, parce qu'on y eft très-mal logé, & qu'on y manque de tout (1).

Nous n'entrerons point ici dans les defcriptions & les recherches curieufes, que le même Auteur a faites fur la nature & l'origine des pierres-ponces, qui fe trouvent en grande abondance dans l'Ifle de *Lipari*, ces détails étant plus particulièrement du reffort de l'hiftoire naturelle ; nous pouvons dire feulement d'après l'analyfe qu'il nous donne de cette production volcanique, qui eft, comme l'on fait, fort employée dans plufieurs arts, que les Rochers graniteux font regardés comme le principe des pierres-ponces, & qu'ils ne font réduits à cet état de combuftion que par le feu le plus actif & le plus violent. Il en eft de même des laves vitreufes dont nous avons parlé, & que l'on trouve dans la même Ifle & dans celle de *Vulcano* ; l'*Etna* lui-même n'en donne point, non plus que le *Véfuve*, ou du moins très-peu (2).

Il eft donc inconteftable, d'après la quantité de productions volcaniques de toute efpèce, dont l'Ifle de *Lipari* eft couverte, & la forme des différentes Montagnes qui s'élèvent fur la fuperficie, que, quoique les feux fouterrains y foient en apparence plus tranquilles, ils n'en exiftent pas moins, & qu'une légère circonftance pourroit fuffire pour ranimer leur activité : nous venons même de voir qu'ils ont dû être autrefois plus violents & plus terribles que dans beaucoup d'autres Volcans.

Il feroit au refte très-difficile de déterminer précifément l'époque où les grandes éruptions des Volcans de *Lipari* ont pu ceffer, mais tout nous porte à penfer qu'elle doit être fort ancienne ; & d'après les divers Auteurs qui en ont fait mention, foit dans l'antiquité, foit parmi les Ecrivains des derniers fiècles, M. *de Dolomieu* croit pouvoir faire remonter cette époque à la moitié environ du fixième fiècle. Cette conjecture devient d'autant plus vraifemblable, qu'elle fe trouve d'ailleurs appuyée par les vieilles traditions de la Sicile & les chroniques du temps (3).

---

(1) *Hæc Infula Thermis celebribus exornata eft ; balnea ifta non modo ad bonam valetudinem ægrotantibus multum conferunt, fed pro fingulari aquarum genio non mediocrem voluptatis fructum præftant.* Diod. de Sic. Lib. V.

(2) La lave qui eft fortie des flancs de l'*Etna* en 1669, & qui a traverfé *Catane*, a pour bafe un granit qui n'a point été dénaturé, dont aucune des parties conftituantes n'a été altérée. Cette lave placée de nouveau dans un feu de fufion, fe vitrifie & fe met dans l'état d'une frite opaque un peu poreufe, qui reffemble aux pierres ponces: preuve certaine qu'un feu plus actif dans le Volcan auroit changé cette immenfe coulée de lave en pierres femblables à celles de *Lipari*. Le caractère vitreux des laves noires de *Lipari*, la quantité de pierres ot'diennes qui s'y rencontrent, montrent évidemment que fon inflammation eft plus active que celle du Volcan de la Sicile.

(3) Il eft parlé dans *Ariftote* des Volcans de *Lipari*. *In Lipara confpicuum ignem, aiunt, atque lucentem, non interdiu, fed noctu tantum ardere.* Ce Philofophe vivoit environ trois cents ans avant J. Ch. *Strabon* &

L'on doit croire, d'après ce que les Anciens nous difent de cette Ifle, qu'elle n'étoit point autrefois auffi fertile & auffi féconde en grains, qu'elle l'étoit & l'eft encore aujourd'hui, en fruits de toute efpèce & de la plus excellente qualité (1). *Cicéron* en parle comme d'une Ifle inculte : peut-être que la violence de fes feux, & la prodigieufe fermentation que tout le territoire de l'Ifle éprouvoit alors, étoit peu favorable à la végétation & à la culture ; mais depuis long-temps cette Ifle eft devenue d'une fertilité extrême, & fur-tout pour certaines efpèces de fruits, comme les figues & les raifins qui y font délicieux. Les Liparotes en font un commerce confidérable, en les faifant fécher pour les tranfporter dans les Pays étrangers. Il s'y fait auffi un vin fort renommé, que l'on nomme *Malvoifie* de *Lipari* (2).

L'Ifle eft affez peuplée, on y compte environ quatorze mille ames, dont le plus grand nombre habite la petite Ville de *Lipari*, qui eft la capitale de toutes ces Ifles. La Ville eft vilaine & mal bâtie, elle eft fituée au bord de la mer, au-deffous d'une Montagne efcarpée, qui forme un Cap affez prononcé, avec un Château uniquement fortifié par fa pofition.

Diodore qui vinrent trois fiècles après en font auffi mention, ainfi que *Silius Italicus*. Et *Théocrite* plus ancien qu'eux tous, compare les feux de l'amour aux flammes de *Lipari*.

. . . . *Sed quos amor excitat ignes*
Vulcani flammis Liparenfibus acrius ardent.

Parmi les Modernes, c'eft-à-dire vers la fin du quinzième fiècle, *Fazelli* ne parle plus de ces Volcans éteints, que comme étant déja d'une grande antiquité, mais il dit que l'on en appercevoit encore les traces. *Infula hæc ignem ex pluribus crateribus olim evomebat, eujus ora & veftigia adhuc cernuntur.* L'on voit donc que c'eft dans le long efpace de temps qui s'eft écoulé entre ces deux époques, que les Volcans de *Lipari* fe font éteints, & comme quelquefois, ainfi que le remarque M. *de Dolomieu*, la fable eft venue au fecours de la vérité, l'hiftoire d'un *Saint Calogero*, protecteur de la Sicile, qui dans le fixième fiècle évoqua les diables de *Lipari* pour les confiner à *Vulcano*, peut donner à penfer qu'il eft vraifemblable que les feux de l'Ifle de *Lipari* trouvant un autre débouché, auront pu alors fe porter à *Vulcano*, qui n'en eft qu'à peu de diftance, ces deux Ifles volcaniques ayant fans doute un foyer commun.

(1) *Frugum mediocriter ferax, eofque arborum fructus, qui jucundiffimam fruentibus oblectationem afferunt, fubminiftrat.* Diod. de Sic. Lib. V.

(2) La culture de la vigne eft pour *Lipari* l'objet principal de l'économie rurale ; cet emploi du fol procure plus d'avantage & plus de profit ; auffi les vignes attirent tous les foins des Cultivateurs ; elles font très-bien travaillées ; les ceps font foutenus par des bois arrangés de manière à former des efpèces de toits plats, élevés de trois pieds, fur lefquels on replie & on attache les branches ; l'air qui circule au-deffous de cette charpente en échafaudage, empêche le raifin de fe pourrir, diffipe l'humidité & procure une maturité plus parfaite. On y fait du vin de plufieurs efpèces, tous très-bons ; le plus renommé & le meilleur eft celui de *Malvoifie* ; on en exporte beaucoup dans les pays étrangers, mais il a le défaut de ne pas fe conferver dans les climats plus chauds. La majeure partie des vignes eft deftinée à faire des raifins fecs, dits *Paffoli*. La feule façon qu'on emploie confifte à cueillir le raifin, lorfqu'il eft bien mûr, à le plonger dans une leffive de cendres, plus ou moins chargée de fel, felon la maturité du raifin, & à le mettre enfuite fécher au foleil. L'objet de cette leffive chaude & alkaline, eft d'abforber l'acide du raifin, afin que la partie fucrée du moût puiffe encore fe cryftallifer, & attire moins l'humidité de l'air. Les raifins que l'on emploie pour les *Paffoli* font de deux fortes, les uns font petits, noirs & fans pepins, ils font les plus délicats & les plus recherchés ; les autres font jaunes, longs & ont des pepins, ce font les *Paffoli* ordinaires. L'une & l'autre efpèce forment l'objet d'un commerce confidérable, qui procure en retour aux Habitans les chofes néceffaires à la vie, fur-tout le bled, dont ils ne recueillent que pour trois mois.

Il

Il y a deux petits Ports aux deux côtés du Promontoire fur lequel- eft placé le Château, mais ces deux Ports font auffi mauvais l'un que l'autre, & expofés à tous les vents. Le caractère de ces Infulaires eft au refte fort marqué, ils font braves, actifs, laborieux & excellens Marins. Leurs femmes font très-fécondes, & leur tempérament eft fi prématuré, que les mariages du Peuple fe font ordinairement dès l'âge de douze ans (1).

Au nord-oueft de *Lipari*, & après avoir traverfé un canal de deux milles, notre Voyageur paffe à l'Ifle appellée *Salini*, nom qui lui vient des Salines que les Habitans entretiennent fur une plage baffe au fud-eft de l'Ifle, où ils font du fel pour la confommation de toutes ces Ifles. Celle-ci peut avoir quinze milles de circuit, fa forme eft prefque ronde. Elle contient trois Montagnes élevées, qui forment entre elles un triangle, deux fur-tout abfolument ifolées & féparées par une Vallée qui traverfe toute l'Ifle, de façon que, lorfque de deffus mer on la voit de loin dans la partie du fud, la courbure des eaux faifant difparoître la Vallée, l'on croit appercevoir deux Ifles féparées & très-voifines l'une de l'autre (2).

Cette Vallée d'environ cinq cents pas de large, eft de la plus grande fertilité, & comparable même à celle de la bafe de l'*Etna*. Quant aux Montagnes volcaniques qui l'environnent, & auxquelles eft due cette végétation abondante, il y a tout lieu de croire que les feux fouterrains qui les ont formées, font éteints depuis des temps très-reculés, aucun Poète, Hiftorien, ni Géographe de l'antiquité n'en ayant fait mention. L'on retrouve cependant encore à la fommité de ces Montagnes les veftiges de leurs anciens craters, encore très-apparens, ainfi que des courans de lave qu'elles ont produites autrefois, & dont l'on voit des maffes confidérables,

---

(1) Les Ifles volcaniennes ont été regardées long-temps comme fervant de retraite aux brigands & aux bandits, qui défoloient le commerce & la navigation fur les Côtes de la Sicile & de l'Italie; nous voyons dans *Tite-Live* que du temps des Romains, les Habitans de *Lipari* étoient regardés comme tels, & alors fort redoutés : il nous rapporte que les Romains ayant envoyé *L. Valerius*, *L. Sergius* & *L. A. Manlius* comme Ambaffadeurs, pour porter des préfens au Temple & à l'Oracle de *Delphes*, ils furent interceptés & pillés par les Pirates de Lipari. *Mos erat Civitatis, velut publico latrocinio, partam prædam dividere.*

Mais *Diodore* de Sicile, dans le récit qu'il nous a fait du même fait, y ajoute une circonftance qui fit bien de l'honneur aux Habitans de *Lipari*, & fur-tout à *Timafitheus*, qui en étoit le Gouverneur ; c'eft que non-feulement ils condamnèrent & punirent ceux des leurs qui avoient commis

ce vol, qui fut regardé comme un facrilége, mais ayant fait rendre aux Ambaffadeurs Romains les préfens deftinés pour l'Oracle de *Delphes*, ils leur donnèrent enfuite une efcorte pour qu'ils puffent y arriver en fûreté.

L'Hiftorien ajoute que cette action de *Timafitheus* fut tellement approuvée à *Rome*, que lorfque cent trente-fept ans après l'Ifle de *Lipari* tomba avec toute la Sicile au pouvoir des Romains, la poftérité & les defcendans de *Timafitheus* furent déclarés libres & exempts de tout tribut. *Poft annos vero CXXXVII, cum Liparam Carthaginenfibus adimerent, Tymafithei pofteros à tributis immunes & omnino liberos effe jufferunt.*

(2) L'on croit que c'eft à cette apparence que cette Ifle doit fon ancien nom de *Dydima*, ainfi que le dit Strabon. *A formâ Dydimam, id eft Gemellam vocarunt.*

qui defcendent jufques fur les bords de la mer., comme par gradins. Ces laves, qui font extrêmement dures, tiennent beaucoup de la nature du porphyre ; leur grain eft ferré & fin, fans aucuns pores : leur couleur noire ou rougeâtre avec des points blancs & ronds, & elles feroient fufceptibles du même poli que le porphyre, fi on vouloit en faire ufage pour l'Architecture.

Du fommet de la plus haute Montagne de l'Ifle Saline, qui domine fur la totalité des Ifles de *Lipari*, M. *de Dolomieu* put appercevoir dans la partie de l'oueft, deux autres de ces Ifles, mais elles ne lui parurent pas mériter qu'il les allât examiner de plus près, d'autant qu'elles fe trouvent à dix & vingt milles de diftance de celle où il étoit. Ce font les deux Ifles *Alicuda* & *Felicuda*, l'une & l'autre formées d'une feule Montagne conique, qui peut avoir près de dix milles de contour, elles font peu habitées. La première eft couverte d'arbres & moins cultivée que la feconde, qui a d'affez bons pâturages : l'on y cultive même du bled & des vignes.

L'Ifle *Panaria*, à laquelle il paffa enfuite, mérita bien davantage fon attention, & à bien plus jufte titre ; nous devons même à ce fujet aux recherches attentives de cet Obfervateur, une découverte, qui nous paroît infiniment curieufe, & qui femble avoir échappé jufqu'ici aux Voyageurs & aux Naturaliftes.

Cette Ifle, qui fuivant toutes les apparences étoit l'*Evonimos* des Anciens, a environ huit milles de tour ; elle ne préfente à la première infpection qu'une fimple Montagne, & même moins élevée que les autres Ifles de *Lipari* ; mais ce qui y mérite attention, c'eft que dans la partie du fud-eft, le Rocher, qui eft coupé à pic intérieurement, conferve une forme demi-circulaire, & que toutes les petites Ifles ou Rochers ifolés, qui en font à peu de diftance, décrivent entre elles un demi-cercle régulier, dont la courbure répond exactement à la portion d'arc intérieure que forme l'Ifle *Panaria*. M. *de Dolomieu* n'héfite point, d'après cette obfervation, à penfer que toutes ces Ifles ne font plus que les reftes ou des portions détachées d'un vafte crater dont la mer s'eft emparé, & qui en compofoient autrefois un feul beaucoup plus confidérable qu'aucun des Volcans qui exiftent aujourd'hui dans cette partie du globe.

Ce premier apperçu ne portant pas cependant encore dans l'efprit de notre Obfervateur le degré de certitude qu'il defiroit, il a voulu s'en affurer par un examen plus particulier des matières qui compofent toutes ces petites Ifles, & qu'il a trouvées abfolument pareilles à celles de l'Ifle principale ; leur forme même a été pour lui une preuve & une conviction de plus.

Voici le raifonnement fur lequel il a appuyé fon opinion à ce fujet, & qui nous paroît être une démonftration parfaite.

Toutes ces petites Isles, parmi lesquelles il y en a beaucoup qui ne sont que des Rochers à fleur d'eau (1), sont bien essentiellement volcaniques, c'est-à-dire qu'elles portent bien toutes l'empreinte du feu qui les a produites; mais non, sans doute, dans la forme qu'elles ont aujourd'hui. Une expérience constante nous prouve qu'aucune Montagne volcanique ne peut s'élever par l'effort des feux souterrains, qu'autant qu'elle a dans son centre & dans son intérieur un crater ou une ouverture, par où s'élancent les matières qui l'élèvent successivement. Or il est facile de voir qu'aucune de ces Isles n'en présente la forme, ni rien qui l'indique, que par conséquent elles ne sont que des fragmens d'une ancienne Montagne, & toutes formées par les éjections sorties d'un centre commun.

Baziluzzo est la plus grande de ces Isles, elle a même deux milles de tour, & est cultivée sur sa pente extérieure, mais entièrement composée des mêmes matières que l'Isle *Panaria*, dont elle a fait autrefois partie. *Datolo* n'est qu'un Rocher de lave, du pied duquel sort une Fontaine d'eau bouillante; c'est l'unique partie de l'ancien crater qui indique & conserve encore un reste d'inflammation. *Lisca-Bianca* & *Lisca-Nera* doivent leurs noms aux laves qui les composent, & les couvrent presqu'en entier, & qui sont, quoique de couleur différente, de même nature que celles de *Panaria*, & ayant pour base le granit, mais dans un état de fusion différente.

Quelle devoit être l'immense étendue du crater qui réunissoit à lui seul l'espace que toutes ces Isles occupent aujourd'hui? M. *de Dolomieu* estime que son diamètre devoit avoir six milles, & que c'est aussi, suivant toutes les apparences, sa grande étendue, qui a causé sa ruine : son enceinte ne s'étant pas trouvée assez forte, pour résister à l'effort de la mer, elle l'aura rompue dans les parties les plus foibles, en s'emparant de ses cavités, & aura ainsi à la longue occasionné sa destruction (2).

Il résulte de cette découverte absolument nouvelle sur la forme & la nature de cette dernière Isle *Panaria*, une observation intéressante, & qui porte sur le nombre même des Isles de *Lipari*. Elle nous explique la raison pour laquelle les anciens Auteurs, en parlant de ces Isles Eoliennes, n'ont jamais fait mention que de sept Isles, tandis que tous les Géographes modernes les font monter à dix & onze;

(1) On leur donne le nom de *Formiculi*, dénomination qui désigne bien leur nombre & leur petitesse. Il y en a ensuite quelques-unes de plus élevées; ce sont celles appellées *Datolo*, *Lisca-Nera*, *Lisca-Bianca*, & *Baziluzzo*. Voyez à ce sujet la Carte de la Sicile, sur laquelle cette partie des Isles Eoliennes a été détaillée avec soin, & conformément à ces nouvelles observations.

(2) L'on remarque souvent sur la surface de la mer dans l'emplacement de l'ancien crater, des bouillonnemens produits par un dégagement d'air, qui prouve encore une fermentation intérieure. Ces bouillonnemens sont plus ou moins considérables, suivant le degré & l'état des feux qui les produisent.

il eſt certain qu'en les ſuppoſant nouvellement formées, & comme ayant été produites par quelque éruption dans des temps modernes, un évènement de cette nature auroit fait une ſi grande ſenſation en Sicile & en Italie, que l'on en auroit conſervé la tradition ; ce qui n'eſt pas : au lieu qu'il eſt très-vraiſemblable de penſer que la deſtruction, ou plutôt la diviſion d'une Iſle, qui étoit peut-être inhabitée, & dont une partie aura été engloutie dans la mer par l'effort de quelque tempête, n'a été connue que de ceux qui naviguoient dans ces mers : par les ſuites on aura compté un plus grand nombre d'Iſles, ſans être inſtruit de ce qui avoit pu les produire.

Il n'y a d'habité dans l'Iſle de *Panaria* que la Vallée qui ſe trouve environnée de la portion de cercle formée par l'ancien crater. Cette petite plaine eſt aſſez fertile, & renferme les habitations éparſes de trois cents perſonnes qui y vivent du produit & des échanges qu'ils font de leurs vignes, d'un peu de coton & de quelques légumes qu'elles cultivent pour leur ſubſiſtance.

VUES

VUES DU STROMBOLI.
PLANCHES CENT TRENTE-CINQUIÈME
ET CENT TRENTE-SIXIÈME.

LE *Stromboli* eft fitué au nord-eft des Ifles de *Lipari*, c'eft la dernière de toutes ces Ifles, auffi ce fut par l'examen de ce Volcan formidable que notre Obfervateur termina fon intéreffante tournée. Après avoir employé un jour entier à faire fur l'Ifle *Panaria* & les Rochers de lave qui l'environnent, toutes les remarques dont nous venons de rendre compte, il s'embarqua pour *Stromboli*, qui en eft à douze ou quinze milles, le foir & à l'entrée de la nuit, afin de jouir davantage dans l'obfcurité & le filence de toute la nature, du fpectacle impofant qu'elle alloit lui offrir.

» Je m'en approchai, nous dit-il, pendant la nuit, avec d'autant plus » d'empreffement, & j'obfervai fes différens phénomènes avec d'autant plus » d'attention, que je favois que la clarté du jour me priveroit d'une partie des » circonftances intéreffantes de ce fingulier Volcan. Le crater enflammé eft dans » la partie du nord-oueft de l'Ifle, fur le flanc de la Montagne. Je lui vis lancer » pendant toute cette nuit, par intervalles reglés de fept à huit minutes, des pierres » enflammées, qui s'élevoient à plus de cent pieds de hauteur, qui formoient des » rayons un peu divergens, mais dont cependant la majeure quantité retomboit » dans le crater qui les avoit lancées; les autres rouloient jufques dans la mer. » Chaque explofion étoit accompagnée d'une bouffée de flammes rouges, femblables » à celle que l'on produit dans nos Spectacles par le moyen du camphre & de » l'efprit-de-vin; cette flamme duroit quelquefois quatre ou cinq minutes, & » s'éteignoit tout-d'un-coup. Un bruit fourd femblable à celui d'une mine qui » éprouve peu de réfiftance, fe faifoit entendre, mais il n'arrivoit à l'oreille que » quelque temps après l'explofion, & quoiqu'il en fût l'effet, il en paroiffoit » indépendant. Les pierres lancées ont une couleur d'un rouge vif, & font » étincelantes, elles font l'effet des feux d'artifice «.

M. *de Dolomieu*, en approchant lentement de l'Ifle, eut tout le temps d'en examiner la forme & les dehors; à une certaine diftance, cette Ifle paroît être parfaitement conique (1), mais vue de plus près, la Montagne eft terminée par deux fommets de hauteur différente. Elle eft efcarpée & inabordable dans les trois

(1) Le nom de *Strongyle*, que les Anciens lui donnoient, & dont on a fait *Stromboli*, indique clairement que depuis long-temps cette Montagne confervoit une forme parfaitement ronde. ΣΤΡΟΓΓΥΛΟΣ en latin *rotondus* en eft la preuve. *Strongyle*, *à figura fic dicta*, dit *Strabon*, Lib. VI.

quarts de fa circonférence, qui a environ douze milles ; mais dans la partie du nord-eft, la bafe de l'Ifle fe prolonge, & forme une plaine inclinée qui fe termine par une plage fur le bord de la mer.

C'eft la feule partie de l'Ifle qui foit habitée & fufceptible de quelque culture : elle produit même des fruits excellens, des vignes & quelques cotonniers, dont les échanges fuffifent pour faire fubfifter environ deux cents Habitans qui y vivent, comme autant de Salamandres, dans la plus grande fécurité ; quoique les explofions continuelles du Volcan foient prefque au-deffus de leurs têtes, comme elles fe portent néanmoins conftamment dans la partie oppofée de la Montagne, elles femblent les laiffer fans danger, & effectivement depuis un fiècle il n'y a point eu d'éruption du côté de la plaine.

Le *Stromboli* eft le feul Volcan connu, dont l'activité foit auffi continuelle, & fans aucun temps de tranquillité. La manière dont fe font fes explofions, ne reffemble pas même à celle des autres Volcans. D'ordinaire elles font annoncées par un murmure fouterrain, avant-coureur de l'éruption, & prefque toujours précédées par une gerbe épaiffe de fumée mêlée de flamme. Ici l'éruption ne peut être prévue que par l'efpace de temps qui s'eft écoulé depuis la dernière : il femble que ce foit le choc ou le concours des vapeurs inflammables qui l'allument fubitement & produifent l'explofion, en chaffant les pierres qui fe trouvent fur leur iffue (1).

Après avoir traverfé les vignes & la partie cultivée du *Stromboli*, ce qui occupe à-peu-près un tiers de la Montagne, notre Voyageur voulut examiner de plus près les effets & la marche prefque régulière des explofions du Volcan, en montant, non fans beaucoup de peine, fur la fommité la plus élevée. Le *Stromboli* fe termine, comme nous avons dit, par deux pointes, mais l'on n'apperçoit plus ni fur l'une ni fur l'autre les veftiges du crater qui les a formées, ce Volcan ayant éprouvé tant de révolutions, que fa forme première a dû être changée depuis long-temps. Celui feul qui exifte, & que l'on voit exhaler une fumée perpétuelle, eft placé fur le flanc de la Montagne aux deux tiers de fa hauteur : il eft très-petit, & n'a pas plus de cinquante pas de diamètre : il a la forme d'un entonnoir, & terminé en-bas par une pointe.

Du fommet du *Stromboli* l'on domine fur ce crater enflammé, d'où l'on voit

---

(1) La théorie de l'air inflammable fournit, fuivant M. *de Dolomieu*, la feule explication qu'on puiffe donner des finguliers phénomènes qui caractérifent ce Volcan. Le feu intérieur peut dégager les vapeurs inflammables des matières qui font près de fon foyer, mais fans contact immédiat, à-peu-près comme il fait bouillir l'eau des fources qu'il échauffe. Ces vapeurs peuvent arriver par des canaux, dans la cavité principale, où eft l'embrâfement actuel, & s'y enflammer tout-d'un-coup ; le feu produit de l'air à proportion de fon activité, & elle doit être plus grande pendant les orages que dans les calmes.

les éruptions se succéder avec la même régularité que pendant la nuit, chaque intermittence étant à-peu-près de sept minutes. Le jour l'on n'y voit point de flamme, la lumière du soleil la faisant disparoître, mais seulement une fumée blanche & épaisse qui sort en même-temps que les pierres, & qui se dissipe dans le vague de l'air. Les pierres lancées par le Volcan qui, la nuit, sont d'un rouge vif & étincelant, paroissent noires pendant le jour. Elles s'élèvent également en gerbe, & la plus grande partie retombant dans le crater, elles sont lancées de nouveau jusqu'à ce qu'elles soient brisées & réduites en cendres.

Dans le dernier Voyage que M. *de Dolomieu* a fait pour examiner de près les Volcans dont il nous donne la description, le *Stromboli* étoit dans un de ses momens les plus calmes ; car il est des temps où il paroît plus courroucé, où la fermentation intérieure est plus active, les éruptions plus précipitées, les pierres lancées beaucoup plus haut, & à une plus grande distance dans la mer. En hiver, son inflammation est beaucoup plus considérable, & sur-tout aux approches du mauvais temps & des tempêtes sur mer ; alors les intervalles de ses explosions ne sont que de deux ou trois minutes, & l'on voit, pendant la nuit sur-tout, une flamme rouge & brillante sortir sans discontinuité de son crater, & éclairer à une grande distance.

Une observation particulière que le même Voyageur a faite sur cette Montagne de feu, & qui semble mériter le plus de curiosité, c'est d'avoir découvert dans la partie du sud-est, à la moitié de la hauteur du Volcan, une fontaine ou source d'eau froide, qui sort à travers des cendres mouvantes, des laves & des scories. Cette eau est douce, légère & très-bonne à boire, ne tarit jamais, & est l'unique ressource des Habitans, lorsque leurs citernes sont épuisées.

Cette découverte, intéressante par elle-même, le devient encore plus par l'explication qu'il en donne, & qui nous paroît infiniment ingénieuse. Après avoir observé que la sommité de la Montagne est absolument isolée, qu'elle est composée de pierres poreuses & de matières qui ne peuvent retenir l'eau, puisqu'elles sont pénétrables à la fumée, d'où elle sort souvent par des fentes & des trous d'un pouce de diamètre, que d'ailleurs cette fontaine se trouveroit desséchée par l'ardeur d'un soleil brûlant, encore plutôt que celles du bas de la Montagne, il croit devoir en conclure que l'eau qui fournit à cette source si singulièrement placée, est le produit d'une évaporation qui se fait dans l'intérieur de la Montagne, & dont les vapeurs se condensent vers le haut, comme dans un chapiteau : le même feu qui échauffe le réservoir d'une source d'eau chaude qui est au bas de la Montagne, peut produire celle d'en-haut par une espèce de distillation.

L'on sait au reste que c'étoit dans cette Isle que les Anciens avoient placé le Palais d'*Eole*, comme les forges de *Vulcain* dans celle de *Lipari.* Cette dernière Isle étoit particulièrement fous la protection de ce Dieu, ainfi que nous le voyons prouvé par toutes les anciennes Médailles de *Lipari*. Le plus grand nombre porte pour empreinte la tête du Dieu, couverte d'un cafque épais & groffier. Sur quelques-unes, le Dieu *Vulcain* eft repréfenté affis fur une efpèce de Trépied, tenant un lourd marteau dans une main, & un vafe dans l'autre.

Un grand nombre de ces Médailles porte pour revers, deux, trois ou fix boules de fer, avec le nom des anciens Habitans de l'Ifle ΛΙΠΑΡΑΙΩΝ. L'on fe réunit affez à penfer que le nombre de ces boules n'indiquoit autre chofe que la valeur différente de chaque monnoie. Quelquefois deux de ces boules fe trouvent liées par une barre de fer, ce qui a fait croire à quelques Antiquaires que ces maffes de métal pouvoient avoir quelque rapport avec le feu qui les avoit forgées, & être regardées comme l'emblême de la Divinité qui préfidoit aux travaux des Cyclopes.

La pofition de ces Ifles, le goût & l'habileté des anciens Liparotes pour la navigation, font encore indiqués fur quelques-unes de leurs Médailles par la repréfentation d'un Poiffon, ou la proue d'un vaiffeau, ou bien encore par un Trident, attribut ordinaire, & le plus connu du Dieu des mers.

LIPARI.

NOTICE OU DESCRIPTION

SOMMAIRE

DES MÉDAILLES DE LA SICILE.

Là Collection complète des Médailles de la Sicile eft fans aucun doute une des plus curieufes qui exifte, tant par la variété des Types, que par le grand caractère des Têtes, prefque toutes ces anciennes Médailles ayant été frappées par des Grecs, & dans le plus beau temps des arts. Indépendamment de l'intérêt qu'elles préfentent à cet égard, & de la perfection à laquelle l'art monétaire avoit été dès-lors porté en Sicile, l'on ne peut difconvenir que ce ne foit l'efpèce de Monument qui prouve le plus la grandeur & l'ancienne puiffance de fes premiers Habitans. Monumens d'autant plus précieux, qu'ils affurent inconteftablement les noms & l'exiftence, non-feulement des différens Princes qui ont regné en Sicile, mais encore d'une partie des grands-Hommes & des Perfonnages célèbres qu'elle a produits, ou qui y ont joué quelque rôle important (1).

Nous avons donc penfé devoir entrer dans quelque détail à ce fujet, & joindre à notre Voyage de Sicile une Notice ou defcription fommaire de fes Médailles ; mais ces defcriptions & ces recherches ne pouvant être fort étendues dans un Ouvrage comme celui-ci, les Perfonnes qui portent le plus de goût & d'intérêt à ce genre de curiofité, pourront confulter les Auteurs qui en ont traité très au long, tels que *Paruta*, *Goltzius*, *Havercamp*, *Mayer*, &c. (2) Nous nous contenterons feulement de donner ici quelques Notices abrégées des plus intéreffantes, en premier lieu des Médailles anciennement frappées fous chacun des Princes qui ont regné dans la Sicile jufqu'au fiége & à la prife de *Syracufe* par *Marcellus*, & enfuite de celles qui ont rapport à l'hiftoire, à compter de cette époque & fous la domination des Romains.

C'eft le choix de ces différentes Médailles que nous préfentons ici fur quatre Planches ou Tables féparées, & qui réunies avec les Médailles des Villes anciennes de la Sicile,

---

(1) Un intérêt particulier que préfentent encore ces Médailles, mais qui n'eft propre qu'à celles qui ont été frappées à *Rome*, ou depuis la domination des Romains en Sicile, c'eft de nous rappeller plufieurs faits mémorables de fon hiftoire, tels que la prife de *Syracufe* par *Marcellus*, la guerre des Efclaves en Sicile, &c. mérite que difficilement on retrouve dans les Médailles Grecques qui en général ne préfentent que les différens attributs des Divinités dont le culte étoit particulier à chaque Ville, ou des types vagues, comme des Quadriges, ou autres,

qui femblent n'avoir eu trait qu'aux Jeux Pythiens ou Olympiques, fi vantés & fi célèbres chez les Grecs.

(2) Indépendamment de ces Auteurs plus anciennement connus, nous en avons confulté particulièrement deux, dont les Ouvrages faits depuis peu d'années, nous ont paru mériter beaucoup plus de confiance; tels font *P. Burmann*, Editeur du Voyage de *Philippe Dorville*, & fur-tout l'excellent Ouvrage de M. le Prince de *Torremuzza*, fi connu dans la République des Lettres par fes Recherches, & fes profondes connoiffances dans l'antiquité,

que l'on a déja vues à la fin de chaque Chapitre de ce Volume, renfermeront tout ce que nous avons trouvé de plus authentique & de plus intéreſſant en ce genre.

MÉDAILLES des Princes ou Tyrans qui ont gouverné la Sicile avant la domination des Romains.

PLANCHE CENT TRENTE-SEPTIÈME.

GELON.

LE premier de ces Princes connus dans l'hiſtoire de l'ancienne Sicile, eſt *Gelon*; il ne regna que ſept ans, & vivoit environ quatre cents quatre-vingt-dix ans avant l'Ere Chrétienne; preſque toutes ſes Médailles portent d'un côté une Tête qui ſemble devoir être celle de *Gelon* lui-même, attendu qu'elle eſt ceinte du *Diadême* ou bandeau royal. Le revers de ces Médailles, qui repréſente preſque toujours une Victoire conduiſant un Bige, ou Char attelé de deux chevaux, donne lieu de penſer qu'elles furent frappées après l'évènement de la bataille & de la victoire ſignalée que *Gelon* remporta près d'*Hymère* ſur les Carthaginois commandés par *Amilcar.* Elles portent toutes pour Inſcription ΓΕΛΩΝΟΣ ΣΥΡΑΚΟΣΙΟΥ, *Gelonos Siracoſion.* La plus précieuſe de ces Médailles de *Gelon*, N°. 4, eſt en or; les autres qui ſe reſſemblent toutes, à quelques légères différences près, ſont en argent, & toutes fort rares. M. de *Torremuʒʒa* en donne encore deux autres, qui, au revers de la même Tête de *Gelon*, préſentent un Aigle tenant la foudre de *Jupiter* dans ſes ſerres; & deux autres petites, ſur l'une deſquelles, N°. 5, eſt un Lion, & ſur l'autre, N°. 9, le chiffre ou nombre XII, dont il eſt difficile de pouvoir expliquer la ſignification. Ces deux dernières ſont encore également rares.

HIERON I.ᵉʳ

HIERON I, frère de *Gelon*, fut appellé par le Peuple au Trône de la Sicile. L'on conſerve de ce Prince un grand nombre de Médailles du plus grand caractère. Son règne, qui, ſuivant *Diodore*, ne dura qu'onze ans & huit mois, fut célèbre par de nouveaux avantages remportés ſur les Carthaginois, rivaux & toujours ennemis des Syracuſains. Avide de tous les genres de gloire, *Hieron* voulut remporter le prix des Jeux Olympiques: auſſi fut-il chanté par tous les Poëtes de ſon temps, & l'on peut croire que ſes triomphes furent également célébrés ſur ſes Médailles, puiſqu'elles portent preſque toutes pour revers un Char triomphal attelé de deux chevaux, & quelquefois de trois & quatre, & pour Inſcription ΙΕΡΩΝΟΣ. L'on voit de l'autre côté la Tête d'*Hieron* ceinte du bandeau ou couronnée de lauriers.

Dans d'autres de ces Médailles, N°. 2, nous voyons ce Prince à cheval, & comme dans l'action de combattre. Sur quelques autres, N.ᵒˢ 10, 11, & 14, au lieu de la Tête

MÉDAILLES de Gelon, et d'Hyeron 1er Tyrans de Syracuse

Composé par Paris architic du Roi   Gravé par S.Aubin et Berthault

A.P.D.R.

d'*Hieron*, c'eſt celle d'une *Cérès* couronnée d'épis, & derrière la Tête quelque emblême du Labourage, pour indiquer ſon zèle & ſon amour pour l'agriculture, art qu'il regardoit avec raiſon comme étant le plus utile à la Sicile.

PLANCHE CENT TRENTE-HUITIÈME.

D E N Y S l'ancien & D E N Y S ſecond, Tyrans de Syracuſe.

LES Médailles de ces Tyrans ſont en très-petit nombre & fort rares : il eſt aſſez vraiſemblable que les cruautés de ces Princes farouches, & l'horreur qu'ils laiſsèrent après eux, ont été cauſe qu'on a voulu détruire juſqu'aux Monumens qui pouvoient rappeller leur mémoire. La ſeule Médaille de *Denys* que l'on voit gravée ſur cette ſeconde Planche, N°. 2, eſt en argent. Elle ſe trouve dans pluſieurs Collections, & particulièrement dans le Cabinet du Roi de France. Les caractères Puniques que l'on voit gravés ſur le revers, prouvent inconteſtablement qu'elle a été frappée par les Carthaginois. Elle préſente d'un côté la partie antérieure d'un cheval avec le Symbole de la *Trinacrie*, & de l'autre un Palmier, types & emblêmes aſſez ordinaires de beaucoup de Médailles de cet ancien Peuple. Au reſte le nom de *Denys*, en caractères grecs ΔΙΟΝΤΣΙΟΤ, ne peut laiſſer aucun doute qu'elle n'ait été frappée ſous le règne de ce Tyran.

M. *de Torremuzza* rapporte deux Médailles de *Denys* ſemblables à celles-ci, avec fort peu de différence ; nous n'avons point cru les devoir faire graver par cette raiſon, ainſi que deux ou trois autres que *Goltzius* & quelques Auteurs après lui nous donnent dans leurs Ouvrages, mais comme ils ne diſent point où elles ſont, nous ne les croyons pas aſſez certaines pour les joindre ici.

L'on ne connoît qu'une ſeule Médaille que l'on attribue à *Denys* le jeune. M. *de Torremuzza* qui la rapporte dans ſon Ouvrage, la regarde comme étant de la plus grande rareté ; elle eſt en bronze, & conſervée dans le Muſeum de *Palerme* : elle porte d'un côté la Tête de ce Prince coeffée d'une peau de Lion, avec l'Inſcription ΔΙΟΝΤΣΙΟΤ, & au revers un Aigle qui déchire un Lièvre dans ſes ſerres. Voyez le N°. 17.

L'on trouve encore ſur cette même Planche, N°. 12, une Médaille que l'on attribue à *Hipparinus*, ſecond fils de *Denys*, qui ne regna à *Syracuſe* que deux ans. Elle eſt en bronze, & porte d'un côté une Tête de *Jupiter*, & de l'autre un Sanglier courant, avec un fer de lance au-deſſus ; l'on voit à l'Exergue les caractères grecs ΙΠΠΑΡ, qui ſont les lettres initiales du nom du Tyran.

AGATHOCLES.

Agathocles fut après le Gouvernement orageux des *Denys*, un des plus grands-Hommes qui aient regné en Sicile. Nous prions nos Lecteurs de ſe rappeller le portrait de cet homme extraordinaire, qu'ils ont dû trouver dans le Précis hiſtorique des révolutions de *Naples* & de Sicile, placé à la tête du premier Volume de cet Ouvrage. Ils y ont vu comment *Agathocles*, fils d'un simple Potier de terre, parvint à s'emparer de la Couronne, & la conferva en Héros jufqu'à fa mort (1).

Les premières Médailles d'*Agathocles*, qui fe préfentent fur cette Planche, Nos. 1 & 4, ayant d'un côté une Tête de *Cérès* ou *Proferpine* coeffée d'épis, & au revers une Victoire qui élève un trophée, ne font point très-rares, & fe trouvent dans plufieurs Collections; elles font toutes en argent, & portent pour Infcription le nom d'*Agathocles* ΑΓΑΘΟΚΛΕΟΣ, & à côté de la Tête, le mot grec ΚΟΡΑΣ, qui veut dire Vierge. Celle N°. 16 eft dans le même cas, elle eft en or, & porte d'un côté une Tête de *Pallas* cafquée, & au revers le foudre de *Jupiter* avec les mots ΑΓΑΘΟΚΛΕΟΣ ΒΑΣΙΛΕΟΣ.

Il n'en eft pas de même de cette autre Médaille d'*Agathocles*, N°. 7, fur laquelle on voit une Tête coeffée d'une peau d'éléphant, & au revers une *Pallas* qui lance un javelot; celle-ci eft extrêmement rare, mais elle exifte au Mufée Impérial de *Vienne*; elle eft en or, & d'une grande beauté: l'on peut croire que la peau d'éléphant doit avoir rapport aux avantages qu'*Agathocles* remporta en Sicile fur les Carthaginois. Mais de toutes ces Médailles, celle qui eft gravée fur cette Planche, N°. 5, nous paroît devoit être une des plus plus précieufes, parce qu'elle nous préfente la Tête même de ce Prince. On peut au moins le préfumer au diadême ou bandeau royal dont la Tête eft ceinte. Elle a pour revers une Victoire élevant un trophée d'armes à la gloire d'*Agathocles*. Cette Médaille, qui eft en argent, eft de la plus grande rareté; elle a été donnée en premier lieu par *Goltzius*; mais M. *de Torremuzza* fe rappelle de l'avoir vue entre les mains d'un Orfèvre à *Meffine*, qui ne voulut pas la lui vendre pour aucun prix.

HICETAS & SOSISTRATES.

CES deux Princes font mis au nombre des anciens Tyrans de la Sicile, & regnèrent à *Syracufe*, ainfi qu'il paroît prouvé par le nom même ΣΥΡΑΚΟΣΙΩΝ écrit fur leurs Médailles: l'un après que *Denys* le jeune fut chaffé du Trône, & l'autre du temps de *Pyrrhus*, comme il eft dit dans *Diodore*, Lib. XXII. Au revers d'une Tête de *Proferpine* couronnée d'épis de bled, Nos. 10 & 14, l'on voit un char conduit par une Victoire, & pour Infcription ΕΠΙ ΙΚΕΤΑ, c'eft-à-dire fous le règne d'ICETAS. Quant à la Médaille, N°. 15, les lettres initiales ΣΟΣΙΣ indiquent fans aucune difficulté le nom de *Sofiftrates*. Le bandeau ou diadême, dont la Tête eft ornée, défigné que c'eft celle du Tyran lui-même. La Médaille porte fur le revers un Lion, & au-deffus la maffue d'*Hercule*.

PYRRHUS.

Quoiqu'il paroiffe plus naturel de mettre les Médailles de *Pyrrhus* au nombre des Médailles de la Grèce, cependant tous les Auteurs qui ont réuni celles des différens Princes de la Sicile, y ont toujours compris ce fameux Roi d'Epire, un des plus grands

(1) Nous croyons que l'on relira toujours avec plaifir ce Tableau éloquent & rapide des premiers temps de la Sicile, tracé par M. *de Champfort*, de l'Académie Françoife.

Généraux

MÉDAILLES de Denys, de Pyrrhus, et d'Agathocles,
Tyrans de Syracuse.

MÉDAILLES d'Hyéron 2, de la Reine Philiftides, de Théron, et Phintyas.

Généraux de l'antiquité. Nous voyons dans l'histoire que *Pyrrhus* épousa la fille d'*Agathocles*, & qu'ayant été appellé par les Syracusains, pour les défendre contre les Carthaginois, on lui donna en Sicile le titre de Roi.

Les Médailles de ce Prince, soit en or, soit en bronze, ne sont point très-rares, plusieurs portent d'un côté une Tête de *Diane*, & de l'autre une Victoire qui soutient un Trophée d'armes ou une *Pallas* qui lance un javelot. Les autres ont quelques différences dans leurs revers, & sont toutes également belles. Le N°. 6 qui porte une Tête de Femme inconnue, avec un voile orné de feuilles de chêne, est beaucoup plus rare. Cette dernière appartient à M. *de Torremuzza*. Toutes ces Médailles ont, comme on le voit, pour Inscription le nom de *Pyrrhus*, ΠΤΡΡΟΤ ΒΑΣΙΛΕΩΣ.

PLANCHE CENT TRENTE-NEUVIÈME.

HIERON II.

LE meilleur & le plus excellent Prince qu'ait eu la Sicile est *Hieron II*, fils d'*Hierocles*, & de la race de *Gelon*. Jamais la Ville de *Syracuse* ne fut aussi riche, ni aussi puissante que sous son règne. Père & ami de ses Sujets, il ne s'occupa qu'à les rendre heureux, & à faire fleurir dans son Royaume les arts, l'agriculture & le commerce. Aussi voit-on sur presque toutes ses Médailles la Tête d'une *Cérès* ou celle de *Neptune*, & au revers le Trident du Dieu des mers, pour marquer que c'étoit de la navigation & du commerce que la Sicile devoit tirer toute sa puissance. Content de remplir les fonctions & les devoirs d'un Roi, il en négligea le titre, & l'on ne voit sur toutes ses Médailles que le nom ΙΕΡΩΝΟΣ, sans le titre de ΒΑΣΙΛΕΩΣ, qui étoit joint à celui de tous ses Prédécesseurs. L'on est même assez incertain si les empreintes des Têtes que l'on voit sur ses Médailles, sont celles d'*Hieron*, ou simplement celles de *Jupiter* ou de *Neptune*.

Toutes ces Médailles ont le plus grand caractère, & prouvent bien par leur beauté à quel point de perfection les arts avoient été portés à cette époque en Sicile. Toutes sont en bronze, & se trouvent très-ordinairement dans les Cabinets de Médailles, excepté celles marquées N.ᵒˢ 8 & 15, qui sont en argent & que l'on ne connoît que dans les Ouvrages & les Collections données par *Havercamp* & *Paruta*.

PHILISTIS.

DANS le nombre des Médailles des Princes de la Sicile, on peut remarquer pour la beauté & le grand caractère des Têtes, celles de la Reine *Philistis*, avec cette Inscription ΒΑΣΙΛΙΣΣΑΣ ΦΙΛΙΣΤΙΔΟΣ. L'on y voit une superbe Tête de Femme couverte d'un voile, & au revers un Quadrige conduit par une Victoire. La seule difficulté est de savoir quelle étoit cette Reine *Philistis*, & à quelle époque de la Sicile on doit la placer. *Havercamp* penche beaucoup à croire que ce doit être la Reine *Demarate*, femme de *Gelon*, attendu que cette Princesse étoit indifféremment connue sous les noms de *Philistis* & de *Demarate*, ce qu'il est bien difficile de vérifier. Mais une observation que nous croyons devoir

Vol. IV. Ddddd

ajouter & qui nous paroît intéreſſante, c'eſt que nous devons nous rappeller que dans le cours de ce Voyage, & en paſſant dans les ruines de *Syracuſe*, nous avons vu ſur une des baſes des gradins du Théâtre de cette Ville encore exiſtants en partie, le nom de cette Reine *Philiſtis* gravé en caractères grecs, très-liſibles, & parfaitement conſervés, ce qui ne peut laiſſer de doute qu'il n'y ait eu à *Syracuſe* une Reine de ce nom, mais ſans que rien puiſſe conduire à fixer le temps où cette Princeſſe a exiſté.

M. *de Torremuʒʒa* réunit dans ſon Ouvrage ſept ou huit Médailles de la Reine *Philiſtis*, qui n'ont guères entre elles d'autres différences que les traits d'un âge plus ou moins avancé. Cette ſeule obſervation le conduit avec raiſon à conclure que *Philiſtis* doit avoir eu un très-long règne, puiſque dans quelques-unes l'on voit la Tête de cette ancienne Reine dans toute la fleur de la jeuneſſe ; ſur pluſieurs autres Médailles elle eſt repréſentée dans un âge plus avancé, & enfin dans une dernière, elle y a tout le caractère de la vieilleſſe. Nous avons penſé devoir joindre à ces Médailles connues de *Philiſtis*, celle dont il eſt parlé dans les Tranſactions philoſophiques, année 1770, vol. 60. Cette Médaille, qui eſt rapportée par le Docteur *Swinton*, Garde des Archives de l'Univerſité d'*Oxford*, dans une Lettre au Docteur *Maty*, & que lui ſeul nous a fait connoître, doit être fort rare & d'autant plus curieuſe que l'on trouve au revers de la même Tête de *Philiſtis* également voilée, la repréſentation de Figures Egyptiennes qui ſe rencontrent quelquefois, mais très-rarement, ſur les Médailles de la Sicile. Elle eſt gravée ici, N°. 13 (1).

THERON.

Les Médailles qui ſuivent ſont celles de *Theron* ; quoique ce Prince n'ait regné que ſur la ſeule Ville d'*Agrigente*, ſon nom fut ſi célèbre dans toute la Sicile, que nous avons cru devoir le mettre au nombre de ſes anciens Princes ; d'ailleurs l'hiſtoire nous apprend que *Theron* contribua beaucoup à la défaite des Carthaginois à *Hymère*, ayant réuni ſes forces avec celles de *Gelon*, dont il étoit beau-père. A ſa mort, les Agrigentins lui décernèrent les honneurs héroïques ; on lui éleva un Tombeau à *Agrigente*, & *Pindare*, qui étoit ſon contemporain, & le premier Poète Lyrique de l'antiquité, chanta dans ſes Odes les triomphes de *Theron* aux Jeux Olympiques.

Quant à ſes Médailles, elles ſont en très-petit nombre, celle que l'on voit gravée, N°. 10, porte d'un côté une Tête que l'on peut croire celle d'une Divinité, & de l'autre un Crabe, type ordinaire des Médailles d'*Agrigente*, avec l'Inſcription ΘΕΡΟ, qui ne laiſſe aucun doute qu'elle n'ait été frappée ſous le règne de ce Prince. La dernière, N°. 18, ne paroît point auſſi certaine, & M. *de Torremuʒʒa* ne l'affirme point comme telle, cependant il n'eſt pas abſolument éloigné de la donner à cet ancien Tyran d'*Agrigente*, parce qu'indépendamment du nom de la Ville ΑΚΡΑΓΑΝΤΙΝΩΝ, l'on peut

---

(1) L'on pourroit élever quelques doutes ſur la vérité & l'authenticité de cette Médaille, mais en la ſuppoſant vraie, quelques Curieux que nous avons conſulté à ce ſujet, la regardent comme étant plus vraiſemblablement une Médaille de *Malte*.

penfer que les caractères grecs que l'on apperçoit fur le revers font les lettres initiales du mot *Theron*.

PHINTIAS.

PHINTIAS fut auffi un des plus anciens Princes qui règnèrent à *Agrigente*. L'on voit dans *Diodore* qu'il étoit contemporain d'*Hycetas*, Tyran de *Syracufe*, & qu'à la fuite d'une guerre qui s'éleva entre eux, *Phintias* fe retira d'*Agrigente*, & fit bâtir au bord de la mer, fur la Côte méridionale de la Sicile, une Ville à laquelle il donna fon nom. La Ville de *Gela* ayant été détruite vers le même-temps, *Phintias* en attira les Habitans, pour peupler fa nouvelle Ville, dans laquelle il avoit fait élever des Temples & des Edifices confidérables (1).

L'on pourroit au refte préfumer que ce Prince avoit une grande paffion pour la chaffe, d'après les revers de fes Médailles qui portent toutes, ou un Sanglier ou un Chien courant, avec l'Infcription grecque ΒΑΣΙΛΕΩΣ ΦΙΝΤΙΑ. Sur l'une de ces Médailles, N°. 17, l'on voit la Tête même de ce Prince avec le figne connu de la *Trinacrie* : celle-ci eft une des plus rares, les autres font affez communes, & toutes en bronze.

ARCHIMÈDE.

Il auroit été fans doute à defirer que l'antiquité nous eût confervé par des Médailles la mémoire, ou plutôt la figure & les traits d'un Homme auffi célèbre. Mais l'on n'en connoît point de certaines, & les Médailles d'*Archimède* que quelques Auteurs nous ont donné dans leurs Ouvrages font regardées comme fufpectes, ainfi nous nous fommes contentés d'en faire feulement mention ici, fans avoir voulu les faire graver, ni les réunir à cette Collection. *Havercamp*, qui les rapporte d'après *Paruta* & *Goltzius*, fans dire même où elles exiftent, n'en préfente que deux, qui font toutes deux en bronze : fur l'une *Archimède* eft repréfenté fans barbe, avec une efpèce de toque ou de cafque fur la tête, & dans l'autre avec de la barbe & plus âgé ; ce qui fait penfer à *Havercamp* que cette feconde Tête pourroit bien être celle de *Jupiter* ; mais ce qui, fuivant lui, les caractérife le plus toutes deux, c'eft que l'on voit repréfenté fur l'une une Sphère, & fur l'autre le Croiffant de la lune avec des étoiles ; attributs que l'on peut dire ne convenir effectivement qu'à un Géomètre & à un Aftronome comme étoit *Archimède* ; fon nom eft d'ailleurs encore indiqué fur un des revers par ces lettres réunies ℞. MD.

---

(1) *Phintias Urbem condidit, nomine Phintiadem : Gelentefque è patria fubmotos, in ea collocavit. Sita autem hæc eft ad mare, muris enim domibufque Gela deftructis, Populum in Phintiadem tranftulit ; poftquam mœnia, forumque infigne, ac Templa Deorum condiderat. Diod. de Sic. Lib. XXII.*

MÉDAILLES de la Sicile depuis la domination des Romains.

PLANCHE CENT QUARANTIÈME.

PARMI un nombre fort confidérable de ces Médailles relatives à l'hiftoire de la Sicile, & qui dans la Collection publiée par *Havercamp*, monte à près de deux cents, nous avons choifi feulement celles que M. *de Torremuzza* rapporte lui-même dans fon Ouvrage & fur lefquelles on ne fauroit élever aucun doute. La première de ces Médailles que tout porte à croire avoir été frappée en l'honneur de la victoire de *Marcellus* fur les Syracufains, eft fans doute une des plus intéreffantes : elle eft en argent. D'un côté l'on voit la Tête de ce Général Romain, & auprès le figne connu de la *Trinacrie*, emblême qui, comme nous l'avons déja dit, étoit univerfellement reçu pour défigner la Sicile. Au revers, on voit *Marcellus* allant dépofer lui-même les trophées de fa victoire dans un Temple, afin d'en rendre graces aux Dieux. L'on voit pour Epigraphe fur la Médaille le nom de *Marcellus* élu cinq fois Conful.

Celui de *Marcellinus*, qui eft écrit du côté de la Tête, eft celui de *Publius Lentulus Marcellinus*, Quefteur de Rome en l'an DCLXXV. Ce Magiftrat, qui étoit de la famille *Claudia*, avoit paffé par adoption dans celle de *Cornelia*, & s'étoit fait fans doute un honneur de confacrer à l'immortalité ce trait célèbre de la vie d'un de fes aïeux.

Il en eft de même de la Médaille, N°. 2, également d'argent, fur laquelle l'on voit d'un côté la Figure d'un *Jupiter* armé de fa Foudre, avec le nom du même *Lentulus Marcellinus*, & au revers le Symbole de la Sicile avec les Epis de bled.

Le N°. 3 ne porte aucun indice qui puiffe rappeller quelque évènement particulier de l'hiftoire de la Sicile ; mais le nom grec ΣΙΚΕΛΙΩΤΑΝ, que l'on lit dans l'Exergue, ne laiffe aucun doute qu'elle n'appartienne à cette Ifle. Elle porte d'un côté une Tête de *Cérès* avec un voile, & couronnée d'épis de bled, & de l'autre un Char avec une Victoire. Cette Médaille, publiée par le Prince *de Torremuzza* & M. *Pelerin*, eft d'une grande rareté.

Les N.os 4 & 5 avec le nom de *Lucius Aquilius* ont été frappées fans doute à l'époque de la guerre des Efclaves. L'emblême d'un Guerrier qui relève une Femme à genoux, doit avoir trait aux fervices que le Conful *Manlius Aquilius* rendit à la Sicile, en terminant cette guerre (1).

---

(1) L'on fait qu'il y a eu chez les Romains du temps de la République, plufieurs guerres occafionnées par les révoltes des Efclaves. Une des plus confidérables, & qui dura le plus de temps, fut celle qui eut lieu dans la Sicile vers l'an 468 de Rome. Celle-ci dura quatre années, pendant lefquelles un certain *Athénion* qui s'étoit mis à leur tête, ravagea toute la Sicile, avec une armée de vingt mille hommes de pied, & deux mille chevaux. *Lucullus* fut envoyé contre eux, & les défit ; mais ayant négligé de profiter de fes avantages & de leur défaite, ces Rebelles fe rallièrent, & continuèrent leur brigandage, jufqu'à ce que le Sénat renvoya en Sicile *Manlius Aquilius*, qui remporta une victoire fignalée fur ces Révoltés, & tua leur Chef de fa main. Il les pourfuivit avec vigueur, & en détruifit le plus grand nombre par le fer & la flamme. Mille d'entr'eux enfin réfolurent de fe rendre à difcrétion au Conful, qui les fit conduire à *Rome*, & forma le projet de les donner en fpectacle au Peuple, en les faifant combattre contre des bêtes féroces. Mais ces malheureux fe voyant deftinés à fervir de jouet à la cruauté du Peuple, prirent le parti défefpéré de tourner leurs armes contre eux-mêmes, & de s'égorger les uns les autres. L'Efclave *Satyrus* qui étoit leur Chef, termina cette horrible tragédie, en fe tuant lui-même le dernier.

Le

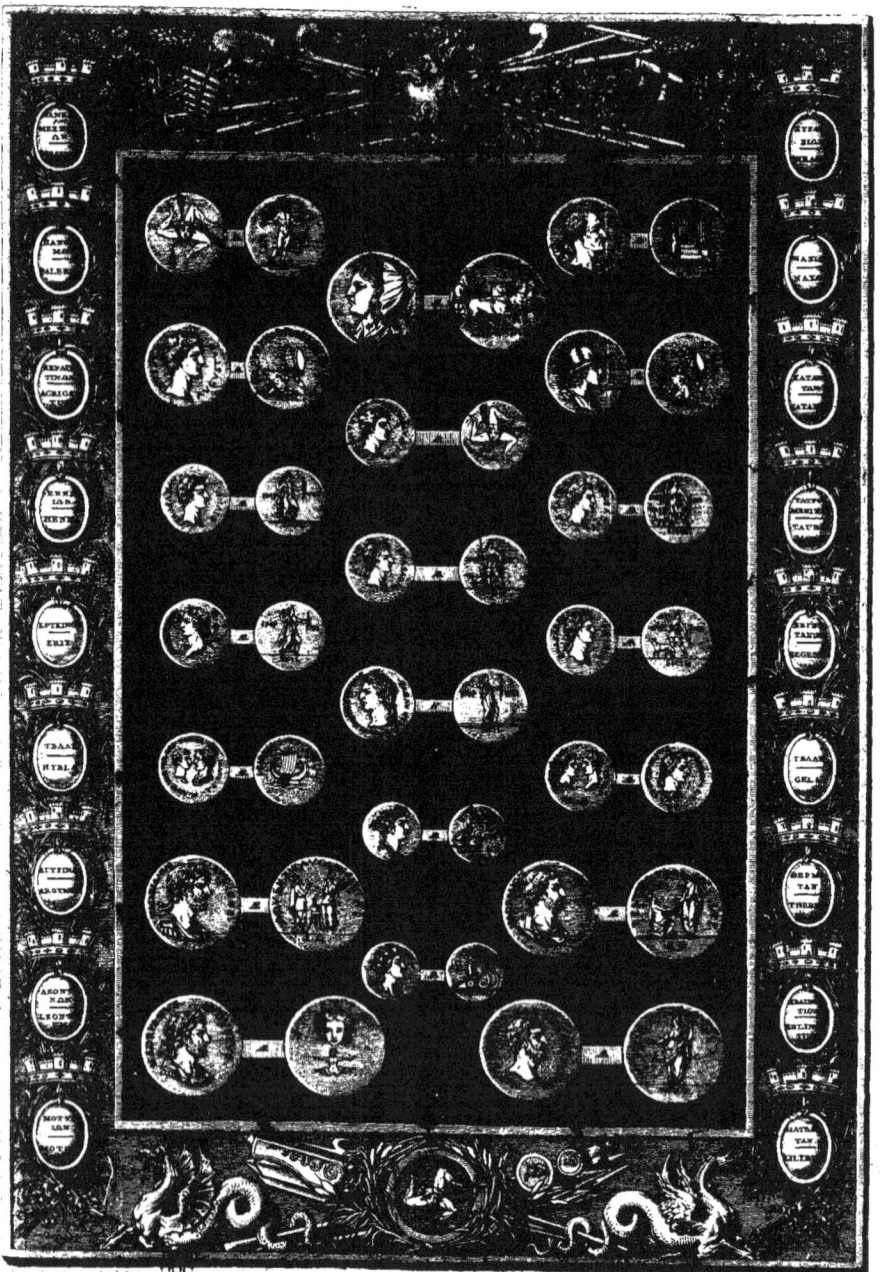

MÉDAILLES relatives à l'histoire de la Sicile depuis la prise de Syracuse par les Romains

Le N°. 6, qui porte d'un côté le Symbole de la Sicile, & de l'autre une Tête d'*Augufte*, avec l'Infcription grecque ΚΑΙΣΑΡ ΑΥΤΟΚΡΑΤΩΡ ΤΡΙΩΝΑΝΔΡΩΝ, *Cæfar Imperator Triumvir*, eft une des plus rares Médailles de la Sicile. Elle doit avoir été frappée à l'occafion de la victoire d'*Augufte* fur *Sexte Pompée* dans la Sicile.

Les fix Médailles fuivantes, qui portent toutes une Tête d'*Augufte*, avec les chiffres romains VIII. IX. X. XI. XII. & XV., ajoutés au mot *Imperator*, ne peuvent indiquer que les différentes années de l'Empire d'*Augufte* fur la Sicile, à compter du moment où cette Ifle fut réunie à l'Empire Romain par la défaite de *Pompée*.

Ce fut fans doute en mémoire de cet évènement célèbre que la Médaille N°. 13 a été frappée. On y voit d'un côté la Tête de *Jules-Céfar* & celle d'*Augufte*, & de l'autre celle d'*Agrippa*, qui commandoit, comme on fait, la Flotte d'*Augufte*; l'on voit au-deffous de la Tête d'*Agrippa* le Symbole ordinaire qui défigne la Sicile, & pour Infcription M. AGRIPPA L. F. COS. ITER. DES. TER.

L'on voit fur la quatorzième, les Têtes de *Marc-Antoine* & de *Cléopatre*, en regard l'une de l'autre, au revers eft repréfenté un *Trirême*, & pour Infcription *Lucius Bibulus*, alors Proconful de Sicile.

Les trois fuivantes, N.ᵒˢ 15, 16 & 17, en bronze, ont été frappées fous l'Empire d'*Hadrien*, & étoient deftinées à rappeller le fouvenir du voyage que cet Empereur fit en Sicile, ainfi que les bienfaits dont il combla les Habitans de l'Ifle; c'eft ce qui eft indiqué par l'emblême d'une Femme ayant trois épis fur la tête, que l'on voit aux genoux de l'Empereur, avec l'Infcription *Reftitutori Siciliæ*. Celle marquée, N°. 17, également avec le Bufte d'*Hadrien*, fut fans doute frappée en Sicile : elle eft indiquée fur le revers par une Tête de *Médufe*, fouvent adoptée dans les Médailles de *Syracufe*, & fur-tout par cette repréfentation d'une Amphitrite ou monftre marin, qui défignoit chez les Anciens les monftres de *Charybde* & de *Scylla*.

Enfin la dernière de ces Médailles, N°. 18, fut frappée fous le règne d'*Antonin-Pie*. L'on voit d'un côté la Tête de cet Empereur avec l'Infcription IMP. T. ÆLIUS CÆSAR ANTONINUS, & au revers la Figure de la Sicile perfonnifiée fous l'emblême d'une *Cérès*, & préfentant une couronne murale, afin d'indiquer par-là les vœux de toutes les Villes de la Sicile pour cet Empereur également chéri des Romains & de tout l'Empire.

Nous avons cru devoir joindre encore ici deux autres petites Médailles de Sicile, que l'on trouve dans la Collection donnée par *Havercamp*; elles nous ont paru intéreffantes, à caufe qu'elles femblent rappeller la reconnoiffance des Romains pour les fecours qu'ils retiroient de cette Ifle. L'une & l'autre furent frappées fans doute dans des temps de difette & de famine, dont *Rome* fut préfervée par les bleds qu'elle faifoit venir de Sicile.

MÉDAILLES des anciennes Villes de la Sicile.

PREMIER CHAPITRE.

MESSINE.

SANS vouloir entrer dans autant de détails fur toutes les Médailles des Villes de la Sicile, dont nous avons formé les Fleurons placés à la fin de chacun des Chapitres de ce Volume, & à mefure que nous avons parcouru les parties de l'Ifle où ces anciennes Villes ont exifté autrefois, nous nous contenterons feulement d'indiquer ici, en peu de mots, & en prenant pour guide l'Ouvrage de M. *de Torremuzza*, celles de toutes ces Médailles qu'il regarde comme étant les plus rares & les plus curieufes.

Nous avons déja vu, en parlant de *Meffine*, que cette Ville, une des plus anciennes de la Sicile, avoit, à des époques diverfes, porté des noms différens, & que dans fon origine on lui avoit donné le nom de *Zankle*; auffi regarde-t-on celles de fes Médailles fur lefquelles on voit ce nom écrit, en caractères grecs, comme devant être les plus anciennes & par conféquent les plus rares (1). Depuis cette époque, une Colonie de Meffeniens étant venus s'établir à *Meffine*, elle prit le nom de *Meffanion* : & enfin l'on s'accorde à croire qu'ayant été, à des époques poftérieures, foumife par les Mamertins, Peuple qui habitoit l'extrémité de l'Italie, ou une partie du *Brutium*, elle prit le nom de *Mamertinon*.

La première des Médailles qui fe préfentent fur cette Table, eft en argent, & une des plus curieufes ; elle porte d'un côté une Tête ou mafque de Lion, & au-deffous un Lièvre courant. Sur l'autre face au milieu d'une couronne de lauriers, l'on voit la figure de *Jupiter* affis, & tenant un vafe dans une main, il eft défigné par l'Aigle qui eft à fes pieds, l'Infcription eft MEΣΣANION. L'on retrouve quelquefois parmi les Médailles de *Reggio*, une Médaille à-peu-près pareille à celle-ci ; mais les Antiquaires obfervent à ce fujet, que ces deux Villes, très-voifines l'une de l'autre, ayant été gouvernées du temps d'*Anaxilas* par les mêmes loix, il n'eft pas étonnant qu'elles aient fait frapper une Monnoie femblable (2).

La Médaille qui eft au-deffous eft également fort rare, ainfi que toutes celles qui fe trouvent rangées dans cette Planche fur la même colonne.

Les deux premières des deux autres colonnes deviennent fort intéreffantes à caufe des Têtes de *Céfar* & d'*Augufte*, qui s'y trouvent gravées avec les noms de ces deux Empereurs écrits en lettres grecques, Γ. ΙΟΤΛΙΟΣ ΚΑΙΣΑΡ ΤΡΙΩΝ ΑΝΔΡΩΝ, *Cajus Julius Cæfar Triumvir*

---

(1) La forme des lettres grecques avec lefquelles eft écrit le nom ZANKAE, eft encore une preuve de leur extrême antiquité. Voyez *le Difcours Préliminaire ou Introduction à ce Volume de la Sicile*, pag. X.

(2) Il eft affez difficile d'expliquer ce que peut fignifier

ce Lièvre que l'on apperçoit fur un grand nombre des plus anciennes Médailles de *Meffine*. Plufieurs Antiquaires imaginent que ce fût cet *Anaxilas* qui le premier apporta & fit connoître cet animal dans la Sicile. Voyez *Havercamp*, *Vol. I, p.* 147.

fur l'une ; & fur l'autre , ΚΑΙΣΑΡ ΣΕΒΑΣΤΟΣ ΑΡΧΙΕΡ. ΜΕΓ. ΔΗΜ. ΕΞΟΤΣ , *Cæfar Auguftus Pontif. Max. Trib. Pot.*

Au revers de ces Médailles, l'on voit fur l'une la figure du Dieu *Mars* tenant un javelot renverfé & appuyé fur fon bouclier, & fur l'autre le Trépied , un des emblêmes qui caractérifent *Apollon*, & pour Infcription , le nom de la Ville, auquel eft ajouté le mot ΝΕΟΚΟΡΩΝ. Ce furnom de *Neocores*, qui veut dire nouvellement dédiée ou confacrée, avoit été adopté par plufieurs Villes de la Grèce, pour défigner un culte nouvellement établi chez elles pour tel ou tel Empereur. L'on fait que les flatteries & l'adulation pour la perfonne des Empereurs étoient portées à un point exceffif dans toutes les Provinces foumifes à l'Empire & jufqu'à en faire des Dieux. Il paroît donc que les Habitans de *Meſſine*, ainfi que nous le verrons encore prouvé par les Médailles de quelques autres Villes de la Sicile, avoient cherché à faire leur cour à leurs Maîtres, en faifant frapper ces deux Médailles-ci, que nous regardons comme fort curieufes (1).

Quant à celle fur laquelle on lit écrit, en grec, le mot ΖΑΝΚΛΕ, elle porte d'un côté la figure d'un Poiffon, qui ne peut fignifier autre chofe que l'emblême d'une Ville maritime, & de l'autre côté l'on voit plufieurs compartimens en quarré, dans le milieu defquels eft placée une coquille, quelquefois c'eft une Tête qui y eft repréfentée (2).

SECOND CHAPITRE.

TAORMINUM & NAXOS.

UNE des plus anciennes Villes de la Sicile fut celle de *Naxos*, ainfi que nous l'avons déja dit dans le cours de cet Ouvrage ; fondée par des Chalcydiens qui vinrent s'y établir fous la conduite de *Theocles*, & détruite par *Denys* le Tyran, fes premiers Habitans fe réfugièrent fur le fommet d'une Montagne voifine, & y bâtirent *Taorminum*. Nous avons vu en parcourant les reftes des Monumens de cette dernière Ville, qu'il y exifte

---

(1) Nous n'oferions attefter que ces deux Médailles foient bien véritables, mais elles fe trouvent rapportées par plufieurs Auteurs, tels que *Paruta*, *Goltẓius*, *Havercamp*, & M. *de Torremuẓẓa* lui-même.

(2) Nous devons à ce fujet aux lumières de M. l'Abbé *Barthellemi* une obfervation qui nous a paru rendre parfaitement compte de cette efpèce de marque ou em- preinte particulière, que l'on retrouve non-feulement fur quelques Médailles de la Sicile, mais fur un grand nombre des premières Médailles qui ont été frappées dans l'antiquité.

L'art de graver, de frapper des Monnoies, a eu, comme tous les autres arts, fon enfance, fes progrès & fa perfection. Une des premières difficultés que l'on a dù rencontrer, étoit de contenir la pièce d'or ou d'argent fur le coin où elle devoit être frappée, pour qu'en rece- vant le coup & l'effort du levier, l'empreinte que l'on

avoit à y repréfenter, fe trouvât dans le milieu de la pièce de métal ; pour cela on imagina une efpèce de griffe, ou forme faillante, fur laquelle la Médaille portoit, & qui fervoit à la maintenir dans la pofition où l'on vouloit qu'elle fût, pour être frappée. Cette forme fut d'abord faite en quarré, que l'on divifa enfuite en divers lozanges, comme l'on en voit au revers de plufieurs Médailles anciennes, mais tracés très-inégalement, & fans aucune régularité. Depuis on imagina de tirer parti de ces com- partimens, en y gravant différentes repréfentations, ou une Tête ou un poiffon, quelquefois une coquille, ou bien un chiffre dont la fignification étoit fans doute de diftin- guer la Monnoie, & d'en déterminer la valeur. Enfin quand l'art fut porté à fa perfection, cette forme quarrée & ces compartimens difparurent, & l'on vint à bout de graver également des objets différens fur chaque côté de la Médaille.

encore une grande partie d'un Théâtre, bien fait pour donner une idée de son antique magnificence. Pour *Naxos*, il n'en exiſte plus le moindre veſtige ; quelques Perſonnes ſont même aſſez portées à croire que ces Médailles-ci appartiennent plutôt à l'Iſle même de *Naxos* dans la Grèce, mais ce doute eſt détruit par une obſervation que nous trouvons dans l'Ouvrage de M. *de Torremuzza*, & qui ſemble décider la queſtion, au moins pour quelques-unes de ces anciennes Monnoies. On peut en remarquer une ſur laquelle, indépendamment du nom de la Ville ΝΑΞΙΩΝ, on lit encore celui du Fleuve ΑΣΣΙΝΟΣ ; cette Médaille, qui eſt fort petite, ſe trouve placée dans un des côtés au bas de cette Planche. Ce nom d'*Aſſinos* étoit celui d'un Fleuve qui coule dans le Territoire de l'ancienne Ville de *Naxos*, & eſt aujourd'hui appellé dans le pays *Fiume Freddo*. La Médaille qui eſt très-rare eſt d'argent, & eſt conſervée dans le *Muſeum* du Couvent de St.-Martin près de *Palerme*. Elle préſente d'un côté un Faune aſſis & tenant une coupe, & de l'autre une Tête inconnue avec le nom en queſtion ΑΣΣΙΝΟΣ.

Ces Médailles de *Naxos*, qui ſont en général de la plus grande beauté, préſentent preſque toutes, ainſi que celles de *Taorminum*, que nous avons réunies dans le même Fleuron, des feuilles de vigne & des grappes de raiſin, pour indiquer ſans doute un terrein très-fertile & qui produiſoit d'excellent vin, comme il en produit encore (1).

Quelques Médailles de *Taorminum*, portent pour empreinte une Tête d'*Apollon*, avec le nom d'ΑΡΚΑΓΕΤΑΣ, *Dux*, *Conducteur*, ce qui pourroit déſigner le culte que les hommes devoient rendre au Père de la lumière. Quant à la figure du Minotaure ou Bœuf à face humaine que l'on voit au revers, l'on s'accorde à penſer que cet emblême étoit pris chez les Anciens pour ſignifier un Fleuve ; en conſéquence ce ſeroit ici le Fleuve *Onobla*, aujourd'hui *Cantara*, ou bien une autre Rivière appellée *Fiume Freddo*, qui toutes deux entourent & fertiliſent le Territoire de *Taormine*.

TROISIÈME CHAPIRTRE.

CATANE.

LES Hiſtoriens de la Sicile s'accordent à donner à la Ville de *Catane* une origine commune à celle de *Naxos* : il paroit que ſes Habitans adoptèrent, ainſi que ceux de *Naxos*, le même culte & la même vénération pour *Bacchus*, puiſque ſur un grand nombre de ſes anciennes Médailles, on retrouve non-ſeulement la Tête de ce Dieu couronnée de lierre, mais encore celle de ſon compagnon *Silène*, & ſur pluſieurs de ſes revers, la repréſentation d'un char attelé de Tigres, tel que les Anciens repréſentoient ceux des Bacchantes.

Parmi un grand nombre des Médailles de *Catane*, toutes d'un très-grand module

---

(1) C'eſt dans cette idée & pour rappeller les diverſes productions de la Sicile, ainſi que ſon extrème fertilité, que l'on avoit penſé d'entourer & d'orner les Planches de ces Médailles ou avec des branches de vigne, ou des gerbes & des épis de bled, mais ayant obſervé que ces divers ajuſtemens ne faiſoient qu'embarraſſer & nuire à l'effet des Médailles, nous avons pris le parti de les ſupprimer entièrement, & de donner les Médailles ſeules & ſans aucun ornement.

&

& d'une beauté exquife, qui repréfentent au revers d'une Tête d'*Apollon*, un Quadrige & une Victoire qui apporte une palme au Vainqueur pour prix de la courfe, l'on doit en remarquer une beaucoup plus rare que les autres & également belle, fur laquelle, entre autres fingularités, l'on apperçoit écrit fur une efpèce de pavillon ou drapeau volant que foutient la Victoire, les caractères grecs ΕΤΛΟ, qui forment le commencement du mot ΕΤΛΟΓΙΑ : c'étoit comme le cri de triomphe & de la victoire avec lequel les Grecs annonçoient au Vainqueur qu'il avoit remporté le prix de la courfe.

L'on retrouve encore fur plufieurs Médailles de *Catane* l'empreinte des Divinités généralement révérées dans la Sicile, telles que *Cérès*, *Proferpine*, *Hercule*, *Apollon*, &c. Mais un fujet particulier aux Médailles de cette Ville, & que l'on y doit voir avec plaifir, eft celui qui repréfente la belle action de deux de fes anciens Habitans *Amphinomus* & *Anapus*, qui dans une éruption de l'*Etna*, abandonnant tout ce qu'ils pouvoient poffèder de plus précieux, emportèrent leurs pères, caffés de vieilleffe, & les fauvèrent ainfi de l'embrâfement général.

QUATRIÈME CHAPITRE.

HYBLA, ÆTNAION, ADRANUM & MORGANTIA.

PRÈS de *Catane*, en fuivant les bords de l'*Etna*, il y avoit autrefois une Ville appellée *Hybla*, nom anciennement donné à trois Villes différentes de la Sicile ; celle-ci, défignée par le nom d'*Hybla major*, un autre *Hybla* que l'on diftinguoit par le furnom de *minor* qui étoit voifine de *Gela*, & il y en avoit encore une troifième appellée *Hybla parva* ou *Megara*, fituée près de *Syracufe*. Nous connoiffons quatre Médailles de cette *Hybla major*, aujourd'hui *Paterno*, qui font gravées dans le Fleuron du Chapitre quatrième. La première qui a été donnée par M. *Pelerin*, porte d'un côté une Tête voilée, ornée d'une couronne murale : au revers, l'on voit une Femme qui tient une amphore ou vafe fort allongé & terminé en pointe ; à fes genoux eft un Chien qui la careffe, & pour Infcription ΤΒΛΑΣ ΜΕΓΑΛΑΣ. Les autres Médailles de cette ancienne Ville fe reffemblent à peu de différence près ; mais ce qui les caractérife le plus, c'eft la figure d'une Abeille repréfentée derrière la Tête de la Déeffe, & qui fuffit pour rappeller le fouvenir de ce miel d'*Hybla*, fi vanté & fi recherché dans l'antiquité.

L'ancienne Ville d'*Ætnaion* devoit être, fuivant *Strabon*, fituée au pied de l'*Etna*, à quatre-vingt ftades de *Catane*, près d'un lieu où eft aujourd'hui un Hofpice de Bénédictins, appellé *Santa Maria di Licodia*. Quant à fes Médailles, elles font peu intéreffantes, & en très-petit nombre ; elles portent prefque toutes une Tête de *Cérès* couronnée d'épis, & au revers une Corne d'abondance, emblême de la fertilité du pays où elle étoit fituée.

En fuivant la bafe de l'*Etna*, l'on rencontre les ruines de l'antique *Adranum*, Ville anciennement bâtie dans le lieu où eft aujourd'hui la petite Ville d'*Aderno*, ainfi que nous l'avons dit en donnant une petite Vue des débris d'un Temple célèbre qui y étoit élevé au Dieu *Mars*. Auffi fur le plus grand nombre des Médailles d'*Adranum* y voit-on une Tête de *Mars* cafquée, & un Chien fur le revers (1) ; quelques-unes portent une Tête d'*Apollon*, & fur l'autre face une Lyre avec l'Infcription ΑΔΡΑΝΙΤΑΝ.

Plus vers le midi, entre *Catane* & *Leontium*, une des plus anciennes Villes de la Sicile étoit celle de *Morgantia* ou *Morgantium*. Un petit Bourg appellé *Murgo* dans le même lieu où étoit la Ville antique, a encore confervé un nom qui y a beaucoup de rapport. Le peu de Médailles que l'on en connoît, indiquent par leur beauté l'état de perfection où les arts y avoient été portés autrefois. Deux des plus rares, & toutes deux également belles, repréfentent d'un côté une Tête de *Pallas*, & de l'autre un Lion avec un Serpent. Celles-ci font en bronze. D'autres plus petites en argent, portent une Tête d'*Apollon* d'un côté, & au revers un Aigle qui mange un ferpent, ou la figure d'une Victoire affife, ou bien encore un Epi de bled au revers d'une Tête de Vieillard; toutes ces Médailles font d'un deffin pur & correct, & avec la même Infcription ΜΟΡΓΑΝΤΙΩΝ.

CINQUIÈME CHAPITRE.

AGYRIUM, ASSORO, CENTORBI & ENNA.

En avançant davantage dans l'intérieur de la Sicile, l'on arrive à *San-Philippe* d'*Argyro*, anciennement nommée *Agyrium*, & en grec ΑΓΓΡΙΝΑΙΩΝ. Cette ancienne Ville d'*Agyrium*, connue autrefois pour avoir été la patrie de l'Hiftorien *Diodore* de Sicile, étoit encore célèbre par le culte & les honneurs qu'elle décerna à *Hercule*, & à *Yolaus* fon neveu, en reconnoiffance des grands fervices que l'un & l'autre rendirent à fes Habitans. Effectivement fur prefque toutes les Médailles d'*Agyrium*, on reconnoit la figure d'*Hercule* avec quelques-uns de fes attributs, ou bien celle d'*Yolaus* couronné par un Génie. Telles font les deux premières qui fe préfentent fur ce Fleuron, toutes deux d'une grande rareté. Dans l'une, on voit une Tête d'*Hercule* jeune, & au revers, un Chien qui dévore un chevreau, & pour Infcription ΑΓΓΡΙΝΑΙΩ. Sur l'autre Médaille, c'eft également la Tête de ce demi-Dieu coëffée de la peau d'un Lion, & au revers, un Bœuf à face humaine, qui devoit être, comme nous l'avons déja dit, & fuivant le fentiment de plufieurs Antiquaires, l'emblême de quelque Fleuve divinifé. Deux autres Médailles d'*Agyrium* portent d'un côté une belle Tête de *Jupiter*, & au revers, cet *Yolaus* ou *Hercule* lui-même qu'une Victoire, ou un Génie, vient couronner comme la Divinité tutélaire de la Ville.

A peu de diftance d'*Argyro*, il y avoit une autre Ville appellée *Afforum*, qui eft remplacée aujourd'hui par un Bourg nommé *Afaro*. Ses Médailles font en très-petit nombre & fort rares; l'une des deux devient fur-tout intéreffante à caufe de la repréfentation

---

(1) Nous avons vu, en parlant de ce Temple de *Mars* à *Adranum*, les raifons que quelques Antiquaires croyent devoir nous donner de la repréfentation d'un Chien fur les Médailles de cette Ville. *Ch. IV, pag. 108.*

du Fleuve *Cryfas*, qui y eft gravé avec le nom du Fleuve à côté, & par le rapport que l'on y apperçoit avec un paffage de *Cicéron* où il eft fait mention d'un Fleuve qui couloit près d'*Affore*, c'eft celui que l'on appelle aujourd'hui *Dittaiano*. » Les Habitans d'*Afforum* » dit *Cicéron*, avoient fait un Dieu de leur Fleuve, & lui avoient élevé un Temple près » du chemin par où l'on va d'*Afforo* à *Enna*. Le culte de ce Dieu étoit fort révéré dans » le pays, & fon Temple étoit orné d'une fuperbe Statue en marbre, qui repréfentoit » le Fleuve *Cryfas* « (1).

Il ne refteroit que le doute de favoir fi la Médaille en queftion eft bien certaine, car enfin le nom de *Cryfas* écrit en caractères latins, fur une Médaille Grecque, doit être regardé au moins comme une chofe fort extraordinaire.

Les Médailles de la Ville de *Centorbi*, autrefois nommée par les Romains *Centuripa*, & par les Grecs ΚΕΝΤΟΡΙΠΙΝΩΝ, portent prefque toutes pour empreinte les Têtes de *Jupiter* & d'*Apollon*, & au revers divers attributs de ces Divinités ; une feule nous paroît mériter quelque intérêt de plus, en ce qu'elle porte pour revers la repréfentation d'une Charrue, qui doit être regardée comme le fymbole & l'emblême de l'Agriculture, & de la fertilité du pays.

Aucune Ville de la Sicile ne rappelle fur fes Médailles le fouvenir & l'idée de cette prodigieufe fertilité qui a exifté de tout temps dans cette partie de l'Ifle, comme celle de l'antique *Enna* ou *Henna*, remplacée aujourd'hui par la petite Ville de *Caftro Giovani*. Nous avons vu dans le cours de notre Voyage que cette ancienne *Enna* étoit particulièrement confacrée à *Cérès*, qu'elle y avoit un Temple qui fut célèbre dans toute l'antiquité, & que, fuivant l'opinion univerfelle, c'étoit le lieu où cette Divinité avoit donné aux hommes les premières leçons de l'Agriculture : auffi fur prefque toutes les Médailles d'*Enna*, voyons-nous le nom & l'empreinte d'une Tête de *Cérès* couronnée d'épis, & au revers d'autres Epis de bled avec une torche ou brandon allumé, pour faire allufion aux flambeaux que *Cérès* alluma fur le Mont *Etna* pour aller chercher *Proferpine*.

Toutes ces anciennes Médailles font en bronze, & ont été frappées par des Grecs, ce qu'il eft aifé de voir par l'Infcription & le nom ΔΑΜΑΤΗΡ, que l'on voit joint à celui d'*Enna*, & qui étoit le furnom que les Grecs donnoient à *Cérès* : une ou deux de ces Médailles, d'un plus grand module que les autres, paroiffent Romaines, à en juger par l'Infcription latine qui y eft gravée : l'on y voit également une Tête de *Cérès*, avec des Epis de bled & le flambeau : la Déeffe eft voilée, & autour de la Tête on lit : L. MUNATIUS & M. CESTIUS, qui furent élus *Duumvirs* de la Ville d'*Enna*. Le revers repréfente le Char de *Neptune*, qui enlève *Proferpine*, & l'on voit par l'Epigraphe MUN. HENNA, *Municipium Enna*, que fes Habitans avoient alors obtenu le droit de Bourgeoifie, & qu'ils avoient le titre de Citoyens Romains.

---

(1) *Cryfas eft amnis qui per Afforinorum agros fluit. Is apud illos habetur Deus, & religione maxima colitur. Fanum ejus eft in agro propter ipfam viam qua Afforo itur Ennam. In eo Chryfa eft fimulacrum praclare factum è marmore, &c.*

Cic. in Verrem, c. XLIV.

SIXIÈME CHAPITRE.

Hymera, Termini, Solunte & Palerme.

Parmi les Médailles de l'ancienne *Hymera*, qui font en très-grand nombre, on diſtingue particulièrement celles fur leſquelles l'on voit la Ville même d'*Hymera*, ſous l'emblême d'une Femme, qui verfe de l'encens fur un Autel allumé, & offrant un Sacrifice. Sur un plan plus éloigné, l'on apperçoit une figure de Faune ou de Satyre qui fe lave à une Fontaine, & en reçoit les eaux que l'on voit fortir par une Tête de Lion ; allufion bien précife à l'abondance des eaux thermales qui exiſtent dans les environs d'*Hymera* & qui ont été célèbres dans toute l'antiquité.

Plufieurs Médailles de *Thermini* offrent une allufion à-peu-près femblable, en préfentant au revers d'une Tête d'*Hercule*, les trois Nymphes, qui, fuivant la Fable, s'empreſsèrent de recevoir ce Dieu dans fon voyage de Sicile, & de le fervir aux bains.

Une des plus curieufes & des plus rares en même-temps parmi les Médailles de *Thermini*, eſt celle fur laquelle on voit un Vieillard appuyé fur un bâton, & ayant un Livre à la main, & pour Infcription ΘΕΡΜΙΤΩΝ ΙΜΕΡΑΙΩΝ. M. *de Torremuʒʒa* penfe que ce Vieillard pourroit être le Poëte célèbre *Steficore*, qui étoit originaire d'*Hymera*, & dont *Cicéron* fait mention dans fon Oraifon contre *Verrès*, comme d'un des hommes qui avoit fait le plus d'honneur à la Sicile par fes Ouvrages (1).

Quelques Médailles de bronze de *Solentum*, font tout ce qui exiſte aujourd'hui de cette Ville, une des plus anciennes de la Sicile ; elles portent d'un côté une Tête d'*Hercule* ou de *Mars*, avec l'Infcription COΛONTINON, & au revers une efpèce de Poiſſon de mer entre plufieurs globes ou boules, dont le nombre indiquoit fans doute la valeur de la Monnoie. La forme des lettres de l'Infcription grecque, donne à M. *de Torremuʒʒa* lieu d'obferver que cette Ville devoit être extrêmement ancienne, attendu que ce fut *Simonides*, Poëte célèbre & contemporain de *Gelon*, Tyran de *Syracufe*, qui introduifit dans l'alphabet des Grecs le Σ *figma*, à la place de celui dont on s'étoit fervi jufqu'à cette époque, & qui avoit la forme d'un C (2).

L'ancien nom de *Palerme* étoit, comme on le voit par les Médailles de cette Ville, *Panormos* ; on le trouve indiqué ou par ces lettres du nom ΠΑΝΟΡ, ou par ce fimple monogramme ⋈ ou ⋈P. Ces Médailles de *Palerme* font en affez grand nombre & ne font point très-rares. L'on apperçoit fur plufieurs le fymbole de la *Trinacrie*, qui fut, à ce qu'il paroît, particulièrement adopté par cette Ville ; elles ne préfentent d'ailleurs rien de remarquable dans les divers emblêmes qui y ont été gravés à différentes époques ; fi ce n'eſt, comme fur un très-grand nombre des Médailles de Sicile, ce qui caractérifoit la fertilité du pays, des épis de bled, des feuilles de vigne, ou des grappes de raifin.

A des époques moins anciennes, & depuis la domination des Romains, l'on retrouve

---

(1) Voyez le Difcours Préliminaire de ce Volume, pag. xij.

(2) Voyez à l'article de ce Voyage où il eſt queſtion de *Solentum*, Ch. VI, pag. 156.

fur plufieurs Médailles de *Palerme* le nom d'*Augufte* avec la Tête de *Livie*, femme de cet Empereur, fous l'emblême d'une *Cérès*, forte d'adulation & de flatterie avec laquelle les Palermitains cherchoient fans doute à plaire à *Augufte*, en fe mettant fous la protection particulière de cette Impératrice (1).

SEPTIÈME CHAPITRE.

ICCARA, IAETAS, ENTELLA & SEGESTE.

Nous avons vu, en paffant près de *Carini*, au feptième Chapitre de ce Voyage, la fituation de cette ancienne Ville d'*Iccara*, patrie de la célèbre Courtifanne *Lays*; à peine en peut-on diftinguer aujourd'hui le plus petit veftige, & il eft même incertain fi la Ville de *Carini* lui doit fon origine, comme le penfent quelques Antiquaires. Mais ce qui feul a furvécu aux Marbres & aux Monumens les plus durables, eft une feule petite Médaille de bronze, fur laquelle l'on voit d'un côté la Tête vénérable d'un Vieillard, avec l'Infcription ικαρ, & de l'autre, un Chien & deux globules, figne ordinaire, comme nous l'avons dit, avec lequel on indiquoit le poids ou la valeur des Monnoies.

La Ville d'*Iaetas*, ιαιτινων, fituée à peu de diftance d'*Iccara*, & près du Bourg moderne appellé *Calatafimi*, eft dans le même cas, & l'on n'en conferve que très-peu de Médailles. Les unes portent la figure d'un Soldat armé d'une maffue, au revers d'une Tête de *Jupiter*; & fur quelques autres l'on retrouve ce fymbole fingulier, qui défignoit autrefois la Sicile.

A quelques milles plus loin, & defcendant vers le midi, l'on rencontre un Mont fort ifolé, & placé dans le centre du *Val di Mazzara*. Ce Mont s'appelle *Rocca di Antella*, & conferve encore le nom de l'ancienne Ville d'*Entella*, qui étoit fituée fur ce Rocher efcarpé. Plufieurs de fes Médailles annoncent par les emblêmes qui y font repréfentés la pofition de cette Ville au milieu d'un territoire gras & fertile. Tels font différentes Cornes d'abondance, ou des grappes de raifin entourées d'épis de bled.

. . . . .Largoque virens Entella Lyæo.

Silius Italicus.

Mais la plus curieufe de ces Médailles, rapportée par M. *de Torremuzza*, & qu'il conferve dans fa Collection, eft celle qui porte d'un côté une Tête de *Cérès*, & de l'autre un Pegafe aîlé. Outre l'Infcription grecque εντελλας, on lit fur le revers celle de καμπανων, *Entella Campanorum*. Ce dernier nom ajoute une grande curiofité à cette Médaille, en ce qu'elle rappelle un trait d'hiftoire rapporté par *Diodore*, L. xiv, Ch. ix. Des Soldats Campaniens que *Denys*, Tyran de *Syracufe*, avoit appellés en Sicile, mécontents de ce qu'il ne leur tenoit point les paroles qu'il leur avoit données, le quittèrent & vinrent demander aux Habitans d'*Entella* de les recevoir dans leur Ville.

_____

(1) Voyez à l'article de *Palerme*, Ch. VI, pag. 154.

Cette grace leur fut accordée ; mais ces traîtres Campaniens abusèrent horriblement de l'hofpitalité qu'on leur avoit donnée, & dans une feule nuit égorgèrent tous les Habitans, à la réferve des enfans & des femmes qu'ils époufèrent. L'Hiftorien ajoute que dans la crainte du reffentiment de *Denys*, ces Barbares firent alliance avec les Carthaginois ; mais quelques années après, *Timoléon*, le plus jufte & un des plus grands-hommes qui ait gouverné la Sicile, fit punir de mort les principaux auteurs de cette affreufe trahifon, & donna la liberté aux autres.

L'une des Villes dont on voit le plus de Médailles gravées fur cette Planche, eft la fameufe *Segefte*, ou *Egefte* ou *Sagefte*, car elle eft également connue fous ces trois noms dans l'antiquité. Nous avons deja, en parlant de cette ancienne Ville, donné deux de fes plus belles Médailles (I), & nous réuniffons encore ici une partie de celles que l'on regarde comme les plus rares & les plus curieufes. L'on voit fur plufieurs la repréfentation d'un Combat de Lutteurs, fuivant au moins le fentiment affez général des Antiquaires, qui ne font aucun doute que ce ne foit le Combat d'*Hercule* & d'*Erix*, dont il eft parlé dans la fable.

C'eft également la fable qui leur fournit l'explication de l'emblême du Chien, ainfi que le nom de la Nymphe *Egefta* abandonnée par fon père fur les Côtes de la Sicile, & dont ils voyent la Tête gravée fur un grand nombre des Médailles de *Segefte*. Toutes ces vieilles fables nous paroiffent au fond d'un très-léger intérêt, & nous ne nous y arrêterons pas davantage.

HUITIÈME CHAPITRE.

Erix, Drepanum, Motya, Lilibée & Selinunte.

Aucun Monument ne fut plus connu, & n'eut plus de célébrité chez les Anciens que le Temple de *Vénus* élevé fur le Mont *Erix* en Sicile. Nous avons vu, en parlant de ce lieu, la vénération que les Romains fur-tout avoient pour ce Temple de *Vénus*, dont ils voulurent avoir une repréfentation à *Rome* même, en y faifant conftruire près de la petite Colline un Edifice femblable, & dédié à *Vénus Erycine*, ainfi qu'il eft prouvé par ce paffage d'*Ovide*.

> Templa frequentari Collinæ proxima portæ
> Nunc decet, à Siculo nomina colle tenet.

Ce fut fans doute à cette vénération particulière que nous devons la précieufe Médaille d'*Erix* que l'on voit gravée à la tête de ce Fleuron. Elle porte d'un côté la Tête de *Vénus* couronnée de myrthe, & de l'autre, un Temple élevé fur une Montagne entourée de Tours & de Fortifications, avec le nom ERUC. Autour de la Tête de la Déeffe eft écrit C. CONSIDI. NONIANI, & enfuite S. C., ce qui prouve que ce fut fans doute par un

---

(1) Voyez Chap. VII, pag. 167.

ordre du Sénat que ce *Caius Confidius Nonianus* fit frapper la Médaille dont nous parlons. Il y a tout lieu de croire qu'il avoit été envoyé en Sicile à la tête de la Colonie Romaine qui étoit établie à *Erix*, qu'il fut chargé vraisemblablement de faire rétablir le Temple de *Vénus*, dégradé par son extrême vetusté, & que l'on frappa alors cette Médaille que nous regardons comme infiniment curieuse.

Sur quelques autres Médailles d'*Erix*, l'on voit la Déesse elle-même tenant une Colombe sur une main, ou bien un Crabe ou Ecrevisse de mer, & de l'autre côté un Aigle, emblêmes qui peuvent désigner la position fort élevée de cette Ville, située d'ailleurs sur le bord de la mer, & que nous voyons adoptées par beaucoup de Villes de l'antiquité.

Celles de l'ancienne *Lilibée*, remplacée aujourd'hui par la Ville de *Marsalla*, ne présentent rien qui mérite de nous y arrêter, non plus que les Médailles de *Drepanum* & de *Motya*, qui sont fort rares & en très-petit nombre. Cette belle Tête d'*Apollon* sur une des Médailles de *Lilibée* avec une Lyre pour revers, ainsi que le Sphinx & le Trépied entouré d'un Serpent que l'on voit sur quelques autres, & qui sont autant d'attributs connus de ce Dieu, ne sauroient indiquer autre chose sinon que cette Ville devoit être sous la protection particulière d'*Apollon*.

Les Médailles de *Selinunte* offrent beaucoup plus d'intérêt, par les rapports qu'elles présentent à des évènemens dont l'histoire fait mention. Un des plus mémorables, suivant *Diodore*, fut une peste cruelle qui ravagea *Selinunte* & tout son Territoire. On lit dans cet Historien, que par des travaux & des saignées qu'*Empedocles* fit faire à ses dépens, pour réunir au Fleuve *Hypsa* les eaux de plusieurs rivières qui inondoient le pays, il vint à bout, en purifiant l'air, de faire cesser la contagion; en reconnoissance de ce service important, les Habitans de *Selinunte* s'empressèrent de rendre à *Empedocles* les honneurs divins (1).

Il paroît que la représentation d'un Sacrifice, tel que nous le voyons sur un grand nombre des Médailles de *Selinunte*, pourroit effectivement avoir rapport à cet évènement, en faisant sur-tout attention aux différens emblêmes qui s'y trouvent réunis, tels qu'un Coq, une Cicogne, & sur quelques-unes le Serpent d'*Esculape*.

Il resteroit à décider si c'est le Philosophe *Empedocles* lui-même qui offre le Sacrifice, & qui, sur quelques-unes de ces Médailles, sembleroit assez indiqué, sous la forme d'un Vieillard couvert d'un manteau; ou bien si ce ne seroit pas plutôt le Fleuve *Hypsa* personnifié, & désigné, à ce que pense le Prince *de Torremuzza*, par une petite Corne qu'on apperçoit sur la Tête du Dieu dans quelques Médailles plus parfaitement conservées; mais c'est peut-être une chose assez indifférente à savoir. Au reste la branche ou feuille de persil que l'on voit sur un grand nombre de ces Médailles, & qui en grec se nomme

(1) *Dum vero Selinuntos ex adjacentis Fluvii fœtore pestis invasisset, adeò ut & uxores partu periclitarentur, excogitasse Empedoclem duos quosdam ex vicinis amnibus proprio sumptu in flumen illud immittere, ut ex commixtione aquæ dulcescerint: ac sedata peste, epulantibus Selinuntiis Empedoclem apparuisse, illi eo conspecto surrexerunt, eique velut Deo divinos honores detulerunt.* Diod. de Sic.

Selinon, femble être comme le cachet & l'emblême le plus connu de cette ancienne Ville. Elle avoit pris fon nom de la plante même du perfil qui croiffoit abondamment dans fon Territoire (1).

NEUVIÈME ET DIXIÈME CHAPITRES.

AGRIGENTE.

AGRIGENTE eft après *Syracufe* celle des Villes de la Sicile dont on connoît un plus grand nombre de Médailles. Leur beauté & leur perfection fuffiroient feules pour nous prouver quelles étoient la puiffance & la richeffe de cette ancienne Ville.

Les Antiquaires accoutumés à voir & à reconnoître fur les Médailles des Villes quelque emblême analogue à leur pofition, & prefque toujours indiqué par la nature, ont voulu trouver dans la fituation d'*Agrigente*, bâtie près de la mer & fur la cime des Rochers, la raifon pour laquelle ils voyoient fur fes Médailles un ou plufieurs Aigles tenant dans leurs ferres un Lièvre ou un Poiffon ; mais fans vouloir les imiter dans ces explications prefque toujours imaginaires, nous nous fommes contentés de choifir dans l'Ouvrage de M. *de Torremuzza* celles de fes Médailles d'*Agrigente* qu'il regarde comme les plus rares & les plus curieufes, & nous en avons formé les deux Fleurons des Chapitres neuf & dix de ce Voyage.

Non-feulement les Agrigentins avoient élevé dans leur Ville des Temples & des Edifices magnifiques en l'honneur des Dieux ; mais nous voyons qu'ils avoient auffi fait frapper des Médailles fur lefquelles font repréfentés les emblêmes reconnus de ces mêmes Divinités, tels que *Jupiter*, *Apollon*, *Hercule*. Nous en remarquons parmi celles de ce genre plufieurs en l'honneur d'*Efculape*, qui avoit également fon Temple à *Agrigente*, N.os 7 & 9, Fleuron du Chapitre dix.

Dans le nombre des différentes Divinités repréfentées fur ces Médailles, l'on doit encore diftinguer celle qui porte une Tête de jeune Homme ceinte d'un bandeau & ayant fur le front deux cornes très-apparentes. M. *de Torremuzza* penfe que ce doit être le Dieu ou Fleuve *Agragas*. Nous avons vu que ce Torrent qui entouroit la Ville d'*Agrigente* & lui avoit donné fon nom, étoit en grande vénération chez les Agrigentins ; & l'on fait que ce culte fut établi dans plufieurs de ces anciennes Villes de la Sicile, pour d'autres Fleuves ou Rivières près defquels ces Villes fe trouvoient fituées.

Mais une de ces Médailles (N°. 11 *idem*) que nous croyons mériter le plus de curiofité, eft celle qui repréfente au revers d'une Tête de *Cérès*, un Philofophe entouré d'un manteau, & dont la forme pauvre & fans nobleffe femble devoir indiquer ce *Gelias*, ce riche & vertueux Citoyen d'*Agrigente*, dont nous avons fait mention, & qui, malgré fa mauvaife mine, n'en étoit pas moins chéri & refpecté de tous fes Concitoyens (2).

---

(1) Voyez Chap. VIII, pag. 183.
(2) Voyez à ce fujet la citation de *Diodore* au Chap. IX, pag. 229.

ONZIÈME

ONZIÈME CHAPITRE.

GELA & les ISLES de MALTE & de GOZZO, anciennement MELITA & GAULOS.

SI les Antiquaires Siciliens ne font pas d'accord entr'eux fur la fituation de l'ancienne Ville de *Gela*, fes Médailles font bien une preuve inconteftable de fon exiftence ; c'eft même une des Villes de Sicile dont on en conferve encore un plus grand nombre. L'on en connoît plus de cinquante différentes, foit en or, en argent ou en bronze, toutes avec cette Infcription ΓΕΛΑΣ ou ΓΕΛΩΙΩΝ très-diftinctement écrite. Sur la plus grande partie de ces Médailles, l'on voit la repréfentation d'un Bœuf avec une tête d'Homme furmontée d'une ou deux cornes très-apparentes, emblême reçu, comme nous venons de l'obferver, chez les Anciens, pour défigner les Fleuves ou Rivières qui couloient près des Villes, & auxquels les Habitans élevoient fouvent des Temples & des Autels. L'on voit encore réunis fur quelques-unes des grains ou des Epis de bled, pour défigner la grande fertilité des campagnes qui entouroient la Ville de *Gela*, & au revers, un Char à deux ou quatre chevaux, avec un Guerrier ou Triomphateur, que les Antiquaires imaginent avoir pu repréfenter *Hieron* & fes victoires dans les Jeux Olympiques.

Les Médailles qui font jointes fur la même Planche, font celles des Ifles de *Malte* & du *Gozzo* ; quoiqu'en général elles foient très-mal frappées, & d'une très-foible exécution, l'on a cru devoir en réunir ici quelques-unes, & d'autant plus que le type de celles de *Malte* fur-tout, peut être regardé comme un des plus finguliers ; auffi les Antiquaires ne font-ils rien moins que d'accord, pour nous en donner l'explication. Il paroît conftant que l'Ifle de *Malte* a été en premier lieu occupée par les Phéniciens, & c'eft d'après les rapports qu'il peut y avoir eu anciennement entre ce Peuple & les Egyptiens, qu'ils s'accordent affez à croire que la Tête gravée fur ces Médailles repréfente peut-être une *Ifis* ou *Ofiris* ; d'autres penfent au contraire que c'eft *Junon* ou la Nymphe *Melita*.

Quant au revers, fur lequel on voit une figure de jeune Homme coëffée d'une efpèce de mitre, avec quatre ailes attachées fur le dos, comme on nous repréfente les Chérubins, rien ne nous paroît plus difficile à expliquer. *Francefco Abela*, dans fa defcription de *Malte*, ne voit cependant aucun embarras à penfer que cette fingulière allégorie doit repréfenter *Mercure*, le Dieu du Commerce, comme étant la Divinité qui devoit être le plus en honneur parmi un Peuple navigateur & commerçant, comme l'ont été les Phéniciens. *Fuit igitur ob hoc fculptus alatus, quoniam fic debent effe mercatores, id eft folliciti, diligentes & alacres* (1).

DOUZIÈME ET TREIZIÈME CHAPITRES.

SYRACUSE.

L'ON feroit un Volume des Médailles feules de *Syracufe*, fi l'on vouloit ou les donner

---

(1) *Fr. Abela Melit. illuft.* pag. 135.

toutes, ou entrer dans tous les détails de celles que l'on connoît. Indépendamment de leur nombre, qui dans quelques Auteurs, tels que *Paruta* & *Havercamp*, va au-delà de quatre cents, l'on peut dire que c'est une des Villes grecques de l'antiquité, dont les Médailles préfentent le plus d'intérêt & de curiofité, foit pour la beauté & le grand caractère des Têtes, foit pour l'élégance & la variété des revers, foit encore par le mérite & la pureté de l'exécution.

Sans en donner une auffi grande quantité que les Auteurs que nous venons de nommer, M. *de Torremuzza* en réunit cependant dans fon Ouvrage plus de trois cents différentes, dont trente-fix font en or, & cent foixante-trois en argent ; le refte eft en bronze, & prefque toutes également bien frappées. Nous n'avons pu prendre dans cette multitude de Médailles que ce qui nous en étoit néceffaire pour former les Fleurons des deux Chapitres de la defcription de *Syracufe*, en nous attachant feulement à faire le choix de celles qui nous ont paru les plus curieufes.

Telle eft celle qui fe préfente fur la première de ces Tables, N°. 9. Elle eft en or, & d'un module confidérable pour la grandeur, ce qui ajoute à fa rareté. On y voit, comme fur un grand nombre des Médailles de *Syracufe*, d'un côté une Tête de Femme, que l'on croit être celle de la Nymphe *Arethufe*, en fi grande vénération chez les Syracufains ; & de l'autre un Quadrige conduit par un Guerrier ou un Triomphateur ; au-deffus eft en petit, le figne connu de la *Trinacrie*, & pour Exergue en caractères grecs, on lit le nom de *Syracufe*, ΣΥΡΑΚΟΣΙΩΝ. Plufieurs de ces Médailles, telles que celles qui font gravées, N.ᵒˢ 12 & 14, également en or, n'ont d'autre différence que la grandeur du module, & repréfentent de même cette Nymphe *Arethufe*, foit de face ou de profil, & au revers un Bige ou Quadrige.

Mais les plus parfaites, & que l'on peut regarder comme formant autant de fuperbes Médaillons, font en argent ; telle eft celle qui fe trouve gravée au N°. 5 ; c'eft toujours la même Tête de la Nymphe *Arethufe*, ainfi qu'il paroît prouvé par le nom même ΑΡΕΘΟΣΑ, gravé au-deffus d'une de ces Têtes, N°. 7. Quant aux Poiffons que l'on apperçoit fur un grand nombre des Médailles de *Syracufe*, il eft affez vraifemblable qu'ils y ont été ajoutés pour faire allufion à ces Poiffons confacrés à *Diane*, dont la Fontaine d'*Arethufe* étoit remplie, & auxquels il étoit défendu de toucher.

Dans le nombre des Divinités que l'on voit repréfentées fur les Médailles de *Syracufe*, une de celles que l'on y rencontre le plus fouvent, eft *Diane*, que la Fable nous a défignée comme la Déeffe tutélaire de cette ancienne Ville. Souvent elle eft repréfentée au revers d'une Tête d'*Apollon* (N°. 6) avec ce mot ΣΩΤΕΙΡΑ, *Servatrix*, pour défigner que *Syracufe* fe regardoit comme étant fous fa protection particulière. Sur d'autres, nous voyons cette Déeffe dans l'action même de chaffer, ou de lancer une flèche, ayant un chien courant à fes pieds, comme au N°. 1.

Jupiter, Mars, Neptune & *Minerve*, ainfi qu'*Hercule*, font les autres Divinités dont on voit le plus ordinairement les empreintes gravées fur beaucoup de ces Médailles ; voyez les N.ᵒˢ 3, 8, 13, 19, 37, &c. Sur quelques-unes *Hercule* y eft repréfenté ferrant ou étouffant un Lion entre fes bras, ainfi que nous l'avons vu dans les Médailles d'*Heraclée*, & ici, N.ºs 15 & 17.

Il paroît au refte que le culte des Egyptiens avoit été auffi adopté par les Syracufains, ainfi qu'il y a lieu de le préfumer par le N°. 32, qui, au revers d'une Tête de *Jupiter*, repréfente une Femme tenant un fiftre dans une main, & coëffée comme font fouvent les Divinités Egyptiennes. Cette Médaille, qui eft en bronze, eft fort rare, & appartient à M. *de Torremuzza*.

Nous n'étendrons pas davantage cette courte Notice fur les Médailles de *Syracufe*; ces fortes d'explications nous paroiffant prefque toujours fort hazardées : elles le font encore bien plus lorfqu'elles portent fur des empreintes remarquables par leur bizarrerie & leur fingularité, telles que les N.ºs 36 & 38. M. *de Torremuzza* les cite dans fon Ouvrage, Pl. LXXXIV, comme les ayant vues, l'une dans le Cabinet *Lucchefi* à *Agrigente*, & l'autre dans le *Mufeum* de l'Abbaye de Saint-Martin près *Palerme*.

QUATORZIÈME CHAPITRE.

CAMARINA, MEGARA & LEONTIUM.

L'ANCIENNE Ville de *Camarina*, dont on voit encore quelques veftiges exiftants, étoit fituée fur la Côte méridionale de la Sicile, entre *Terra Nuova*, dont nous avons parlé dans le onzième Chapitre, & le lieu aujourd'hui nommé *Santa Croce*, près d'une petite Rivière, qui conferve même encore le nom de *Camarina*; à en juger par la beauté & la perfection des Médailles de cette ancienne Ville, elle doit avoir été une des plus riches & des plus puiffantes de la Sicile. Ses Médailles font même en affez grand nombre, & plufieurs d'un très-grand module. M. *de Torremuzza* en réunit vingt-une en argent, & dix en bronze.

Hercule étoit fans doute le Dieu le plus en vénération chez les anciens Habitans de *Camarina*; il eft repréfenté fur un grand nombre de leurs Médailles dans différens âges, & toujours coëffé de la peau d'un Lion, avec une crinière formidable. On voit au revers un Guerrier conduifant un Char, avec une Victoire aîlée, qui vient le couronner : au-deffous du Char, & en place de l'Exergue, on apperçoit un Cigne, & à quelques-unes deux Vafes, d'une forme allongée; efpèce de Vafes, à deux anfes, qui fervoient à mettre du vin, & appellés par les Anciens *Hydria* ou *Diota*. Il doit être fort difficile de déterminer ce qu'ont pu fignifier ces deux Vafes, mis ainfi à côté l'un de l'autre : feroit-ce pour indiquer la fituation de la Ville entre deux Rivières, ou plutôt, ce que nous ferions affez portés à croire, l'indication d'une de ces Manufactures de Vafes d'argille, fort en ufage anciennement, & qui exiftoit peut-être alors dans cette Ville ?

Deux de ces Médailles de *Camarina* portent pour empreinte une Tête de Fleuve, défignée, comme nous l'avons remarqué plufieurs fois, par une ou deux cornes fur le front. Celui-ci étoit le Fleuve *Hyparis*, ainfi qu'il eft écrit fur la Médaille même ΙΠΠΑΡΙΣ. Le revers repréfente la Fable ou l'Enlevement de *Leda* par *Jupiter*, fous la forme d'un Cigne, avec le nom de la Ville ΚΑΜΑΡΙΝΑ. Le même type eft repréfenté fur plufieurs autres de ces anciennes Médailles, sous des formes différentes, mais toujours avec grace & élégance. Quelques autres portent une Tête de *Minerve* ou *Pallas*, & au revers une Chouette ou un Hibou, tenant dans ses serres un Lézard.

La Ville de *Megara*, dont l'on voit encore plusieurs Médailles gravées sur la même Planche, étoit située sur la Côte orientale de la Sicile, près du lieu où l'on a construit la Ville moderne d'*Augusta*, un peu au-dessus de *Syracuse*. La Tête représentée sur la première de ces Médailles, devoit vraisemblablement indiquer un Fleuve qui couloit dans les environs de *Megare*, & que M. *de Torremuzza* pense être la petite Rivière *Cantara*, autrefois nommée *Alabus*. Sur le revers est l'Oiseau de *Minerve*, & pour Inscription on lit ΜΕΓΑΡΑ, le nom de la Ville.

M. *Pelerin* nous en a fait connoître une, qui, au revers d'une Tête d'*Apollon*, présente la figure de ce même Fleuve *Alabus*, sous la forme d'un Taureau à face humaine, avec les lettres initiales du nom de *Megara*, ΜΕΓΑ. Il en est de même de deux autres petites fort curieuses, dont l'une rappelle l'excellence du miel d'*Hybla Megara*, par la représentation d'une Abeille, avec ces deux seules lettres ΜΕ. Et l'autre entre deux Poissons, les quatre lettres ΜΕΓΑ; & au revers, à ce que l'on peut croire, une Poupe ou partie d'un Vaisseau.

Nous terminerons cette description des Médailles de la Sicile, par dire encore un mot de celles de *Leontium*, une de ses Villes les plus célèbres, & qui conserve encore à-peu-près son ancien nom, sous celui de *Lentini*; presque toutes portent pour empreinte la figure d'un Lion ou en entier ou le plus ordinairement la Tête seule de l'animal. L'on voit aussi sur presque toutes des grains de bled, qui environnent la tête du Lion, emblême bien naturel de la fécondité & de l'abondance des Plaines de *Leontium*, qui forment encore aujourd'hui une des parties les plus fertiles de la Sicile. L'Inscription de toutes ces Médailles est ΛΕΟΝΤΙΝΟΝ.

Cette abondance, cette étonnante fertilité des Champs Léontins est encore désignée sur beaucoup d'autres Médailles de la même Ville, soit par la Tête même de *Cérès*, soit par des gerbes entières, ou plusieurs Epis de bled grouppés & liés ensemble.

Mais aucune de ces Médailles ne nous a paru être aussi précieuse que celle sur laquelle on voit au revers d'une Tête d'*Apollon* la figure d'un Cigne, & pour Inscription ΛΕΟ. ΓΟΡΓΙΑΣ, que l'on doit expliquer ainsi: *à Gorgias le Leontin*. Nous avons vu que ce *Gorgias*, qui étoit né à *Leontium*, avoit été un des Orateurs les plus célèbres que la Sicile ait produits, & qu'ayant été envoyé à *Athènes*, pour demander des secours contre les Syracusains, les Athéniens furent tellement charmés de l'éloquence de *Gorgias*, qu'ils lui firent élever une Statue en or (1); cette Statue en or n'existe plus sans doute depuis long-temps, mais cette simple petite Médaille frappée en son honneur, il y a deux mille ans, lui a survécu & devient aujourd'hui du plus grand intérêt; elle est en bronze & se trouve rapportée par plusieurs Auteurs, & entre autres dans le *Tesauro Britannico*, Vol. II, pag. 59.

_____

(1) Voyez pag. XIV du Discours Préliminaire.

MÉMOIRE

MÉMOIRE fur les Tremblemens de Terre de la Calabre ultérieure pendant l'année 1783.

Par M. le Commandeur DEODAT DE DOLOMIEU.

A TEMPESTATE nos vindicant portus ; nimborum vim effufam & fine fine cadentas aquas, tecta propellunt : fugientes non fequitur incendium : adverfus tonitrua, & minas Cœli, fubterraneæ domus, & defoffi in altum fpecus remedia funt. In peftilentia mutare fedes licet. Nullum malum fine effugio eft. Hoc malum latiffime patet, inevitabile avidum, publice noxium. Non enim domos folum, aut familias, aut Urbes fingulas haufit, fed gentes totas, regionefque fubvertit.

Seneq. quefti. natur. Lib. VI.

DE tous les fléaux deftructeurs, les tremblemens de terre font les plus redoutables, & les plus faits pour répandre la terreur & la confternation dans tous les lieux où ils fe font reffentir. La nature en convulfion paroît tendre à fa deftruction & le monde toucher à fa fin. Semblables à la foudre, qui part & nous écrafe, avant que le bruit du tonnerre ait pu nous avertir du danger qui menace nos têtes, les tremblemens de terre ébranlent, renverfent, détruifent, fans que rien puiffe nous indiquer leur approche, & fans que nous ayons le temps de nous fouftraire au péril (1). Les animaux, même les moins intelligens, ont fur nous l'avantage d'avoir le preffentiment de ces fatals évènemens ; leur inftinct, ou leur fens plus délicats, par des impreffions dont nous n'avons pas l'idée, les en avertiffent quelques momens avant, & ils annoncent alors par leurs cris & leur impatience, leurs inquiétudes & leur crainte (2). Un pareil avantage fuffiroit-il toujours à l'homme pour le mettre en fûreté ? Non, la fuite la plus prompte, le bâtiment le plus folide (3), la baraque de bois la plus légère & la moins élevée, toutes les précautions enfin que la prudence humaine peut inventer, ne fauroient lui éviter la mort qui le menace. La terre s'ouvre au milieu de fa courfe & l'engloutit (4) ;

---

(1) La fecouffe deftructive du 5 Février fut fubite, inftantanée ; rien ne la préfagea ; rien ne l'annonça ; elle ébranla & renverfa dans le même moment, elle ne laiffa pas le temps de la fuite.

(2) Le preffentiment des animaux, à l'approche des tremblemens de terre, eft un phénomène fingulier, & qui doit d'autant plus nous furprendre, que nous ne favons pas par quel fens ils le reçoivent. Toutes les efpèces l'éprouvent, fur-tout les chiens, les oyes & les oifeaux de baffe-cour. Les heurlemens des chiens dans les rues de *Meffine* étoient fi forts, qu'on ordonna de les tuer. Pendant les éclypfes de foleil, les animaux témoignent une inquiétude prefque pareille ; au moment de l'éclipfe folaire & annulaire de 1764, les animaux domeftiques parurent agités & jettèrent de grands cris pendant une partie du temps qu'elle dura ; cependant elle ne diminua pas plus la lumière du foleil, que ne l'auroit fait un nuage noir & épais qui l'auroit entièrement couvert : la différence de la chaleur de l'atmofphère ne fut prefque pas fenfible. Quelle impreffion donc put alors avertir les animaux de la nature du corps qui s'interpofoit devant le foleil ? Comment purent-ils deviner que ce n'étoit pas le

même état de chofes, que lorfque le foleil eft fimplement obfcurci par un nuage qui intercepte fa lumière ?

(3) On peut attribuer une partie des malheurs de *Meffine* au peu de folidité des bâtimens ; la ruine de cette Ville étoit préparée depuis long-temps par des tremblemens de terre, qui plufieurs fois depuis 1693 avoient ébranlé & lézardé toutes les maifons, & par le défaut de population & de moyens qui avoient empêché de les réparer. Un Couvent folidement & nouvellement bâti au milieu de la Ville n'a nullement fouffert. Mais en Calabre, rien ne put réfifter à la violence des fecouffes. Le beau Couvent des Bénédictins de *Soriano*, bâti avec autant de magnificence que de folidité après les tremblemens de terre de 1659, a été prefque rafé. Cependant pour lui éviter un fort pareil à celui qu'il avoit éprouvé à cette époque, également fatale pour la Calabre, & où il fut déja renverfé, on donna beaucoup d'épaiffeur & de bafe aux murs, qui furent conftruits avec d'excellens matériaux.

(4) Plufieurs Payfans de la plaine de Calabre, fuyant à travers les campagnes, fe précipitèrent dans les fentes qui fe formoient pour lors dans le fol, & difparurent.

le fol, fur lequel il a placé fon humble cabane, ou fon palais faftueux, s'abîme, ou eft porté à une grande diftance, en éprouvant un bouleverfement total ; une montagne fe détache, & l'accable de fes débris ; les vallées fe refferrent & l'enfeveliffent. La perte entière de fes biens, celle de fa famille & de fes amis, la mort même, ne font pas les plus grands maux que pour lors il ait à craindre. Enterré vif fous les ruines qui fe font amoncelées fur fa tête, fans écrafer la voûte fous laquelle il a cherché un afyle, il eft condamné à mourir de faim & de rage (1), en maudiffant fa famille & fes amis, dont il accufe l'indifférence & la lenteur à venir à fon fecours. Il ne peut croire qu'ils aient éprouvé un malheur femblable au fien (2), il ne fait pas que ceux qui furvivent à cette cataftrophe prefque générale, tentent envain de le retirer du milieu des débris entaffés fur fa tête ; fa voix, fes cris arrivent jufqu'à eux ; l'immenfité des ruines réfifte à leurs efforts, & les empêche de pénétrer jufqu'à lui (3), ils

---

(1) Un quart des victimes du tremblement de terre du 5 Février, qui furent enfévelies vives fous les ruines des Edifices écroulés, auroient furvécu, fi on avoit pu leur porter de prompts fecours. Mais dans un défaftre auffi général, les bras manquoient ; chacun étoit occupé de fes malheurs particuliers, ou de ceux de fa famille ; on ne prenoit aucune part au fort de la perfonne indifférente. On vit dans le même-temps des exemples de tendreffe paternelle & maritale portée jufqu'au dévouement, & des traits de cruauté & d'atrocité qui font frémir. Pendant qu'une mère échevelée, & couverte de fang, venoit demander, à ces ruines encore tremblantes, le fils qu'elle portoit en fuyant entre fes bras, & qui lui avoit été arraché par la chûte d'une pièce de charpente ; pendant qu'un mari affrontoit une mort prefque certaine, pour retrouver une époufe chérie ; on voyoit des monftres fe précipiter au milieu des murs chancelans, braver le danger le plus éminent, fouler aux pieds des hommes moitié enfévelis, qui réclamoient leur fecours, pour aller piller la maifon du riche, & pour fatisfaire une aveugle cupidité. Ils dépouilloient encore vivans des malheureux, qui leur auroient donné les plus fortes récompenfes, s'ils leur avoient tendu une main charitable. J'ai logé à *Poliftena* dans la baraque d'un galant homme, qui fut enterré fous les ruines de fa maifon ; fes jambes en l'air paroiffoient au-deffus. Son domeftique vint lui enlever fes boucles d'argent, & fe fauva enfuite, fans vouloir l'aider à fe dégager. En général tout le bas peuple de la Calabre a montré une dépravation incroyable de mœurs au milieu des horreurs des tremblemens de terre. La plupart des Agriculteurs fe trouvoient en raze campagne, lors de la fecouffe du 5 Février ; ils accoururent auffi-tôt dans les Villes encore fumantes de la pouffière qu'avoit occafionné leur chûte : ils y vinrent, non pour y porter des fecours, aucun fentiment d'humanité ne fe fit entendre chez eux dans ces affreufes circonftances, mais pour y piller.

(2) J'ai parlé à un très-grand nombre de perfonnes qui ont été retirées des ruines, dans les différentes Villes que j'ai vifité ; elles m'ont toutes dit, qu'elles croyoient que leurs maifons feules avoient été renverfées, qu'elles ne pouvoient penfer que la deftruction fût auffi générale, & qu'elles ne concevoient pas comment on tardoit autant à venir leur porter des fecours. Une femme, dans le Bourg de *Cinque Frondi*, fut retrouvée vive le feptième jour. Deux enfans qu'elle avoit auprès d'elle y étoient morts de faim & étoient déja en putréfaction. L'un d'eux, appuyé fur la cuiffe de fa mère, y avoit occafionné une putréfaction femblable. Beaucoup

d'autres perfonnes font reftées trois, quatre & cinq jours enfévelies ; je les ai vu, je leur ai parlé & je leur ai fait exprimer ce qu'elles penfoient dans ces affreux momens. De tous les maux phyfiques, celui dont elles fouffroient le plus, étoit la foif. Le premier befoin que témoignèrent auffi les animaux retirés du milieu des ruines, après un jeûne qui eft allé quelquefois jufqu'à plus de cinquante jours, fut de boire ; ils ne pouvoient s'en raffafier. Plufieurs perfonnes, enterrées vives, fupportèrent leur malheur avec une fermeté dont il n'y a pas d'exemple. Je ne crois même pas que la nature humaine en foit capable, fans un engourdiffement prefque total dans les facultés intellectuell s. Une femme d'*Opido*, âgée de dix-neuf ans, & jolie, étoit pour lors au terme de fa groffeffe, elle refta plus de trente heures fous les ruines, elle en fut retirée par fon mari, & accoucha peu d'heures après, auffi heureufement que fi elle n'eût éprouvé aucun malheur. Je fus accueilli dans fa baraque, & parmi beaucoup de queftions, je lui demandai ce qu'elle penfoit pour lors.... » J'attendois, me répondit-elle «.

(3) Il eft arrivé dans plufieurs Villes, que des parens & des ferviteurs fidèles allant chercher, au milieu des ruines, les perfonnes qui leur étoient chères, entendoient leurs cris, reconnoiffoient leur voix, étoient certains du lieu où ils étoient enfévelis, & fe voyoient dans l'impuiffance de les fecourir. Les débris entaffés réfiftoient à leurs foibles mains, & s'oppofoient aux efforts de leur zèle & de leur tendreffe. C'eft envain qu'ils réclamoient des fecours étrangers ; leurs cris, leurs fanglots n'intéreffoient perfonne. Couchés fur les ruines, on les a vu réduits à invoquer la mort, pour délivrer leurs parens des horreurs de leur fituation, & l'appeller pour eux-mêmes, comme l'unique confolation dans leur douleur. Cet adouciffement dans leurs malheurs leur étoit même refufé, puifque les cris fouterrains fe font quelquefois fait entendre pendant plufieurs jours de fuite.

Des familles entières fe font trouvées enfévelies, fans qu'un feul individu ait échappé ; alors, on paffoit fur les tombeaux qui les renfermoient vivans, on reconnoiffoit leur voix, & leur fort n'arrachoit pas une larme. A *Terra Nova*, quatre Auguftins réfugiés fous une voûte de Sacriftie, qui avoit réfifté au poids immenfe des débris qui s'étoient entaffés au-deffus, firent pendant quatre jours retentir ces ruines de leurs cris ; mais de tout le Couvent, un feul s'étoit fauvé ; que pouvoit-il contre l'immenfité des matériaux qui enfeveliffoient fes Confrères ? Leur voix s'éteignit peu-à-peu, & plufieurs jours après, ces quatre corps furent trouvés fe tenant embraffés.

ne peuvent lui porter la moindre confolation , & il conferve , jufqu'au dernier foupir, l'idée atroce & défefpérante , de n'avoir jamais connu & aimé fur la terre que des monftres & des ingrats. Mais fi le feu joint fes ravages à ceux de la terre ébranlée , à quel nouveau genre de fupplice n'eft-il pas condamné ? L'incendie gagne lentement les charpentes & les bois des Edifices écroulés ; le feu s'approche , & ce feroit envain qu'il renteroit de l'éviter ; il en eft atteint , il éprouve la mort lente & cruelle réfervée aux facriléges & aux régicides (1) , & il maudit avec raifon une deftinée , qui confond l'innocent & le fcélérat.

Tel cependant a été le fort d'une partie des victimes des tremblemens de 1783. Qui peut donc , fans frémir , penfer aux défaftres de la Calabre ? Qui peut d'un œil fec parcourir un des plus beaux pays de la nature , fur lequel les tremblemens de terre ont déployé leur rage avec une fureur dont il n'y a pas d'exemples ? Qui peut enfin , fans une terreur profonde , confidérer l'emplacement des Villes , dont le fol même a difparu , & dont on ne peut juger de la fituation , que relativement aux objets dont elles étoient environnées. Telles font les premières idées qui fe préfentent à ceux qui voyagent dans la Calabre ultérieure ; telles font les fenfations que j'ai éprouvé à chaque pas que j'ai fait , en vifitant cette malheureufe Province dans les mois de Février & de Mars 1784 : telles font enfin les impreffions qui empêchent de confidérer ces objets avec affez de fang-froid , pour juger des effets & remonter aux caufes. Le Naturalifte & le Phyficien doivent être en garde contre les élans de leur fenfibilité & de leur imagination , pour ne voir dans ce qui caufe les malheurs d'une infinité de familles , & la deftruction de quarante mille hommes , qu'un léger effort de la nature (2) , & pour dépouiller les relations , de toutes les circonftances que la terreur & la fuperftition y ont jointes.

L'hiftoire ne fait mention d'aucuns tremblemens de terre , dont les fecouffes aient été auffi violentes , & les effets auffi deftructeurs que ceux qui ont défolé la Calabre pendant l'année 1783. Ce phénomène eft affez fingulier , affez impofant par lui-même pour intéreffer le Phyficien , quoique dépouillé de tout le merveilleux dont on a furchargé les premières relations qui en ont paru ; & on le fera d'autant mieux connoître , qu'on le réduira à fes

---

Plus de la moitié de ceux qui furent écrafés fous la Ville de *Terra Nova* font demeurés au milieu des ruines , & lorfque je les ai parcouru le 20 Février 1784 , il s'en exhaloit une odeur infecte & infoutenable.

(1) Lorfque la Ville d'*Opido* fut rafée par les fecouffes & les foubrefauts les plus violens , le feu gagna fucceffivement les charpentes des maifons renverfées , & s'établit fur une partie de la Ville ; il ne fut donc pas poffible d'y porter aucun fecours , & prefque tous ceux qui auroient échappé aux ruines , furent les victimes des flammes. Vingt Religieufes de Sainte Claire furent trouvées calcinées fous les débris de leur Couvent.

(2) Un effort un peu plus violent auroit peut-être fuffi à la nature , pour occafionner une cataftrophe prefque générale , pour changer abfolument l'ordre actuel des chofes , pour plonger la génération préfente & celles qui l'ont précédé dans la nuit de l'oubli , pour faire difparoître les monumens de nos arts & ceux de nos connoiffances , & pour ramener enfin les fociétés aux temps de leur première enfance. Nous cal- culons les effets de la nature d'après nos moyens ; elle nous

paroît terrible & armée de tout fon pouvoir , lorfqu'elle change quelque chofe aux loix auxquelles nous la croyons foumife , & qu'elle agit fous nos yeux. Cependant qu'eft pour elle une étendue de dix lieues fur la furface du globe ? que feroit même la difparition de nos Continens , relativement au fyftême folaire. Combien de révolutions générales n'a pas éprouvé la terre que nous habitons? Combien de fois n'a-t-elle pas changé de forme ? Nous voyons par-tout des veftiges de fes révolutions & de fes cataftrophes ; notre imagination qui ne peut les embraffer toutes , fe perd dans les temps antérieurs à notre hiftoire. Le premier qui fuppofa un déplacement dans les eaux de l'Océan , c'eft-à-dire un ordre de chofes différent du notre , crut avancer la propofition la plus hardie ; cependant nôtre globe a peut-être éprouvé vingt révolutions femblables. La fuppofition d'une feule n'explique rien. Nous marchons avec fécurité fur les débris , peut-être de dix anciens mondes , & nous frémiffons , lorfque la nature change quelques chofes à fes effets journaliers.

moindres mots. Les fecouffes ont été d'une violence extrême (1) ; voilà une vérité de fait fur laquelle il ne peut y avoir aucuns doutes. Elles ont produit, dans la Calabre ultérieure, des effets néceffaires, vu les circonftances locales ; voilà une feconde vérité qui a befoin d'un peu plus de développement, & que je chercherai à rendre également évidente, en décrivant la nature du fol, & le pays fur lequel ont été exercés les plus grands ravages. Je déduirai de là les caufes pourquoi certaines Villes furent prefque exemptes du fléau général, quoiqu'elles fuffent comprifes dans l'enceinte fous laquelle paroiffoient fe faire les plus grands efforts, & qui étoit près du centre des plus violentes fecouffes ; pourquoi d'autres Villes très-voifines des premières ne préfentent que des monceaux de ruines ; & pourquoi quelques-unes enfin ne laiffent plus aucuns veftiges de leur exiftence.

Les fecouffes des tremblemens de terre de la Calabre, quelques violentes qu'elles aient été, n'ont pas embraffé un bien grand efpace, & paroiffent ainfi avoir eu une caufe locale. Elles ont eu pour limites l'extrémité de la Calabre citérieure, & elles n'ont point exercé de ravages confidérables au-delà du Cap des *Colonnes* fur la Côte de l'eft, & de la Ville d'*Amenthea* fur celle de l'oueft. *Meffine* eft la feule Ville de la Sicile qui ait partagé les defaftres du Continent ; & fi on a eu quelques légers reffentimens au-delà, ils n'ont été que l'effet d'un foible contre-coup. C'eft donc dans un efpace de trente lieues de longueur, fur toute la largeur de la Calabre, que l'on a éprouvé ce terrible fléau. Dans cette étendue, tous les lieux n'ont pas effuyé des fecouffes de la même violence ; tous n'ont pas fubi la même deftruction. Il y a eu autant de variété dans les effets de ces tremblemens de terre, qu'il y a eu d'emplacemens différens. Tous n'ont pas eu dans le même temps des fecouffes de même nature, & ces effets reftent inexplicables pour ceux qui ne connoiffent pas la nature du terrein, & les circonftances locales.

La Calabre ultérieure, dans fa partie inférieure, peut être confidérée comme une prefqu'Ifle qui termine l'Italie, & qui eft formée par l'étranglement des Golfes oppofés de *Squilaci* & de *Sainte-Euphemie*. Elle eft traverfée par le prolongement des Apennins, qui décrivant une efpèce d'arc de cercle, vont fe terminer au Cap *dell' Armi*, en face de *Taormina* en Sicile, vis-à-vis les Monts Neptuniens, qui pourroient être regardés, malgré le Canal qui les fépare, comme une continuité de la même chaîne, étant de même nature, & paroiffant courir fur la même direction. Au deffous du Golfe de *Sainte-Euphemie*, un bras des Apennins fort de la chaîne principale, s'étend prefque à angle droit, dans la direction de l'oueft, pour former le vafte Promontoire qui termine les Caps *Zambrone* & *Vaticano*, & qui embraffe le Golfe de *Sainte-Euphemie*. Un autre bras fort de la même direction, au-deffous de la groffe montagne d'*Afpramonte*, & va fe terminer à la pointe dite du *Pezzo*, qui s'avançant en face de la Ville de *Meffine*, forme le canal étroit, connu fous le nom de *Phare*. L'efpèce de baffin contourné par ces montagnes, eft ce qu'on nomme la Plaine de la Calabre ou de *Monteleone*, & plus fouvent encore, fimplement la *Plaine*. Ce nom préfente une idée fauffe, puifque le terrein, compris dans cet efpace, n'eft ni plat ni horizontal, comme la dénomination fembleroit l'indiquer ; mais il eft inégal & traverfé par des Vallées & des gorges profondes. Peut-être l'a-t-on défigné ainfi par oppofition avec les hautes montagnes qui l'entourent. Le fol s'abaiffe

---

(1) Les fecouffes étoient fi violentes, que les hommes, qui étoient en raze campagne, en furent renverfés. Les arbres, balancés fur leurs troncs, plioient jufqu'à terre, leur tête touchoit le fol. Beaucoup furent arrachés, & d'autres caffés près de terre.

graduellement,

graduellement, depuis les montagnes du fond qui courent du nord au fud, jufqu'au bord de la mer, où il fe termine par une plage baffe, en forme d'arc de cercle rentrant, que l'on nomme Golfe de *Palma*. C'eft dans cet efpace renfermé, comme je viens de le dire, entre trois montagnes & la mer, que les efforts de la nature ont été les plus violens ; c'eft le fol malheureux qui ne préfente plus que les ruines des Villes qui s'y étoient formées ; c'eft-là où tous les Habitans paroiffoient dévoués à une mort certaine & inévitable ; c'eft donc cette partie de la Calabre que je dois plus particulièrement faire connoître.

Les Apennins, après avoir traverfé l'Italie, en ne préfentant par-tout qu'une fuite de montagnes calcaires, foulèvent ici leur tête, & montrent à découvert le granit & la roche feuilletée, qui forment à eux feuls l'extrémité de cette longue chaîne. Ces fubftances, que l'on regarde comme primitives, relativement à la formation de toutes les autres, au-deffous defquelles elles font prefque toujours placées, fembleroient offrir une bafe inébranlable ; & les montagnes qu'elles conftituent, pénétrant par leurs racines jufqu'au centre du globe, devroient être exemptes de toute viciffitude ; c'eft cependant à leur bafe qu'ont été reffenties les fecouffes les plus violentes, & elles-mêmes n'ont pas été exemptes des mouvemens convulfifs qui ont détruit tout ce qui étoit à leurs pieds.

Toute la partie des Apennins, qui domine le fond de la plaine, & dont quelques fommets ou grouppes plus élevés portent les noms diftinctifs de *Monte Jejo*, *Monte Sagra*, *Monte Caulone*, *Monte Efope*, *Afpramonte*, &c., eft formée prefqu'entièrement d'un granit dur, folide, compofé de trois parties quartz, feldfpath blanc & mica noir. C'eft prefque le feul genre de pierre dont on trouve les débris aux pieds des montagnes, c'eft le feul que roulent les torrens, & c'eft celui dont font bâtis tous ceux des édifices de la plaine, dans lefquels on a employé des matériaux folides (1). Sur quelques maffes de ce granit, fur la croupe de quelques montagnes & fur quelques fommités, font attachés quelques bancs de pierres calcaires, qui paroiffent comme les reftes d'un revêtement plus confidérable, que le temps où les eaux ont détruit. On trouve auffi fur quelques fommets des roches de corne & des fchorls écailleux (hornnblende), on en voit des fragmens dans les ruines de *Terra Nova*, *Opido* & *Santa Criftina*. La pente de ces montagnes eft très-rapide, leur fommet eft décharné, & l'accès de plufieurs eft impraticable. Elles ont cet afpect de vieilleffe & de dégradation que l'on obferve dans toutes les montagnes du même genre. Sur le prolongement de leur bafe, fe font établis fucceffivement, comme par dépôt & fur une très-grande épaiffeur, des couches de fable quartzeux, de galets, d'argille grife & blanchâtre, & de grains de feldfpath & de mica, provenants de la décompofition des granits. Le tout eft mêlé de coquilles & de fragmens de corps marins. Cet amas de matières, qui n'ont point de liaifons entre elles & qui font fans confiftance, paroît être un dépôt de la mer, qui pouffée par les vents d'oueft, a entaffé au pied de ces montagnes, contre lefquelles elle venoit battre dans un temps fort antérieur à l'état actuel des chofes, les détritus des fommets fupérieurs, & les corps que fon mouvement de fluctuation lui faifoit apporter de fort loin.

---

(1) Les matériaux pour bâtir font fort rares dans toute cette partie de la Calabre. Les maifons des riches & les Eglifes font conftruites avec les cailloux roulés par les torrens ; les ceintres des portes & des fenêtres font de granit taillé dans les montagnes, & par conféquent fort chers à caufe de la main-d'œuvre & des tranfports. Les maifons des pauvres & les murs de clôture font faits avec de l'argille mêlée de fable & de paille pétris enfemble, mife fous la forme de brique & féchée au foleil. Cette difette de matériaux empêchera de changer la pofition de beaucoup de Villes qui feroient mieux fituées quelques milles plus loin, mais dont les Habitans ne veulent pas s'éloigner, efpérant trouver dans les débris de leurs anciennes habitations de quoi bâtir de nouvelles maifons.

Ce dépôt, d'abord horizontal du nord au fud, & incliné de l'eft à l'oueft, comme il le paroît par la direction des couches, a été enfuite modelé, foit par les courans de la mer elle-même, foit par les dégradations des torrens fupérieurs, & il a formé cette fuite de collines, de vallées & de plaines, qui furbaiffées les unes au-deffous des autres, vont fe terminer par une plage baffe fur le bord de la mer. Les progrès & les dépouilles de la végétation, & d'autres caufes que je ne connois pas, ont établi fur cette bafe mobile, une couche de terre végétale, argilleufe, noire ou rougeâtre, très-forte, très-tenace, & qui a depuis deux jufqu'à quatre & cinq pieds d'épaiffeur. Cette efpèce d'écorce donne un peu de folidité à ce fol, qui fe trouve encore lié par les racines nombreufes des arbres qui pouffent à fa fuperficie. Ces racines pénètrent très-profondément, pour aller chercher l'humidité que conferve toujours la partie inférieure de ce fable.

Cette partie de la Calabre eft arrofée par les eaux des montagnes fupérieures, qui font très-abondantes pendant l'hiver & le printems, & qui, après les pluies & la fonte des neiges, fe précipitent par torrents dans la Plaine. Elles entraînent alors tout ce qu'elles trouvent fur leur paffage, & lorfqu'elles ont commencé a ouvrir un fillon dans la terre végétale, elles approfondiffent aifément leurs lits dans un fol qui ne préfente plus aucune réfiftance. Elles creufent ainfi des gorges d'une profondeur extrême, quelquefois de fix cents pieds. Mais leurs encaiffemens reftent toujours efcarpés & prefque perpendiculaires; parce que la couche fupérieure, entrelaffée de racines, retient les terres qui font au-deffous, & les empêche de s'ébouler pour prendre leur talus. Tout le pays eft donc fillonné & coupé par des ravins, plus ou moins larges & profonds, où coulent de petites rivières, dont les eaux fe réuniffent pour former les deux Fleuves *Metramo* & *Petrace*. Ces Fleuves débouchent dans la mer à peu de diftance l'un de l'autre, après avoir traverfé la partie inférieure de la plaine, dont leurs attériffemens ont augmenté & augmentent encore journellement l'étendue, comme on peut l'obferver à leur embouchure. Leurs rives, qui font de la plus grande fertilité & qui font fufceptibles d'être arrofées, ne font pas cependant la partie la plus cultivée de ce beau pays, on n'ofe pas les habiter à caufe du mauvais air.

Cette dégradation opérée par les eaux a produit deux effets : elle a d'abord formé un très-grand nombre de gorges & de vallées, qui ont divifé & morcelé l'ancien fol. Quelques-unes de ces vallées font devenues fufceptibles de culture; les autres s'y refufent encore, parce que les inondations de chaque année les recouvrent de fable, de gravier & des débris des terreins fupérieurs. Prefque toutes font encaiffées par des efcarpemens très-hauts, femblables à des murs; quelques-uns de ces encaiffemens ayant acquis un peu de talus, fe font couverts d'arbres qui contribuent à leur folidité; mais aucuns n'ont la pente néceffaire pour foutenir les terres fur une bafe proportionnée à leur hauteur. Les parties de l'ancienne plaine, qui n'ont pas été dégradées par les eaux, font reftées au-deffus de ces vallons, & y forment des plateaux dont les hauteurs fe correfpondent, qui font plus ou moins étendus, & qui font toujours environnés des ravins que je viens de décrire. Quelques-uns de ces plateaux, parfaitement ifolés, reffemblent à ces montagnes calcaires à fommet applati, que l'on voit fouvent dans les plaines, & dont les couches correfpondent à celles des hauteurs voifines. La nature a pu, par un mouvement violent de fluctuation dans la maffe des eaux de la mer, opérer anciennement fur les fols à noyaux calcaires, plus mous qu'ils ne le font aujourd'hui, ce qu'elle fait fous nos yeux dans les plaines fablonneufes de la Calabre.

Cette partie de la Calabre, dont je viens de donner une légère idée, eft la plus riche, tant par l'étonnante fertilité de fon fol, que par la variété de fes productions (1). Elle eft auffi la plus peuplée. Un nombre immenfe de Villes, Bourgs & Villages fe font répandus fur fa furface : beaucoup étoient fitués fur les côteaux au pied de la grande chaîne ; quelques-uns fur ces portions de plateaux, que les eaux ont refpecté, & dont j'ai déja parlé ; d'autres enfin fur de petites plaines inclinées, qui de loin dominent la mer. Deux feules Villes font maritimes, *Palmi* & *Bagnara*. On s'étoit de préférence placé dans les fituations élevées, pour avoir l'avantage d'un meilleur air, d'une pofition plus agréable & d'une vue plus étendue. Mais plufieurs de ces Villes, pour n'être pas trop éloignées des eaux qui couloient dans les vallées, s'étoient établies auprès des efcarpemens, fur le bord des ravins. Cette pofition a occafionné les circonftances fingulières dont leurs ruines furent accompagnées.

Le bras des Apennins, que j'ai dit s'étendre à un angle droit pour former un corps de montagne ou un promontoire terminé par les Caps *Zambrone* & *Vaticano*, a également pour bafe & pour noyau le granit ; mais cette roche n'y eft pas par-tout également à découvert. Elle paroît à nud dans les efcarpemens qui accompagnent la côte, entre les Caps *Zambrone* & *Vaticano* ; elle y eft en maffes énormes, dans lefquelles je n'ai jamais pu découvrir ni couches, ni ordre fymétrique. Ce granit eft très-dur ; fon grain & fa compofition font les mêmes que celui des montagnes qui occupent le fond de la plaine. On y voit de grandes taches parallélipipedes, produit d'une cryftallifation confufe, faite par une efpèce de précipitation (2).

Ce Promontoire, que je nommerai *de Tropea*, à caufe de la Ville qui eft bâtie au-deffous entre les deux Caps, va en retrait depuis fa bafe jufqu'à fon fommet, & il préfente quatre petites plaines, prolongées d'un Cap à l'autre, en terraffes comme les marches d'un amphithéâtre, & féparées par des côteaux rapides. On y fuit la gradation des matières dont le corps de la montagne eft compofé. Le granit folide forme le premier échelon (3) ; au-deffus eft une

---

(1) On ne peut pas fe former l'idée de la grande fertilité de la Calabre, fur-tout de la partie dite la *Plaine*. Elle eft au-deffus de tout ce qu'on peut s'imaginer. Les champs couverts d'oliviers, les plus grands qui exiftent nulle part, font encore fufceptibles d'être enfemencés. Les vignes chargent de leurs pampres les arbres de différentes efpèces, fans nuire à leurs rapports. Le pays reffemble à une vafte forêt, par la quantité d'arbres dont il eft couvert, & cependant il donne encore du bled pour nourrir fes Habitans. Il eft propre à toutes efpèces de productions, & la nature y prévient les defirs du Cultivateur. Les bras n'y font jamais affez nombreux pour recueillir toutes les olives, qui finiffent par pourrir aux pieds des arbres dans les mois de Février & Mars. Des bandes d'Etrangers, de Siciliens, viennent pour lors aider à en faire la récolte, & partagent avec les Propriétaires. L'huile eft le principal objet d'exportation, & on peut dire qu'il en fort toutes les années un fleuve de la *Plaine* de Calabre. Dans les autres parties, le principal produit eft la foie, il s'y en fait une très-grande quantité. Par-tout les vins font bons & très-abondans Le Peuple feroit enfin le plus heureux de la terre fi . . . . mais il n'entre pas dans mon plan de faire la critique, ou du Gouvernement, ou des Seigneurs particuliers qui ont de vaftes poffeffions en Calabre.

(2) On exploite ce granit ; on en fait des marches d'efcaliers, des cuves pour les fontaines & autres ouvrages de ce genre. Je croirois qu'une partie des colonnes de granit que l'on voit à *Naples*, & dans plufieurs Villes de la Sicile, & qu'on décore

du nom de granit oriental, quoiqu'il n'en ait pas la couleur rouge, a été tiré de ces rochers. En les parcourant, j'ai trouvé, dans un efcarpement fur le bord de la mer, au-deffous du Village de *Parghelia*, une ancienne carrière, où il y a encore plufieurs belles & grandes colonnes toutes taillées, quelques autres commencées ; & des fragmens de beaucoup qui s'étoient rompues pendant le travail.

(3) Au milieu de la plaine fertile qui forme le premier échelon de la montagne de *Tropea*, eft le petit Bourg de *Parghelia*, remarquable par l'induftrie de fes Habitans, dont le caractère contrafte avec celui des autres Calabrois. Ils font tous adonnés au commerce étranger. Ils partent le printems & fe répandent en Lombardie, en France, en Efpagne, en Allemagne. Ils y trafiquent, non le produit de leurs terres qui fourniffent peu d'objets d'exportation, mais des marchandifes d'un tranfport facile, telles que des effences, des foies, des couvertures de coton très-bien travaillées, &c., qu'ils achètent dans les autres parties de la Calabre ; & ils portent en retour quelques objets de luxe, qu'ils répandent enfuite dans la Province. Le Village eft défert pendant l'été. Les femmes & les vieillards font la récolte, & pendant l'automne, les hommes reviennent dépofer chez eux les profits de leur induftrie, & enfemencer leurs terres. Prefque tous parlent François ; leurs manières font moins dures, leurs mœurs moins fauvages que celles de leurs voifins. Ils jouiffent des petites aifances de la vie inconnues à leurs compatriotes. Il eft à remarquer que quoique les femmes ne foient jamais des

très-grande épaiſſeur de granit décompoſé, dont les grains ont perdu leur adhérence, & qui ſe détruit au moindre choc. Dans cette eſpèce de roche pourrie, les eaux ont ouvert de profonds ravins, ſur-tout dans la partie du Cap *Zambrone*, où elles ont fait des coupures effrayantes, qui pénètrent toute l'épaiſſeur de la montagne ; mais dont les bords, quoique très-rapides, ont pris cependant un peu de talus, n'ayant pas comme dans la plaine une croûte ſolide qui ſoutienne les terres, & qui s'oppoſe aux éboulemens. Sur le granit en décompoſition eſt une couche de pluſieurs centaines de pieds d'épaiſſeur, formée d'un beau ſable quartzeux blanc, dans lequel j'ai trouvé beaucoup de corps marins, & ſur-tout une grande quantité de ſuperbes échinomètres. Enfin la partie la plus haute de cette montagne, celle qui forme ſon ſommet, eſt une pierre calcaire blanche à bancs horiſontaux. Ce ſommet applati, ſur lequel domine la ſeule montagne calcaire, iſolée, dite *Poro*, qui porte les ruines d'un ancien Château, forme une eſpèce de plaine inégale, qui ſe prolonge juſqu'à la grande chaîne, en paſſant deſſous *Monteleone*. Mais ce haut plateau ne partage pas la fertilité des plaines & des côteaux qu'il domine.

La Ville de *Tropea*, ſituée au bord de la mer, vers la baſe du Promontoire, eſt aſſiſe ſur un rocher de granit, qui s'avance un peu dans la mer qu'il domine. La partie extérieure de ce granit eſt revêtue d'une roche calcaire ſablonneuſe, foiblement aglutinée & remplie de corps marins. Une concrétion calcaire ſemblable eſt adhérente au granit dans quelques autres endroits de la côte.

Les flancs de cette montagne, du côté du ſud, dans la partie où eſt ſituée *Nicotera*, préſente encore à découvert un ſuperbe granit à gros grains, dont les blocs ſont très-conſidérables & dont on pourroit faire de beaux ouvrages. Dans la partie ſupérieure le granit ſe décompoſe, mais il eſt moins friable que celui des environs de *Tropea*. Il eſt traverſé par des veines ou filons de feldſpath micacé, dont une partie approche de l'état du petunze de *Saint-Yrié* en Limouſin, & l'autre ſe change en argille.

En prolongeant cette même face de montagne juſqu'à *Mileto* & *Vallelunga*, le granit ſolide paroît plonger ſous terre, pour ne laiſſer paroître que le granit en décompoſition, un ſable quartzeux, & une argille blanche minacée aſſez graſſe & ductile, qui pourroit être encore un produit de la décompoſition du feldſpath. Ces matières forment les côteaux adoſſés à la montagne, dans leſquelles les eaux pénètrent facilement & ouvrent des gorges & des vallées profondes. La Ville de *Miletto* étoit bâtie ſur ces côteaux.

Sur le revers de cette montagne, c'eſt-à-dire ſur ſa croupe du côté du nord, depuis le Fleuve *Angitola* juſqu'au Cap *Zambrone*, le noyau paroît être un mélange de granit, de roches feuilletées & glanduleuſes, & de roche de corne noire, parmi leſquelles domine une roche noirâtre micacée contenant une quantité immenſe de grenats cryſtalliſés confuſément, & mêlés quelquefois de pyrites (1). Ces grenats par leur trituration ont formé un très-beau ſable

---

voyages, l'eſpèce ſe reſſent en quelque manière, des courſes & de la fréquentation des hommes dans les pays étrangers. Les hommes ſont grands, les femmes ſont jolies, & ont un teint très-blanc ; quelques-unes ont les yeux bleux. La beauté des femmes de ce Village eſt citée dans tous les environs. Une autre choſe auſſi ſingulière, c'eſt que l'exemple de *Paraghelia* ne ſe communique pas à la Ville de *Tropea*, qui n'en eſt qu'à demi-lieue, & que toute l'induſtrie de la Calabre ſoit renfermée dans ce petit Bourg.

(1) Cette roche feuilletée & micacée, contenant des grenats, prouve que ſes parties conſtituantes ont été pétries enſemble, & ont été précipitées en même-temps du fluide qui les tenoit diſſoutes. Dans quelques-unes, le fond de la pierre eſt comme une pâte de la nature du grenat, qui enveloppe le mica. Ailleurs le grenat a ſa forme cryſtalliſée particulière, & eſt enſéveli dans le mica qui le contourne.

rougeâtre,

rougeâtre, qui fe trouve au bord de la mer, & qui eft prefque entièrement compofé de leurs fragmens. Dans la partie fupérieure de la montagne, au-deffus des roches que je viens de défigner, il y a des pierres calcaires micacées, & enfin des pierres calcaires coquillaires.

La Ville du *Pizzo*, adoffée à ces roches noires fchifteufes & granitiques, eft bâtie fur un rocher, qui s'avance dans la mer, & qui eft enveloppé, dans fa partie extérieure, par une aglutination de fable calcaire & quartzeux, mêlé de corps marins. J'y ai trouvé de très-beaux échinites. Cette efpèce de concrétion, formant une maffe peu folide, eft prefque femblable à celle de *Tropea*; elle eft adhérente à d'autres rochers fchifteux de la même montagne. Elle fe recouvre, par le concours de l'humidité, d'une efpèce de croûte ou mouffe noirâtre, qui a trompé l'œil de M. le Chevalier *Hamilton*; il a cru y voir un tuf volcanique. Je puis affurer, après l'examen le plus réfléchi, & après des recherches fort exactes, que dans toute cette partie de la Calabre il n'y a pas le moindre veftige des produits du feu.

Pour fuivre l'examen des montagnes qui entourent la plaine, il me refte à déterminer la nature du corps de montagne, qui fe termine en face de *Meffine*, & qui borde la côte, depuis le *Pezzo* jufqu'à *Bagnara*, en fuivant le contour du Promontoire, qui par fon étranglement a formé le Phar, & contre lequel, dans la partie du nord-oueft, eft bâtie la Ville de *Scilla*. Le noyau eft encore ici un granit recouvert de roches feuilletées & micacées, il eft furmonté dans quelques endroits par des pierres calcaires & pierres fablonneufes tendres.

Le fchifte micacé & le fchifte argilleux dominent dans les montagnes qui environnent les riches campagnes de *Reggio* (1), & qui fe prolongent jufqu'au Cap *Spartivento*. Ces fchiftes font traverfés par des filons de quartz & des filons métalliques. On y avoit tenté l'exploitation d'une mine de plomb tenant argent, qui enfuite a été abandonnée.

Le revers des Apennins, c'eft-à-dire la partie qui regarde l'eft, préfente un afpect moins décharné, moins aride que la face de l'oueft. Les pentes font moins rapides, & les croupes font couvertes de bois. Les montagnes paroiffent moins hautes, parce qu'elles font accompagnées de montagnes du fecond ordre, & de collines qui defcendent jufqu'à la mer, dont le centre de la chaîne eft beaucoup plus rapproché que dans la partie oppofée (2). Cette côte offre une fuite de fites variés, & de pofitions charmantes & pittorefques. Les campagnes y font d'une extrême fertilité; il y a peu de plaines, mais les vallons font délicieux; les côteaux font couverts de mûriers & d'arbres fruitiers, & les oliviers y étant moins nombreux que dans la partie de l'oueft, la verdure y a plus de fraîcheur & d'agrément. Le centre ou le noyau des montagnes fecondaires & des collines eft folide; le fchifte & la pierre calcaire y règnent; ils y font traverfés de quelques filons métalliques.

---

(1) La Ville de *Reggio*, fituée à l'extrémité de la Calabre, eft dans une pofition délicieufe. Les montagnes qui l'entourent font couvertes des arbriffeaux, dont nous nous fervons en France pour la décoration de nos parterres, & qui, prefque toujours en fleurs, font un effet charmant. Tels font les lauriers-rofes, les genets odorants, &c.: les plaines & les vallons font d'une fertilité qui furprend toujours, & qu'ils doivent à la grande abondance des eaux. On ne creufe nulle part dans le fable du rivage, à deux & trois pieds de profondeur, que l'on ne trouve de l'eau douce. Cette eau defcend des montagnes, filtre à travers le fol, & entretient ainfi une fraîcheur & une humidité qui rendent la végétation extrêmement abondante. Un grand nombre de forêts d'*Agrumi* décorent les campagnes de *Reggio*, offrent des promenades charmantes, & fourniffent un objet de commerce affez confidérable par leurs fruits & leurs effences. On fe fert en Italie du mot *Agrumi* comme d'un nom générique, pour exprimer collectivement tous les arbres de l'efpèce des orangers, cédrats, citronniers, bergamotes, &c.

(2) On pourroit fuppofer que dans les temps anciens, les mouvemens de la mer, de l'oueft à l'eft, étoient plus confidérables & plus fréquens que dans la partie oppofée, puifque d'un côté de la chaîne, elle a entaffé, au pied des montagnes beaucoup de fable & de *détritus* des fommets fupérieurs, dont elle a formé ce que j'ai décrit fous le nom de *Plaine*, pendant qu'à l'eft, elle baigne encore immédiatement le pied des côteaux fans y avoir formé d'attériffement.

La partie de la chaîne des Apennins, qui paffe à travers l'Ifthme ou l'étranglement formé par les Golfes de *Sainte-Euphemie* & de *Squilace*, eft encore un compofé de granit, de roche feuilletée & de fchiftes, couverts en quelques endroits par la pierre calcaire; ce n'eft qu'au-delà de *Nicaftro* & de *Catanzaro*, que toutes ces fubftances fe cachent fous la pierre calcaire qui leur eft fubftituée dans toute la partie fupérieure de cette chaîne, pour ne plus fe montrer que dans les laves & déjections du *Véfuve*, & dans les productions volcaniques de la campagne de *Rome* & de la Tofcane : le feu des Volcans allant les arracher à une très-grande profondeur.

Il réfulte de cet examen général, que la Calabre a prefque par-tout le granit pour fondement, que c'eft fous cette bafe, qui paroît inébranlable, qu'étoit le foyer des tremblemens de terre (1), ou au moins que c'eft deffous ces matières folides qu'ont agi les forces qui ont occafionné les grands ébranlemens des furfaces; que dans aucune partie de cette Province, il n'y a veftiges de Volcans; que je n'ai trouvé aucunes matières altérées par les feux fouterrains, ni dans les montagnes, ni dans les pierres roulées par les torrens; qu'il n'y a dans cette Province ni laves, ni tufs, ni fcories d'aucunes efpèces. Je n'ai vu, dans l'intérieur de la plaine, que deux fources d'eaux hépatiques froides; il y a une fource abondante d'eau thermale fulfureufe auprès de *Sainte-Euphemie*, au-delà de la prefqu'Ifle; mais je ne puis regarder ni les unes, ni les autres comme indices du feu, puifque la décompofition fpontanée des pyrites fuffit pour les produire. J'infifte fur cet objet pour détruire l'opinion de ceux qui fuppofent des feux recélés fous cette Province : ils s'y feroient connoître par des phénomènes moins équivoques s'ils y exiftoient; & il n'y a dans la plaine, & dans les montagnes qui l'entourent, au moins dans celles qui en forment le quadre, ni mines, ni matières fulfureufes, ni bitumes, quoique les Hiftoriens du pays prétendent le contraire. Le granit fe montre à découvert dans prefque toute cette ceinture, & le fol inférieur n'eft qu'un compofé d'argile, de fable & de cailloux.

Quoique les tremblemens de terre fe foient fuccédés, prefque fans aucune interruption, depuis le 5 Février jufqu'au mois d'Août fuivant, on peut leur fixer trois époques diftinctes, relativement aux lieux fous lefquels ils ont agi le plus violemment, & aux effets qu'ils ont produits. La première comprendra les fecouffes, depuis le 5 Février jufqu'au 7 du même mois exclufivement; la feconde renfermera celle du 7 Février à une heure après midi, & toutes celles dont elle fut fuivie jufqu'au 28 Mars; & l'autre enfin, toutes celles qui furent poftérieures à cette époque.

La fecouffe terrible pour la plaine de Calabre, celle qui enfévelit fous les ruines des Villes plus de vingt mille Habitans, arriva le 5 Février à midi & demi. Elle dura deux minutes, & ce court efpace de temps lui fuffit pour tout renverfer, pour tout détruire. Je ne puis mieux rendre compte de fes effets, qu'en fuppofant fur une table plufieurs cubes formés de fable humecté & taffé avec la main, placés à peu de diftance les uns des autres. Alors, en frappant à coups redoublés fous la table, & la fecouant en même-temps horizontalement & avec violence par un de fes angles, on aura une idée des mouvemens violens & différens dont la terre fut pour lors agitée. On éprouva en même-temps des foubrefauts, des ondulations dans tous les fens, des balancemens & des efpèces de tournoiemens violens. Auffi rien de

(1) Je me fers des mots de *foyers*, de *centre d'explofion*, non que je croye que la caufe première des tremblemens de terre ait jamais réfidé dans la Calabre; mais feulement pour m'aider à en expliquer les effets, jufqu'à ce que j'aie déduit, des phénomènes eux-mêmes, la caufe de l'agitation du fol de cette malheureufe Province.

tout ce qui étoit édifié ne put réfifter à la complication de tous ces mouvemens. Les Villes & toutes les maifons éparfes dans la campagne furent rafées dans le même inftant. Les fondemens parurent être vomis par la terre qui les renfermoit. Les pierres furent broyées & triturées avec violence les unes contre les autres , & le mortier qui les réuniffoit fut réduit en poudre. Ce tremblement de terre, un des plus violens qui aient jamais exifté, arriva fans avoir été préludé par des fecouffes moins violentes & fans que rien n'ait annoncé. Tel l'effet fubit d'une mine. Quelques-uns prétendent cependant qu'un bruit fourd & intérieur fe fit entendre prefqu'en même-temps. Mais qui peut ajouter foi aux circonftances racontées par ceux qui fe trouvèrent expofés à toute la rigueur de ce terrible fléau. La terreur & le defir de fe fauver furent les deux premiers fentimens qu'éprouvèrent ceux qui étoient renfermés dans les maifons. Un inftant après , le fracas de la chûte des édifices & la pouffière ne leur permirent plus de rien voir , de rien entendre, ni même de réfléchir. Un mouvement machinal fit échapper ceux qui fe fauvèrent ; les autres ne recouvrèrent le fentiment de leurs maux que lorfque la première fecouffe fut ceffée. Je ne chercherai point à peindre l'effroi , le filence , le défefpoir qui fuccédèrent à cette terrible cataftrophe. Le premier mouvement fut celui de la joie de vivre encore ; le fecond fut de défolation. Détournons les yeux de ce fpeĉtacle d'horreur ; laiffons à d'autres les détails des malheurs particuliers & de leurs circonftances fingulières , & attachons-nous aux feuls effets phyfiques.

Les foubrefauts les plus violens furent reffentis dans les territoires d'*Opido* & de *Santa Criftina*. C'eft-là auffi où furent les plus grands bouleverfemens ; ce qui a fait fuppofer que ces Villes étoient placées à-peu-près fur le foyer ou dans le centre de l'explofion. Mais je ne dirai pas, comme tous les autres l'ont répété, que l'effet des tremblemens de terre & les ruines qu'ils ont occafionnés, ont été en raifon inverfe de l'éloignement de ce centre, & que plus étoient grandes les diftances, moins grandes étoient les ruines. Dans cette fuppofition, les Villes de *Siderno* , *Groteria* & *Gerace*, qui ne font pas plus éloignées d'*Opido* ou de *Sᵗᵃ Criftina*, que *Rofarno* & *Poliftena*, auroient éprouvé un même fort. Les Villages de *Mamola* , *Agnana* & *Canola* , qui en font beaucoup plus près , auroient été rafés. Mais tous ces lieux étoient fur des hauteurs de l'autre côté de la chaîne, & quoiqu'ils fouffriffent beaucoup de la fecouffe du 5 Février, ils ne furent ni renverfés ni détruits ; on ne peut en rien comparer leur fort avec celui des Villes de la *Plaine*. Je dirai avec plus de raifon, que tout ce qui étoit enfermé dans l'enceinte des montagnes ci-deffus décrites, fut détruit ; & que tout ce qui étoit placé fur la folide, au-deffus de la plaine, & fur les croupes des montagnes qui l'entourent, ne fut pas à beaucoup près auffi maltraité.

L'effet général du tremblement de terre , fur le terrein argillo-fablonneux de la plaine de Calabre, qui tel que je l'ai décrit, n'a point de confiftance, fut d'augmenter fa denfité en diminuant fon volume , c'eft-à-dire de le taffer ; d'établir des talus par-tout où il y avoit des efcarpemens, ou des pentes rapides ; de détacher toutes les maffes, ou qui n'avoient pas fuffifamment de bafe, ou qui n'étoient retenues que par une adhérence latérale ; & de remplir les cavités intérieures. Il s'enfuivit que dans prefque toute la longueur de la chaîne, les terreins qui étoient appuyés contre le granit de la bafe des monts *Caulone* , *Efope* , *Sagra* & *Afpramonte*, gliffèrent fur ce noyau folide , dont la pente eft rapide , & defcendirent un peu plus bas. Il s'établit alors une fente de plufieurs pieds de large fur une longueur de huit à dix milles, entre le terrein folide & le terrein fablonneux ; & cette fente règne prefque fans difcontinuité, depuis *Saint-George*, en fuivant le contour des bafes, jufque derrière *Sainte-Criftine*. Plufieurs terreins , en coulant ainfi, ont été portés affez loin de leur première pofition, & font venus en recouvrir d'autres, affez exactement pour les faire difparoître (1). Des champs entiers fe font abaiffés confidérablement au-deffous de leur premier niveau, fans que ceux qui les environnoient aient éprouvé le même changement, & ils ont formé ainfi des efpèces de baffins enfoncés, tel celui qui eft au-deffus de *Cafal Nuovo*; d'autres champs fe font inclinés. Des fentes & des fiffures ont traverfé, dans toutes les directions, les plateaux & les côteaux; mais ordinairement elles font parallèles au cours des gorges qui les environnent. On rencontre ces fentes à chaque pas, dans les vaftes champs d'oliviers, entre *Poliftena* & *Sinopoli*. Mais ce fut principalement fur les bords des efcarpemens, qu'arrivèrent les plus grands défordres & les plus grands bouleverfemens. Des portions confidérables de terreins, couverts de vignes & d'oliviers, fe détachèrent, en perdant leur adhérence latérale, & fe couchèrent d'une feule maffe dans le fond des vallées, en décrivant des arcs de cercle, qui ont eu pour rayon la hauteur de l'efcarpement; tel un livre pofé fur fa tranche, qui tombe fur fon plat. Alors la portion fupérieure du terrein fur laquelle étoient les arbres, s'eft trouvé jettée loin de fon premier fite, & eft reftée dans une pofition verticale. J'ai vu des arbres qui ont continué à pouffer, & qui même ne paroiffent pas avoir fouffert, quoique depuis un an ils foient dans une pofition fi contraire à la perpendicularité qu'ils affectent toujours. Ailleurs, des maffifs énormes rompant également leur adhérence latérale, ont coulé fur la pente des talus inférieurs & font defcendus dans les vallées; à la force d'impulfion qu'ils avoient reçu par leur chûte, ils joignoient celle de la pouffée des terres qui s'ébouloient derrière eux, ce qui leur permettoit de parcourir d'affez grands efpaces en confervant leur forme & leur pofition; & après avoir donné le fpectacle de montagnes en mouvement, ils font reftés au milieu des vallées. Il eft effentiel de faire remarquer que le terrein fablonneux de la plaine ne formant pas une maffe dont les parties fuffent liées enfemble, étoit mauvais propagateur du mouvement; de manière que la partie inférieure en recevoit plus qu'elle n'en tranfmettoit aux furfaces. Cela a fait que les éboulemens ont prefque toujours commencé par le bas; & que les bafes manquant & s'échappant à la manière des fluides de deffous les corps qu'elles foutenoient, ces corps fe font affaiffés & détachés en très-grandes maffes des terreins dont ils formoient continuité. Les furfaces des terreins étant fortement liés par l'entrelaffement des racines des arbres, & par l'épaiffeur & la tenacité de la couche de terre végétale & argileufe, il n'eft point fingulier que beaucoup de ces terreins fe foient confervés prefque entiers, malgré les chûtes, les chocs violens & les longs trajets qu'ils ont fait. Mais fuivons les effets de la fecouffe du 5 Février.

Lorfque l'éboulement a commencé par la partie fupérieure de l'efcarpement, & lorfque les furfaces des terreins fe font brifées en fragmens, qui fe détachoient à mefure que la bafe manquoit, le bouleverfement a été total. Les arbres, à moitié enterrés, préfentent leurs racines ou leurs têtes, & fi les matériaux & les charpentes des maifons détruites fe font

---

(1) Les accidens de ce genre ont donné lieu à des queftions fingulières; il a fallu décider à qui appartenoient les terreins qui en avoient enféveli d'autres. En général les tremblemens de terre de la Calabre ont occafionné les plus grandes révolutions dans la fortune des Particuliers. On y a vu les jeux les plus finguliers du fort & du hazard. Plufieurs de ceux dont tous les biens étoient en mobiliers, en contrats, ou en comptant, fe font trouvés réduits à la mendicité, quelles que fuffent leurs richeffes antérieures. D'autres ont été appellés à

des héritages qui ne pouvoient jamais entrer dans leurs efpérances, & qui ne leur appartiennent que par la perte entière des familles les plus nombreufes. Prefque tous les gens riches ont perdu; prefque tous les pauvres ont gagné. Ceux-ci, outre les profits du pillage, taxèrent eux-mêmes les mains d'œuvre à un prix exorbitant. Le befoin qu'on avoit d'eux pour conftruire des baraques, ou pour fauver ce que recéloient les ruines, fit qu'on les paya tout ce qu'ils demandèrent

mêlés

mêlés avec ces débris de montagnes, on ne reconnoît plus rien de ce qui étoit ; & le tout ne préfente que l'idée du chaos.

Il eft arrivé quelquefois qu'un terrein, à qui fa chûte & l'inclination du talus, qui s'étoit formé fous lui, avoient donné une grande force de projeétion, a rencontré & franchi de petites collines qui étoient fur fon paffage, les a recouvert, & ne s'eft arrêté qu'au-delà. Si ce même terrein, rencontrant la côte oppofée, frappoit violemment contre, il fe relevoit un peu & formoit une efpèce de berceau. Lorfque les bords oppofés d'une Vallée fe font écroulés en même-temps, leurs débris fe font rencontrés, leur choc les a foulevé, & ils ont formé des monticules dans le centre de l'efpace qu'ils ont comblé. L'effet le plus commun, celui dont on voit un très-grand nombre d'exemples dans les territoires d'*Opido* & de *Sainte-Criftine*, fur les bords des Vallées ou gorges profondes dans lefquelles coulent les Fleuves *Maïdi*, *Birbo* & *Tricucio*, eft celui qui s'obferve, lorfque la bafe inférieure ayant manqué, les terreins fupérieurs font tombés perpendiculairement & fucceffivement par grandes tranches ou bandes parallèles, pour aller prendre une pofition refpeétive, femblable aux marches d'un amphithéâtre ; le plus bas gradin eft quelquefois à trois ou quatre cents pieds au-deffous de fa première pofition. Telle une vigne, entre autres, fituée fur le bord du Fleuve *Tricucio*, auprès du nouveau Lac, s'eft divifée en quatre parties, qui fe font mifes en terraffes les unes au-deffus des autres, & dont la plus baffe eft tombée de quatre cents pieds de hauteur.

Les arbres & les vignes qui étoient fur les terreins, dont la maffe entière s'eft déplacée, n'ont point fouffert. Les hommes même, qui s'y font trouvés, les uns deffus les arbres, les autres à leurs piéds travaillant le fol, ont été voiturés pendant plufieurs milles fans recevoir aucun mal. On m'en a cité plufieurs exemples qui font confignés dans les relations.

Les effets des éboulemens ont été d'étrangler ou de combler les Vallées par la rencontre & la réunion des bords oppofés, de manière à obftruer le paffage des eaux & à former un grand nombre de Lacs ; d'applanir des terreins coupés par des gorges ; de tranfporter fur les poffeffions des uns, les héritages des autres ; de couper les communications, & de donner à tout le pays une face nouvelle.

Les autres phénomènes, produits par la première fecouffe & dépendans d'une même caufe, furent la fufpenfion dans le cours des eaux, le defféchement inftantané de quelques rivières & leur accroiffement le moment d'après. L'explication de ces faits fe déduit facilement des foubrefauts violens de bas en haut, qu'éprouvoit alors la terre. Le centre de la plaine étoit foulevé, la pente des eaux inférieures étoit augmentée & elles couloient avec plus de rapidité. Les eaux fupérieures, retenues par une efpèce de digue, reftoient en ftagnation ; mais l'effet ceffé, les niveaux fe rétabliffoient, & les eaux un peu accumulées couloient troubles. On vit, dans plufieurs endroits, des eaux jailliffantes qui s'élevèrent à plufieurs pieds de hauteur & qui portoient avec elles du fable & du limon. Les fources furent toutes plus abondantes. Quelques eaux fulphureufes & hépatiques parurent pendant quelques jours, & rarirent enfuite. Ces phénomènes font tous l'effet du taffement. Toutes les fources ont leur réfervoir intérieur ; beaucoup de cavités fouterraines font pleines d'eaux croupiffantes, qui y acquièrent un goût & une odeur d'hépar, foit par la putréfaétion, foit par la décompofition des pyrites. Si par le refferrement du fol, ou par la chûte de quelques corps fupérieurs, les réfervoirs diminuent de capacité, il faut que les eaux s'échappent ; elles s'élancent avec d'autant plus de force que la compreffion latérale eft plus violente, & elles entraînent avec elles les corps qui leur font

Vol. IV.   Mmmmm

mêlés. Cette augmentation des fources eft encore une caufe de l'accroiffement des rivières. Perfonne n'a pu me dire d'une manière précife, fi les eaux hépatiques, qui coulèrent pour lors, étoient froides ou chaudes. Celles que j'ai vu & qui fe mêlent encore maintenant avec les eaux du fleuve *Vacari* près *Poliftena*, & celles du Fleuve *Tricucio* près *Opido* font froides. Le phénomène des eaux jailliffantes eft particulier à la première fecouffe; il n'a point eu lieu dans les autres, parce que le fol avoit pris toute la denfité & le refferrement qu'il pouvoit recevoir.

D'ailleurs dans tout le pays que j'ai parcouru, malgré les recherches les plus exactes, je n'ai trouvé ni indices, ni témoignages qui m'indiquâffent un dégagement ou des courans de vapeurs fouterraines, point de veftiges de feu ou de flamme. Tous les faits dans ce genre, rapportés dans beaucoup de relations, font contredits par le témoignage même de ceux qui y font cités. Il eft facile de faire dire tout ce qu'on defire, par des Payfans encore remplis de terreur, & qui ne prennent point d'intérêt aux circonftances dont on leur demande les détails. Il eft aifé de leur faire répondre ouï, à toutes les queftions qu'on leur fait. Ce font toujours des efpèces de demi-favans, qui ont ajouté, à leurs relations, les circonftances les plus fingulières & les plus contradictoires; parce qu'ils ont voulu attribuer aux tremblemens de terre actuels, tous les phénomènes dont ils avoient quelques notions & qu'ils favoient être arrivés pendant des évènemens femblables. D'ailleurs la plupart d'entre eux avoit un petit fyftême à foutenir, & ils ont voulu arranger les faits, pour les faire entrer dans le cadre qu'ils leur avoient préparé d'avance.

Parcourons rapidement les Villes qui ont été renverfées par cette première fecouffe, & voyons quelles ont été les principales circonftances de leur deftruction.

Rofarno, petit Bourg fur une colline fablonneufe, à peu de diftance du Fleuve *Metramo*, a été renverfé; on peut même dire rafé. Le Château du Prince, les Eglifes & les maifons offrent des monceaux de ruines, à l'exception de quelques maifons baffes, qui font toutes lézardées, & de quelques pans de murs qui fe foutiennent encore en l'air.

Le Fleuve *Metramo* fufpendit un inftant fon cours, auprès du pont de *Rofarno*; un moment après fes eaux furent plus abondantes & troubles. On prétend même qu'il fut à fec pendant quelques minutes (1).

Poliftena, Ville affez grande, riche, peuplée, étoit bâtie fur deux côteaux fablonneux, divifés par une rivière un peu encaiffée. Elle a été abfolument rafée (2). Il n'y fubfifte pas

---

(1) La plaine qui eft fur la rive droite du Fleuve *Metramo* auprès du pont eft condamnée à être ftérile par les inondations d'un torrent, qui la recouvre chaque année de fable & de vafe, & qui en fait un terrein marécageux où l'air eft déteftable. Quelques dépenfes fuffiroient pour former un lit à ce torrent & pour l'y contenir. Mais le Gouvernement ne daigne pas s'occuper de *ces petits détails d'adminiftration*.

(2) J'avois vu *Meffine* & *Reggio*; j'avois gémi fur le fort de ces deux Villes; je n'y avois pas trouvé une maifon qui fût habitable, & qui n'eût befoin d'être reprife par les fondemens; mais enfin le fquélette de ces deux Villes fubfifte encore; la plupart des murs eft en l'air. On voit ce que ces Villes ont été. *Meffine* préfente encore à une certaine diftance une image imparfaite de fon ancienne fplendeur. Chacun reconnoît ou fa maifon, ou le fol fur lequel elle repofoit. J'avois vu *Tropea* & *Nicotera* dans lefquelles il y a peu de maifons qui n'aient reçu de très-grands dommages, & dont

plufieurs même fe font entièrement écroulées. Mon imagination n'alloit pas au-delà des malheurs de ces Villes. Mais lorfque, placé fur une hauteur, je vis les ruines de *Poliftena*, la première Ville de la *Plaine* qui fe préfentât à moi; lorfque je contemplai des monceaux de pierres, qui n'ont plus aucunes formes & qui ne peuvent pas même donner l'idée de ce qu'étoit la Ville, lorfque je vis que rien n'étoit échappé à la deftruction, & que tout avoit été mis au niveau du fol, j'éprouvai un fentiment de terreur, de pitié, d'effroi, qui fufpendit pendant quelques momens toutes mes facultés. Ce fpectacle n'étoit cependant que le prélude de celui qui alloit fe préfenter à moi dans le refte de mon voyage.

L'impreffion que m'a fait *Meffine* eft d'un genre tout différent. Ce font moins fes ruines qui m'ont frappé, que la folitude & le filence qui règnent dans fes murs. On eft pénétré d'une terreur mélancolique, & d'une trifteffe fombre, lorfqu'on traverfe une grande Ville, lorfqu'on parcourt tous fes quar-

une feule maifon, pas un pan de mur (1). Plufieurs maifons fe font écroulées dans le Fleuve, fur le bord duquel le fol a manqué. Les murs épais & très-folides du Couvent des Dominicains font tombés par gros blocs. Sur le côteau de la droite auprès des Capucins, le terrein s'eft beaucoup affaiffé; il y a plufieurs fentes dans le fol, & fon abaiffement continue jufqu'au pied de la montagne, à une lieue de là. Dans tous les environs de la Ville il y a beaucoup de fiffures.

Saint-Georges, petite Ville à une lieue & demie de diftance de *Poliftena*, n'a prefque point fouffert de la fecouffe du 5 Février, parce qu'elle étoit bâtie fur la hauteur & fituée fur un rocher adhérent à la grande chaîne des Apennins. Elle reçut enfuite plufieurs dommages confidérables dans les tremblemens de terre du 7 Février & du 28 Mars.

Cinque Frondi, joli Bourg à une demi-lieue de diftance de *Poliftena*, dans une plaine très-fertile, a été entièrement rafé. Une tour antique, quarrée, monument Sarrafin placé au centre du Bourg, affez grande pour fervir de Château & de logement au Seigneur du lieu, étoit d'une extrême folidité, tant par la grande épaiffeur des murs, que par la nature du mortier, qui avoit lié le tout au point d'en faire une maffe auffi folide qu'un rocher; elle a été renverfée, & en tombant, elle s'eft brifée en plufieurs gros blocs, qui étonnent par leur volume & leur dureté. Un de ces blocs contient un efcalier tout entier. Il femble ici que la terre ait voulu vomir de fon fein les fondemens même des maifons.

En allant de *Poliftena* à *Cafal novo*, diftant de deux lieues, on paffe le Fleuve *Vaccari*, qui a creufé fon lit dans un fol tout de fable; il y a une fource d'eau fulfureufe froide, qui fe jette dans le Fleuve à peu de diftance de *Poliftena*; cette fource fut très-abondante le 5 Février & jours fuivans; fon odeur étoit auffi plus forte; mais elle reprit peu-à-peu fon état naturel. Dans la campagne que traverfe ce Fleuve, & fur fes bords, il y eut plufieurs fources jailliffantes lors de la première fecouffe.

Cafal novo, joli Bourg, fitué dans une plaine agréable, au pied de la montagne, avec des rues larges & alignées & des maifons baffes (2), a été entièrement rafé; il n'y refte pas pierre fur pierre. Tout a été mis de niveau avec le fol. Ce Bourg avoit été bâti après les tremblemens de terre de 1638, qui dévaftèrent la Calabre. On avoit pris toutes les précautions qu'on avoit pu imaginer, pour lui faire éviter une ruine femblable à celle dont on étoit témoin. Mais quoique fes rues fuffent très-larges, & les maifons très-baffes, près de la moitié de la population fut écrafé fous fes ruines. La Marquife de *Gerace*, Dame du lieu, & tous ceux qui étoient auprès d'elle, furent victimes de cette fecouffe.

Tout le fol de la plaine qui entoure *Cafal novo* s'eft affaiffé. Cet abaiffement eft fur-tout fort apparent au-deffus du Bourg, au pied de la montagne. Tous les terreins inclinés, appuyés contre cette même montagne, ont gliffé plus bas; en laiffant, entre le terrein mouvant & le

---

tiers, fans rencontrer être vivant, fans qu'aucune voix vienne frapper vos oreilles, fans entendre autre bruit que le balancement de quelques portes & fenêtres, attachés à des pans de murs élevés & agitées par les vents. L'ame eft alors plutôt accablée fous le poids de ce qu'elle éprouve qu'effrayée; la cataftrophe paroît avoir frappé directement fur l'efpèce humaine, & il femble que les ruines qui fe préfentent ne font que l'effet de la dépopulation. Telle une Ville qui feroit dévaftée par la pefte.

Toute la population de *Meffine* eft réfugiée fous des baraques de bois autour des murs de la Ville.

(1) Cette Ville a enféveli fous fes ruines la moitié de fes Habitans. Ceux qui ont furvécu à la terrible cataftrophe, habitent des baraques placées fur un plateau, qui domine l'ancienne Ville, & où on compte bâtir la nouvelle.

(2) L'afpect de *Cafal novo* étoit charmant, vu à une certaine diftance. Au coin de chaque maifon, on avoit planté un arbre & un fep de vigne, qui donnoient de l'ombre; les rues paroiffoient des allées de jardin.

folide, des fentes de plufieurs pieds de large, qui s'étendent à trois ou quatre milles. Des portions de terreins, en defcendant ainfi, font venues dans la plaine, & en ont recouvert d'autres qui en étoient à une affez grande diftance.

En allant de *Cafal novo* à *Santa-Criftina*, dans un efpace de fix lieues, on traverfe un pays extraordinairement coupé de gorges, de ravins, de vallées profondes, & qui a été par conféquent le théâtre des plus grandes révolutions. On n'y fait pas un pas, qu'on ne trouve ou des fentes dans le fol ou des éboulemens.

Terra nova, petite Ville, étoit fituée fur un plateau, entouré de trois côtés par des gorges profondes, ce qui lui donnoit l'apparence d'être placée fur une montagne élevée. Mais ce plateau faifoit l'extrémité d'une plaine, qui fe prolonge jufqu'au pied de la montagne, & qui eft d'une extrême fertilité (1). Cette Ville jouiffoit d'un bon air, d'une belle vue, & avoit des eaux excellentes. La pofition qui lui avoit procuré tous ces avantages lui a fait éprouver une deftruction dont les détails font frémir. Une partie du fol s'éboula, & en coulant jufqu'au bord du Fleuve *Maro*, il entraîna avec lui les maifons qui étoient deffus. Leurs débris en pierres & charpentes, mêlés avec le fable du corps de la montagne, couvrent une efpace confidérable de la Vallée que dominoit la Ville. Dans la partie oppofée, la montagne s'eft ouverte par une fente perpendiculaire dans toute fa hauteur; une portion s'eft détachée & eft allée tomber tout d'un bloc, en s'appuyant fur le côté; tel un livre, qui s'ouvre par le milieu & dont une moitié refte fur le dos, pendant que l'autre fe couche fur le plat. La furface fupérieure où il y avoit des maifons & des arbres, fe trouve dans une pofition verticale. On fe doute bien que de ces maifons il n'en refte pas veftiges; mais les arbres ont peu fouffert. Au moment où fe forma cette fente, & où la montagne fe détacha, toutes les maifons qui étoient placées immédiatement au-deffus fe précipitèrent perpendiculairement, à plus de trois cents pieds de profondeur, & de leurs débris elles remplirent le fond de cette ouverture. Cependant les Habitans ne périrent pas tous; la différence de gravité fit arriver en-bas les matériaux avant les hommes, de manière que plufieurs de ceux-ci évitèrent d'être enterrés ou écrafés par les ruines. Quelques-uns tombèrent droits fur leurs pieds, & marchèrent dans l'inftant & folidement fur ces monceaux de débris. Quelques autres furent enterrés jufqu'aux cuiffes ou à la poitrine, & fe dégagèrent enfuite avec un peu de fecours. Une troifième partie de la Ville, en s'écroulant, remplit de fes ruines un petit Vallon, qui étoit à-peu-près dans le centre & où il y avoit une fontaine & des jardins. Jamais terrein n'a éprouvé un bouleverfement plus grand que celui où étoit cette malheureufe Ville; jamais il n'y a eu de deftruction avec des circonftances plus fingulières & plus variées. On ne reconnoît plus la pofition d'aucune maifon; la face du fol a abfolument changé, & il eft impoffible de deviner, par les débris qui en exiftent, ce qu'étoit anciennement cette Ville. Le terrein a manqué par-tout, tout a été bouleverfé. Ce qui étoit haut s'eft abaiffé; ce qui étoit bas paroît s'être élevé, à raifon de l'affaiffement de ce qui l'environnoit. Car il n'y a point eu de foulèvement réel, comme quelques-uns l'ont prétendu. Un puits revêtu en pierres maçonnées, dans le Couvent des Auguftins, paroît être forti de terre, & reffemble maintenant à une petite tour,

_____

(1) Nulle part je n'ai vu de plus grands oliviers; ils reffemblent à des arbres de haute futaie, plantés en quinconce; ils forment des bois fuperbes, auffi fombres & auffi couverts que les forêts de chêne. On nettoie, & l'on bat le terrein au pied de chaque arbre, pour y former une efpèce d'aire circulaire dans laquelle tombent les olives. La quantité en eft fi grande, qu'on les recueille avec des balais.

de

de huit à neuf pieds de hauteur, un peu inclinée. Cet effet s'eſt produit par l'affaiſſement du terrein ſablonneux dans lequel le puits étoit creuſé.

Les éboulemens de la Ville, ceux des côteaux oppoſés ont fermé le paſſage aux eaux de la petite rivière *Soli* d'un côté, & à ceux d'une fontaine abondante qui couloit dans le fond de la gorge oppoſée, & ont formé ainſi deux Lacs, dont les eaux ſtagnantes portent d'autant plus d'infection, qu'elles contiennent des cadavres & des débris de toutes eſpèces (1).

Dans tous les environs, ſur le bord des Vallons, il y a eu des éboulemens conſidérables. Toute la plaine qui eſt au-deſſus de la Ville, eſt traverſée par un grand nombre de fentes & de crevaſſes. Il faut aller à une aſſez grande diſtance, pour trouver un emplacement où l'on puiſſe établir la nouvelle Ville, ou plutôt le petit Hameau que pourra former le reſte, peu nombreux, de cette malheureuſe population (2).

Une plantation conſidérable d'oliviers, appartenante aux Céleſtins, de niveau avec la Ville, & faiſant continuité du même plateau, a ſouffert de très-grandes dégradations. Une partie a été renverſée dans la gorge où coule le Fleuve *Soli*, & les arbres, dont quelques-uns n'ont pas été déracinés par la chûte, ont pris des poſitions ſingulières où ils continuent à pouſſer. Une autre partie du ſol s'eſt abaiſſée de pluſieurs toiſes ; tout le reſte paroît menacer ruine par la quantité de fiſſures & crevaſſes qui le traverſent ; & dans une étendue de plus d'un mille, il n'y a pas un pouce de terrein qu'on puiſſe regarder comme ferme & ſolide (3).

Le Village de *Moluquello* ou *Moloquiello* étoit ſitué en face de *Terra nova* & au même niveau, ſur une petite plate-forme d'un mille de long & de deux cents pas de large, reſſerrée entre les rivières *Soli* & *Maro*, qui couloient à ſes pieds dans de profonds vallons. Une partie du Village s'eſt précipitée à droite, l'autre à gauche, & il ne reſte plus du ſol où il étoit ſitué, qu'une arête, ou dos-d'âne, ſi aigüe, qu'on ne pourroit pas y marcher.

Radicina, joli Bourg ſitué en plaine à quelque diſtance des gorges, a été entièrement raſé, à la réſerve d'une petite maiſon quarrée, à un étage, placée dans le centre du Bourg, qui eſt reſtée ſur pied, & qui n'a même preſque point ſouffert, ſans que j'aie pu en deviner la cauſe.

Je ne parlerai pas de tous les petits Villages dont on rencontre les ruines à chaque pas que l'on fait, parce qu'elles ne préſentent rien d'intéreſſant.

Opido, Ville Epiſcopale, aſſez conſidérable, étoit placée ſur le ſommet d'une montagne iſolée, ou plutôt ſur un plateau, au niveau des plaines d'alentour, dont il paroît qu'il faiſoit anciennement partie, mais dont les eaux l'ont abſolument détaché, en formant tout au tour des gorges profondes. L'accès de la Ville étoit très-difficile à cauſe des pentes rapides & des

---

(1) Si la nature ou l'art ne deſſèchent pas ces Lacs, ils acheveront, par leurs exhalaiſons infectes, la deſtruction du petit nombre d'Habitans, qui ont ſurvécu à la réunion d'autant de cauſes de mortalité. L'air eſt maintenant ſi épais, ſi infect & ſi humide, que dans le mois de Février il y avoit autant d'inſectes & de moucherons, qu'on en trouve pendant l'été ſur le bord des eaux ſtagnantes.

(2) L'ancienne population de *Terra nova* étoit de deux mille ames. Elle eſt réduite à moins de quatre cents ; un peu plus de quatorze cents ont été enterrés & écraſés ſous les ruines, & le reſte a été enlevé par les fièvres putrides. Ce petit nombre d'infortunés ont établi leurs baraques dans une plaine, à un demi-mille au-deſſus de l'ancienne Ville ; le ſol humide & peu ſolide ne leur permettra pas d'y bâtir des maiſons.

(3) J'ai logé à *Terra nova* dans la baraque des Céleſtins, dont un ſeul a échappé ; elle eſt au milieu de leur plantation d'oliviers. J'avois vu la veille combien le terrein étoit peu ſolide ; j'avois la tête pleine de tout ce que j'avois obſervé ; mon imagination me peignoit les malheurs de cette Ville au moment de la ſecouſſe ; lorſque je ſentis mon lit agité par un tremblement de terre aſſez fort, je me levai précipitamment & avec inquiétude ; mais lorſque je vis que tout le monde étoit dans le ſilence, je jugeai que cette ſecouſſe, quoique très-forte, n'étoit comparable en rien à celles qui avoient ébranlé la Calabre dans d'autres circonſtances, puiſqu'elle n'occaſionnoit pas la moindre crainte à ceux qui logeoient dans la même baraque. Je me remis ſur mon lit, & on peut croire que je n'y dormis pas le reſte de la nuit.

efcarpemens qui l'entouroient. Cependant fur ces mêmes pentes & efcarpemens, fe font établis des arbres & des arbriffeaux, qui enveloppent la montagne d'une ceinture de bois dont les racines entrecroifées donnent une efpèce de folidité à ce maffif, qui par lui-même n'en a aucune : car il n'eft compofé que de fable, d'argille & de fragmens de corps marins ; le tout femblable à ce qui forme l'intérieur des côteaux oppofés.

La Ville a été entièrement rafée ; il n'y eft pas refté fur pied un feul pan de mur. Une portion de l'extrémité du plateau, fur laquelle étoit fitué un Château fort, efpèce de Citadelle avec quatre baftions, s'eft écroulée & a entraîné avec elle, dans la gorge inférieure, deux baftions. C'eft le feul éboulement que la montagne ait éprouvé ; le refte s'eft confervé dans fon entier, malgré fes efcarpemens, foutenu vraifemblablement par la ceinture de bois & de brouffailles qui l'environne (1).

Si le fol d'*Opido* réfifta en partie à la violence des fecouffes, il n'en fut pas de même des rives oppofées ; les éboulemens y furent immenfes. La chûte des terres & des portions confidérables de côteaux remplit les vallées & forma les Lacs, dont la Ville eft maintenant entourée. Ces Lacs, qui contournent la montagne, fe rempliront peu-à-peu par les fables que les torrens y entraînent, & par les débris des terreins fupérieurs (2). Il y en a déja un qui a été comblé naturellement de cette manière.

Ce n'eft pas encore auprès de la Ville que fe font faits les plus grands bouleverfemens, mais à un & deux milles de diftance, dans les vallées profondes formées par les rivières *Tricucio*, *Birbo* & *Bofcaïno*. Là, fe rencontrent tous les accidens que j'ai annoncé dans le commencement de ce Mémoire. Ici le fable & l'argille ont coulé à la manière des torrens de lave, ou comme s'ils étoient délayés par l'eau. Ailleurs des portions confidérables de montagnes ont marché, pendant plufieurs milles, en defcendant dans les vallées, fans fe détruire & fans changer de forme. Des champs entiers couverts de vignes & d'oliviers, fe font précipités dans les fonds, fans perdre la pofition horifontale de leur furface ; d'autres font reftés inclinés ; quelques-uns fe font placés verticalement, &c. La chûte des efcarpemens oppofés & leur rencontre ont formé des digues de plufieurs milles d'épaiffeur ; elles ont fermé le paffage des eaux & produit plufieurs grands Lacs que le Gouvernement travaille à deffécher. Il faut

---

(1) Qui pourroit croire que les Habitans d'*Opido*, après la deftruction de leur Ville, & après les défaftres de toute efpèce qu'ils y ont éprouvé, fuffent encore affectionnés à ce fol malheureux. Le Gouvernement a défigné un nouvel emplacement pour bâtir la nouvelle Ville. Il a choifi une plaine nommée *la Tube* à une lieue de diftance de l'ancienne. La plupart des Habitans refufent d'aller s'y établir. Ils prétendent qu'il y a une efpèce de tyrannie, à vouloir les éloigner de leurs anciennes demeures, pour les forcer à habiter une plaine humide & mal-faine, où il n'y a point de matériaux pour bâtir. Ils difent, en faveur de leur plateau ifolé, qu'il a éprouvé fa folidité, en réfiftant aux plus violentes fecouffes fans avoir une feule gerfure ; que les pierres, & quelques charpentes des maifons détruites leur ferviront pour en bâtir d'autres ; que l'air eft très-bon ; qu'ils font plus à portée de leurs poffeffions, & que tous ces avantages réunis compenfent l'inconvénient de n'avoir point d'eau fur le plateau ; ils prétendent qu'étant accoutumés à aller la chercher dans le fond des vallées, ce n'eft plus une peine pour eux. Il y a donc eu fchifme dans les reftes de cette population ; une partie a fuivi les indications du Gouvernement, & eft allée à la *Tube* ;

l'autre eft demeurée fur les ruines d'*Opido*. J'en fus entouré, lorfque je fus les vifiter. On paroiffoit avoir oublié les malheurs occafionnés par le tremblement de terre, pour ne penfer qu'à la vexation qu'ils prétendoient leur être faite. Ils fe plaignoient fur-tout amèrement de ce qu'on les avoit privé d'une Meffe, qui fe difoit dans une baraque deftinée à cet objet dès le commencement de leurs défaftres.

(2) Avant d'arriver à la Montagne d'*Opido*, je ne concevois pas comment je pourrois en approcher ; j'en étois féparé par l'emplacement du Lac qui a été comblé. Ce baffin, rempli d'un fable fin, fur lequel l'eau de la rivière coule, paroit un vafte goufre de boue, que l'œil ne confidère pas fans frayeur, & qui a cent pas de large. Mon Guide me dit qu'il falloit le traverfer pour aller à l'ancienne Ville. Je hazardai avec crainte quelques pas, mais raffuré par les premiers effais, & trouvant de la folidité dans ce qui ne me paroiffoit qu'une vafe grife & molle, je traverfai ce Lac de fable, ayant de l'eau jufqu'aux genoux, & je pris un petit fentier tortueux, qui me fit gravir, au milieu des brouffailles, un efcarpement que je jugeois inacceffible.

pour cela ouvrir des canaux très-profonds & de trois & quatre milles de longueur au milieu des éboulemens ; ce qui demande beaucoup de temps & d'argent, que l'on auroit pu épargner, si on avoit confidéré que la nature, en peu d'années, comblera elle-même ces Lacs, comme elle a fait de plufieurs autres ; que l'infection de l'air étoit moins à craindre dans les lieux éloignés comme ceux - là des habitations, & que ces mêmes dépenfes auroient été mieux employées dans les environs de *Terra nova*, ou dans d'autres parties de la Calabre.

Au-deffous d'*Opido*, à trois milles de diftance, étoit le petit Village de *Caftellace* bâti au bord d'un efcarpement, qui fe détacha pour fe précipiter dans le fond de la vallée. Les ruines de quelques maifons reftées fur le haut de la montagne font les feuls indices de fa pofition & de fon exiftence. Le Village de *Coffoletto* a éprouvé un fort prefque femblable.

La Ville de *Santa-Criftina*, fituée prefqu'au pied de la grande montagne d'*Afpramonte*, & placée fur une montagne fablonneufe, efcarpée, environnée de gorges & de vallées profondes, s'eft trouvée dans des circonftances prefque pareilles à celles de *Terra nova*, & a éprouvé un même genre de deftruction. Les maifons avec une partie de la montagne fe font précipitées du haut en bas. Un grand nombre de fentes & de crevaffes a traverfé le corps de la montagne dans toute fon épaiffeur, de manière à faire craindre que le refte ne s'abîmât encore. Toute la furface du terrein a changé de forme. Le territoire de *Santa-Criftina*, coupé également par un grand nombre de gorges & de vallées accompagnées d'efcarpemens, a été fujet aux mêmes accidens que celui d'*Opido*.

Les territoires de *Terra nova*, d'*Opido* & de *Santa-Criftina* font ceux où les tremblemens de terre ont exercé leurs plus grands ravages, & ont produit les effets les plus extraordinaires. Ce qui a fait croire que le foyer des fecouffes du 5 Février étoit fous cette partie de la plaine. Je ne nierai pas que l'ébranlement n'ait été peut-être plus violent là qu'ailleurs. Mais la nature du terrein, & les gorges dont il eft coupé, ont beaucoup contribué à la deftruction des Villes, & ont facilité tous les bouleverfemens qu'on obferve dans les environs.

En fuivant le contour que fait la bafe d'*Afpramonte*, on trouve la petite Ville de *Sinopoli* & le Bourg de *Sainte-Euphémie*, bâtis tous deux au pied de la montagne, également détruits, fans être rafés.

Bagnara, Ville affez confidérable de la Côte, bâtie fur une hauteur, avec un efcarpement vers la mer, a été entièrement rafée. Les maifons fe précipitèrent les unes fur les autres, & on peut à peine reconnoître ce qu'étoit anciennement la Ville.

Seminara, autre Ville de la plage, a été détruite, mais non pas mife de niveau avec le fol comme la précédente.

Palma, Ville peuplée & commerçante, ne préfente qu'un monceau de ruines.

Sans étendre plus loin cette nomenclature ; ce que je viens de dire fuffit pour montrer que les circonftances fingulières qui accompagnèrent le tremblement de terre, font un effet néceffaire d'une violente fecouffe fur un terrein fablonneux, lorfqu'il eft dégradé & ouvert par les eaux. On voit auffi que dans un efpace de dix lieues de long, fur fix de large, comprife entre le Fleuve *Metramo*, les montagnes & la mer, il n'eft pas refté un feul édifice entier ; on pourroit même dire qu'il n'y a pas pierre fur pierre, qu'il n'y a pas un arpent de terre qui n'ait changé de forme ou de pofition, ou qui n'ait fouffert des dommages confidérables.

Pendant que la plaine étoit dévouée à une deftruction totale, les lieux circonvoifins, bâtis fur des hauteurs, & établis fur des bafes folides, échappèrent à une pareille dévaftation.

L'ébranlement fut confidérable ; il y eut beaucoup d'édifices endommagés. Mais fi cette fecouffe du 5 Février eût été feule , qu'elle n'eût pas été fuivie de toutes celles qui fe fuccédèrent pendant fix mois prefque fans interruption, aucune des Villes fupérieures n'auroit été rendue inhabitable. Il paroiffoit que la force qui avoit fecoué dans tous les fens les terreins bas de la plaine, ne fut pas affez confidérable pour foulever un poids plus grand, tel que celui des montagnes qui en formoient le cadre. Ainfi *Nicotera , Tropea , Monteleone*, Villes bâties fur la Montagne du Cap *Vaticano*, ou fur fon prolongement, les Bourgs & les Villages de leur territoire ne fouffrirent prefque point. Leur ruine étoit réfervée à une force majeure, à celle qui ébranla le corps même de ces montagnes le 18 Mars fuivant. Le Bourg de *Saint-Georges*, à quatre milles feulement de diftance de *Poliftena*, comme nous l'avons déja dit, mais placé fur la montagne, fut pour lors peu endommagé. Les Bourgs & les Villages fitués fur la croupe de la montagne qui fait face à *Meffine*, & la petite Ville de *Scilla* elle-même, n'éprouvèrent pas une deftruction totale. Sur toutes ces montagnes, les fecouffes ne furent ni auffi violentes, ni auffi inftantanées ; les mouvemens n'en furent ni auffi prompts, ni auffi irréguliers ; il n'y eut pas les mêmes foubrefauts.

Reggio, & les lieux circonvoifins, furent rendus inhabitables, mais non point rafés. Ce ne fut même pas cette première fecouffe qui les endommagea le plus.

Sur le revers des Apennins, dans la partie de l'eft, le tremblement de terre du 5 Février fut vivement reffenti, toutes les Villes fouffrirent plus ou moins, quelques planchers tombèrent, les clochers & plufieurs Eglifes s'écroulèrent, les maifons furent lézardées, mais très-peu furent totalement renverfées. Peu de perfonnes y périrent.

Par tout ailleurs que dans la Plaine, le tremblement de terre fut précédé de quelques légères ofcillations & d'un bruit fouterrain, que tous conviennent avoir entendu venir de la partie du fud-oueft.

Les tremblemens de terre qui fuivirent la fatale époque du 5 Février, quoique vivement reffentis dans la plaine, n'y apportèrent plus aucuns dommages. Il ne reftoit plus aucune maifon à abattre. Le terrein s'étoit confolidé, en prenant des talus & une denfité opérée par le taffement. Toutes les pentes avoient étendu leurs bafes. Ce fut donc envain que la terre continua à fe mouvoir dans cette malheureufe contrée ; elle ne prit plus de part aux fuites de cette funefte tragédie.

La fecouffe qui arriva pendant la nuit du 5 Février augmenta les dommages de *Meffine* ; de *Reggio*, & des Villes qui avoient déja été ébranlées par le premier tremblement de terre. Elle fut fatale aux Habitans de *Scilla* par la chûte d'une portion confidérable de la montagne dans la mer ; ce qui fit foulever les eaux & leur donna une fluctuation violente, les flots fe brisèrent avec force contre la plage & la partie baffe de la Ville, où s'étoit réfugié le Prince de *Sinopoli*, Seigneur du lieu, accompagné de tous fes Gens & de beaucoup d'Habitans ; ils chevauchèrent fur le rivage, & en fe retirant entraînèrent avec eux tous ceux qui y étoient (1).

Le tremblement de terre du premier Février à une heure & demie après midi, fut très-violent ; mais il n'exerça pas fes plus grands efforts dans les mêmes lieux que le premier ;

---

(1) Cette circonftance du tremblement de terre, arrivé le 5 Février pendant la nuit, eft celle qui a été plus diverfement racontée, qui a occafionné le plus de commentaires, & à qui on a joint les plus faux détails. Il eft certain que la vague entraîna plus de douze cents perfonnes réfugiées fur le rivage, du nombre defquels étoit le Comte de *Sinopoli*. Mais que l'eau fût chaude, que le fond de la mer fût brûlant ! ce font des particularités qui ne font ni vraies, ni vraifemblables.

il fembla que le foyer ou le centre de l'explofion fût monté fix ou fept lieues plus haut vers le nord , pour venir fe placer fous le territoire de *Soriano* & de *Pizzoni.* Ce tremblement de terre opéra la deftruction du Bourg de *Soriano* & des Villages dépendants, d'un grand Couvent de Bénédictins très-folidement conftruit après les tremblemens de terre de 1659 , de la Chartreufe dite de *Saint-Bruno* ou *San-Stephano del Bofco* , tous lieux qui avoient été refpectés par la première fecouffe. Il acheva de renverfer *Laureana* , *Galatro* , *Arena* & autres pays circonvoifins. Il fit de *Miletto* un monceau de ruines , & opéra une dévaftation complète dans un contour de deux ou trois lieues de diamètre.

Les territoires de *Soriano* , d'*Arena* & de *Soretto* dont le terrein étoit fablonneux & ouvert par des ravins , éprouvèrent auffi beaucoup de déplacemens de terre & d'éboulemens. Le mélange de fable , d'argille , & de granit décompofé , qui conftitue les côteaux au-deffous de la Ville de *Miletto* , s'éboula en plufieurs endroits , & eut l'air de couler à la manière des laves.

Il eft à remarquer que ce tremblement de terre du 7 Février fut principalement reffenti à *Meffine* & *Soriano* , lieux fort diftants l'un de l'autre ; pendant qu'il fut infiniment moins fort dans tout le pays intermédiaire, où on entendit pourtant un bruit confidérable.

Le 28 Mars fut une autre époque fatale, qui porta la ruine & la défolation dans les pays qui étoient déja raffurés fur le danger des tremblemens de terre, & qui n'ayant reçu prefque aucun dommage des premières fecouffes, fe croyoient hors des limites de ce terrible fléau. Le centre de l'explofion changea une troifième fois. Il remonta encore vers le nord à fept ou huit lieues plus haut. Il vint fe placer fous les montagnes qui occupent l'Ifthme qui unit la partie fupérieure de cette Province à l'inférieure, entre le Golfe de *Sainte-Euphémie* & celui de *Squilace.* Les foubrefauts les plus violens , indices du lieu fous lequel s'exerçoient les plus grands efforts, fe firent principalement reffentir fous les montagnes de *Girafalco*, à-peu-près au centre de l'étranglement. Dans cette circonftance, la nature déploya une plus grande force, qu'elle n'avoit fait dans les fecouffes précédentes ; elle fouleva , & ébranla le corps même des montagnes, qui couvrent tout l'efpace où ce tremblement de terre exerça fes ravages. Auffi la propagation de fon mouvement s'étendit beaucoup plus loin. La *Calabre citérieure* reffentit fes effets, & éprouva quelques dommages. Toutes les Provinces du Royaume de *Naples* en eurent le reffentiment. Il ravagea indiftinctement les deux côtés de la chaîne, les lieux élevés, ceux qui étoient inférieurs, & rien ne parut à l'abri de fes atteintes. En tirant deux diagonales, l'une du Cap *Vaticano* au Cap *Colonne*, l'autre du Cap *Suvero* au Cap de *Stilo*, on aura entre ces quatre points, l'étendue fous laquelle l'ébranlement fut le plus terrible & la deftruction la plus grande ; & le point d'interfection des deux lignes fera à-peu-près celui du centre de l'explofion (1).

Ce tremblement de terre fut précédé d'un bruit fouterrain très-fort, femblable au tonnerre qui fe renouvella à chaque fecouffe. Les mouvemens furent très-compliqués ; les uns agirent de bas en haut, ou par foubrefauts ; enfuite vinrent des tournoiemens violens, auxquels fuccédèrent des ondulations.

Il eft inutile de donner la nomenclature de toutes les Villes & Bourgs qui reçurent des dommages confidérables dans cette occafion. Il fuffit de dire que toute la partie fupérieure de cette Province fouffrit beaucoup, que plufieurs Villes furent ou prefque renverfées, ou rendues

(1) Je le répète , je ne me fers du mot *centre de l'explofion* , que pour exprimer un effet, & non pour indiquer une caufe.

abfolument inhabitables. Mais malgré la violence de l'agitation du 28 Mars, les malheurs de ces contrées ne font pas comparables à ceux de la *Plaine*, à l'époque du 5 Février. Ici il n'y eut point de Villes rafées par les fondemens ; la ruine de plufieurs qui étoient très-mal bâties, telle que le *Pizzo*, avoit été préparée par les fecouffes précédentes ; & cependant leurs mafures font encore pour la plupart fur pied. D'ailleurs les Villes de *Nicotera*, *Tropea*, *Monteleone*, *Squilace*, *Nicaftro*, *Catanzaro*, *San-Severino* & *Cotrone* peuvent être reftaurées. Peu d'édifices ont été totalement renverfés, les autres ne font que lézardés. Le bas peuple eft déja rentré dans l'intérieur de ces Villes ; & lorfque les maifons confidérables auront été réduites à un feul étage au-deffus du rez-de-chauffée, felon l'ordre du Gouvernement, & qu'on les aura un peu réparées, elles feront habitables. Mais il faudra long-temps pour délivrer les efprits de la terreur qu'ont infpiré les tremblemens de terre, fur-tout la fecouffe du 28 Mars, avant laquelle ils étoient prefque raffurés, & pour faire confentir les gens riches à quitter leurs baraques de bois & à venir habiter de nouveau fous des pierres. Comme on juge de tous les objets par comparaifon, le fort de cette partie de la Calabre ultérieure touche peu, lorfqu'on a été témoin des malheurs de la Plaine, & lorfqu'on a parcouru fes ruines.

La différence des effets du tremblement de terre du 5 Février & de celui du 28 Mars ne peut avoir pour caufe que la nature du terrein. Dans la Plaine le fol lui-même a manqué ; aucun édifice n'y étoit folidement fondé. Les mouvemens étoient d'autant plus irréguliers qu'ils étoient modifiés, en paffant à travers un terrein qui cédoit plus ou moins à la force qui l'ébranloit, & qui la tranfmettoit inégalement. Dans les montagnes au contraire, quoique l'agitation des furfaces fût auffi confidérable, elle étoit moins deftructive. Les rochers fur lefquels repofoient les Villes, leur tranfmettoient un mouvement plus régulier, parce qu'ils en étoient meilleurs conducteurs ; le fol après chaque ofcillation reprenoit fa première pofition, & les édifices confervoient leur à-plomb. Tel un verre plein d'eau qui reçoit de très-grandes ofcillations fans répandre, & qu'une très-petite fecouffe irrégulière renverfe.

Le tremblement de terre du 28 Mars augmenta les défaftres de *Meffine*, où il agit avec beaucoup de force, il accrut les dommages de *Reggio* & renverfa beaucoup de maifons dans la petite Ville de *Sainte-Agate*, de *Reggio*, & lieux circonvoifins. Il fut cependant très-peu reffenti dans la Plaine qui eft intermédiaire entre les deux extrémités de la Calabre, ou comme je viens de le dire, les fecouffes furent très-violentes. Il fembloit que la force motrice paffoit librement & comme dans un canal ouvert fous la Plaine, pour aller frapper alternativement contre les deux points les plus éloignés.

Les tremblemens de terre continuèrent pendant toute l'année 1783 : j'en ai reffenti encore plufieurs dans les mois de Février & de Mars 1784. Mais aucune des fecouffes ne peut fe comparer aux trois qui forment époque, ni même à celles qui les fuivirent immédiatement ; aucune ne fut fuivie d'accidens dignes d'être cités.

La mer pendant les tremblemens de terre de 1783 eut peu de part à l'ébranlement du Continent. La maffe des eaux n'eut point de mouvement général de fluctuation ou d'ofcillation. Elles ne s'élevèrent pas au-deffus de leurs limites ordinaires. Les flots, qui la nuit du 5 Février vinrent frapper contre le rivage de *Scilla*, & qui enfuite furent couvrir la pointe du Phare de *Meffine*, ne furent que les effets d'une caufe particulière. La chûte d'une montagne dans la mer, comme je l'ai déja dit, fouleva les eaux, qui reçurent un mouvement d'ondulation, tel qu'il fuccède toujours dans de pareilles circonftances. Le rivage fut couvert à trois différentes reprifes ; tout ce qui étoit deffus fut entraîné par le retour de la vague. L'ondulation s'étendit depuis la pointe de la Sicile jufqu'au-delà du Cap de *Rofacolmo*, en prolongeant la Côte qui court au fud, mais en s'y élevant toujours graduellement moins haut qu'à *Scilla*. Ce foulèvement des flots fuivit immédiatement la chûte de la montagne. Si c'eût été un mouvement général dans la maffe des eaux, fi ces vagues euffent eu une même caufe que celle qui vint fondre fur *Cadix* lors du tremblement de terre de *Lisbonne*, elles auroient eu une marche différente & auroient étendu leurs effets beaucoup plus loin. On auroit reffenti à *Meffine* une violente fluctuation, fi la mer eût partagé l'ébranlement de la terre. Le Môle qui eft à fleur d'eau, & auprès duquel font liés les vaiffeaux dont la proue avance au-deffus, auroit été couvert & les vaiffeaux portés par les flots auroient échoué. On auroit éprouvé le même effet dans le Golfe de *Palma*, qui eft au-deffus de *Scilla*, on l'auroit reffenti fur la plage de *Tropea*; mais nulle part fur cette Côte la mer ne s'éleva au-deffus de fes bords. Ce qui prouve encore mieux que l'inondation de *Scilla* n'eft qu'un accident particulier, dépendant de la caufe que j'ai cité, c'eft que derrière le rivage contre lequel les eaux montèrent avec tant de violence, il y a une petite anfe dans laquelle la mer ne s'éleva point, parce qu'elle n'étoit pas dans la direction de l'ondulation.

Quelques queftions que j'aie pu faire, je n'ai pu trouver dans tous les détails qu'on m'a donné aucun indice des phénomènes d'électricité rapportés dans différentes relations, aucune étincelle, aucun dégagement de fluide électrique, que les Phyficiens Napolitains veulent abfolument être la caufe de ces tremblemens de terre.

L'état de l'atmofphère ne fut pas le même dans toute l'étendue du défaftre. Pendant que les tempêtes & la pluie paroiffoient avoir conjuré, conjointement avec les tremblemens de terre, la perte de *Meffine*, l'intérieur de la Calabre jouiffoit d'un affez beau temps. Il y eut un peu de pluie dans la Plaine le matin du jour funefte; mais le temps fut ferein le refte de la journée. Les mois de Février & de Mars furent affez beaux & même chauds. Il y eut quelques orages & de la pluie, mais qui n'étoient pas étrangers à la faifon. Le beau temps qui régna après la cataftrophe du 5 Février, fut même un bien grand avantage pour l'intérieur de la Calabre, fans cela les reftes malheureux de la population, fans abris, fans moyens de s'en procurer de long-temps, par la difette des planches & des ouvriers, feroient morts de mifère & d'intempérie. Le 28 Mars, dans la partie fupérieure de la Calabre, le temps ne fut pas mauvais & le tremblement de terre ne fut fuivi d'aucun orage, il y eut feulement un peu de pluie. Il s'enfuit de cette remarque, que l'état de l'atmofphère n'eft pas auffi étroitement lié avec les mouvemens intérieurs de la terre qu'on n'a ceffé de le dire, & il fe pourroit bien que les tempêtes que l'on effuya dans le Canal de *Meffine* & fur quelques endroits de la Côte, n'euffent pas la même caufe que les tremblemens de terre.

Qu'il me foit maintenant permis de chercher dans les feuls faits, la caufe des tremblemens de terre de la Calabre; & mettant de côté tout fyftême, de voir ce qui a pu donner lieu à la deftruction prefque générale de cette Province.

La force motrice paroît avoir réfidé fous la Calabre elle-même, puifque la mer qui l'environne n'a point eu part à l'ofcillation ou balancement du Continent. Cette force paroît encore s'être avancé progreffivement le long de la chaîne des Apennins, en la remontant du fud au nord. Mais quelle eft dans la nature la puiffance capable de produire de pareils effets ? J'exclue l'électricité, qui ne peut pas s'accumuler, conftamment pendant un an de fuite, dans un pays environné d'eau, où tout concourt à mettre ce fluide en équilibre. Il me refte le feu. Cet élément, en agiffant directement fur les folides, ne fait que les dilater, & alors leur expanfion eſt progreſſive & ne peut pas produire des mouvemens violens & inſtantanés. Lorſque le feu agit ſur les fluides, comme l'air & l'eau, il leur donne une expanſion étonnante, & nous ſavons que pour lors leur force d'élaſticité eſt capable de ſurmonter les plus grandes réſiſtances. Ils paroiſſent les ſeuls moyens que la nature ait pu employer pour produire de pareils effets. Mais dans toute la Calabre, il n'y a pas veſtiges de Volcans. Rien n'annonce ni inflammation intérieure, ni feu recélé dans le centre des montagnes ou ſous leur baſe, feu qui ne pourroit exiſter ſans quelques ſignes extérieurs. Les vapeurs dilatées, l'air rarefié par une chaleur toujours active ſe feroient échappées, à travers quelques-unes des crevaſſes & des fentes qui ſe ſont formées dans le ſol, elles y auroient produit des courans. La flamme & la fumée feroient également ſorties par quelques-uns de ces eſpèces d'évents. Une fois les paſſages ouverts, la compreſſion auroit ceſſé, la force n'éprouvant plus de réſiſtance ſeroit devenue ſans effet, & les tremblemens de terre n'auroient pas continué auſſi long-temps ; aucun de ces phénomènes n'a eu lieu, il faut donc renoncer à la ſuppoſition d'une inflammation qui agiroit directement ſous la Calabre. Voyons ſi, en ayant recours à un feu étranger à cette Province & n'agiſſant ſur elle que comme cauſe occaſionnelle, nous pourrons expliquer tous les phénomènes qui ont accompagné les ſecouſſes. Prenons par exemple l'*Etna* en Sicile, & ſuppoſons de grandes cavités ſous les montagnes de la Calabre ; ſuppoſition qui ne peut m'être refuſée. Il n'eſt pas douteux qu'il n'y ait d'immenſes cavités ſouterraines, puiſque le Mont *Etna* a dû, en s'élevant par l'accumulation de ſes exploſions, laiſſer dans l'intérieur de la terre des vuides relatifs à ſa grande maſſe.

L'automne de 1782 & l'hiver de 1783 ont été fort pluvieux. Les eaux intérieures augmentées de celles de la ſurface ont pu couler dans les foyers de l'*Etna* ; elles ont dû alors être réduites en vapeurs très-expanſibles, & frapper contre tout ce qui faiſoit obſtacle à leur dilatation. Si elles ont trouvé des canaux qui les aient conduit dans les cavités de la Calabre, elles ont pu y occaſionner tous les déſordres dont je viens de tracer le tableau.

Suppoſons maintenant, pour me faire entendre plus aiſément, que ces cavités, avec leurs canaux de communication, repréſentent imparfaitement une cornue, miſe ſur le côté, dont le col ſoit le long de la Côte de Sicile, la courbure ſous *Meſſine* & le ventre ſous la Calabre. Les vapeurs arrivant avec impétuoſité & chaſſant devant elles l'air qui occupe déja ces cavités, doivent d'abord frapper contre l'épaule de la cornue, & enſuite tourner pour s'engouffrer dans ſa capacité. La force d'impulſion agira d'abord directement contre le fond de la voûte, & enſuite, par réflexion, contre la partie ſupérieure, d'où elle ſera renvoyée & réfléchie de tous côtés, de manière à produire les mouvemens les plus compliqués & les plus ſinguliers. Les parties les plus minces de la cornue ſeront celles qui frémiront le plus aiſément ſous le choc des vapeurs & qui céderont le plus facilement à leurs efforts. Mais cette eau rarefiée par le feu doit ſe condenſer par le froid qui règne dans ces ſouterrains, & l'action de ſon élaſticité accidentelle ceſſe auſſi promptement, que le premier effort a été inſtantané & violent. L'ébranlement des ſurfaces extérieures finit ſubitement, ſans qu'on ſache ce qu'eſt devenue la force qui a fait tant de fracas. Elle ne ſe ranime que lorſque le feu a pris de nouveau aſſez d'activité pour produire ſubitement d'autres vapeurs, & le même effet ſe renouvelle auſſi long-temps & auſſi ſouvent que l'eau tombe ſur le foyer embrâſé.

Mais ſi la première cavité n'eſt diviſée d'une cavité de même eſpèce, que par un mur ou un retranchement aſſez mince, & que cette ſéparation ſe rompe par l'effort des vapeurs élaſtiques qui frappent contre elle, alors l'ancienne cavité ne ſervira plus que de canal de communication, & toutes les forces agiront contre le fond & les parois de la ſeconde. Le

foyer

foyer des fecouffes paroîtra avoir changé de place, & l'ébranlement fera foible dans l'efpace qui aura été agité le plus violemment par les premiers tremblemens de terre.

Rapprochons ces phénomènes néceffaires, dans la fuppofition d'une ou plufieurs ca___s placées fous la Calabre, des phénomènes arrivés pendant les tremblemens de terre. La Pl___ qui étoit fûrement la partie la plus mince de la voûte, eft celle qui a cédé le plus aifément. La Ville de *Meffine*, bâtie fur une plage baffe, a reçu un ébranlement que n'ont point reffenti les édifices bâtis fur les hauteurs. La force mouvante ceffoit auffi fubitement, qu'elle agiffoit violemment & tout-à-coup. Lorfqu'aux époques du 7 Février & du 28 Mars, le foyer parut changé, la Plaine ne fouffrit prefque point. Le bruit fouterrain, qui précéda & accompagna les fecouffes, parut toujours venir du fud-oueft dans la direction de *Meffine*. Il étoit femblable à un tonnerre fouterrain qui auroit retenti fous des voûtes. Ainfi fans avoir de preuves directes à donner de ma théorie, elle me paroît convenir à toutes les circonftances, & elle explique fimplement & naturellement tous les phénomènes.

Si donc l'*Etna* a été, comme je viens de le dire, la caufe occafionnelle des tremblemens de terre, je puis dire auffi qu'il préparoit depuis quelque temps les malheurs de la Calabre, en ouvrant peu-à-peu un paffage le long de la Côte de Sicile, aux pieds des Monts Neptuniens. Car pendant les tremblemens de terre de 1780, qui inquiétèrent *Meffine* pendant tout l'été, on éprouva tout le long de cette Côte, depuis *Taormina* jufqu'au Phare, des fecouffes affez fortes. Mais auprès du Village d'*Alli* & auprès de *Fiume di Nifi*, qui fe trouvent à-peu-près au milieu de cette ligne, on reffentit des foubrefauts affez violens pour faire craindre qu'il ne s'y ouvrît une bouche de Volcan. Chaque fecouffe reffembloit à l'effort d'une mine qui n'auroit pas eu la force de faire explofion. Il femble que pour lors le Volcan s'ouvrit un libre paffage pour l'expanfion de fes vapeurs, & qu'elles y aient depuis circulé librement, puifque pendant 1783, l'ébranlement a été prefque nul fur cette partie de la Côte de Sicile, dans le même-temps que *Meffine* enfeveliffoit fous fes ruines une partie de fes Habitans.

F I N.

TABLE DES MATIÈRES.

Les Lettres capitales A. B. C. D. *mises après les chiffres des pages & des Planches, désignent chaque Volume.* A. *le premier,* B. *le second,* C. *le troisième, &* D. *le quatrième, première & seconde Partie.*

Les pages indiquées par les chiffres romains renvoyent à la Notice des Fleurons & Vignettes pour le premier & le second Volume, & aux Discours Préliminaires mis en tête de chaque Volume pour le troisième & quatrième.

Le p. *seul signifie page, &* pl. *signifie Planche.*

A.

Vol. IV.

H.

I.

M.

Vol. IV.

FIN DE LA TABLE DES MATIÈRES.

Fautes d'Impreſſion à corriger.

PAGE 334, lignes 35 & 36, ſtalactiques; *liſez*, ſtalactites.

Page 338, ligne 28, branches latérales; *liſez*, bouches latérales.

Dans le Ier Volume, page vij, ligne 9, couronne civique; *liſez*, couronne murale.

A la page xv, ligne 4, qu'en été; *liſez*, qu'arrêté. A la page 137, ligne 32, en formant; *liſez*, en fermant.

PRIVILÉGE DU ROI.

LOUIS, par la grace de Dieu, Roi de France & de Navarre : A nos amés & féaux Conseillers, les Gens tenans nos Cours de Parlement, Maîtres des Requêtes ordinaires de notre Hôtel, Grand-Conseil, Prevôt de Paris, Baillifs, Sénéchaux, leurs Lieutenans Civils, & autres nos Justiciers qu'il appartiendra ; SALUT. Nos amés les Sieurs RICHARD DE LA BRETECHE & Abbé DE SAINT-NON, frères, Nous ont fait exposer qu'ils desireroient faire imprimer & donner au Public un Ouvrage de leur composition, intitulé : *Voyage Pittoresque du Royaume de Naples & de Sicile*, s'il nous plaisoit leur accorder nos Lettres à ce nécessaires. A CES CAUSES, voulant favorablement traiter les Exposans, nous leur avons permis de faire imprimer ledit Ouvrage autant de fois que bon leur semblera, & de le vendre, faire vendre par tout notre Royaume. Voulons qu'ils jouissent de l'effet dudit Privilége, pour eux, & leurs hoirs à perpétuité, pourvu qu'ils ne le rétrocèdent à personne ; & si cependant ils jugeoient à propos d'en faire une cession, l'Acte qui la contiendra sera enregistré en la Chambre Syndicale de Paris, à peine de nullité, tant du Privilége que de la cession enregistrée ; & alors par le fait seul de la cession, la durée du présent Privilége sera réduite à celle de la vie des Exposans, ou à celle de dix années, à compter de ce jour, si les Exposans décédoient avant l'expiration desdites dix années ; le tout conformément aux articles IV & V de l'Arrêt du Conseil du 30 Août 1777, portant Règlement sur la durée des Priviléges en Librairie. Faisons défenses à tous Imprimeurs, Libraires & autres Personnes, de quelque qualité & condition qu'elles soient, d'en introduire d'impression étrangère dans aucun lieu de notre obéissance : comme aussi d'imprimer, ou faire imprimer, vendre, faire vendre, débiter, ni contrefaire ledit Ouvrage, sous quelque prétexte que ce puisse être, sans la permission expresse & par écrit dudit Exposant, leurs hoirs ou ayans-cause, à peine de saisie & confiscation des Exemplaires contrefaits, de six mille livres d'amende, qui ne pourra être modérée, pour la première fois, de pareille amende & de déchéance d'état en cas de récidive, & de tous dépens, dommages & intérêts ; le tout conformément à l'Arrêt du Conseil du 30 Août 1777, concernant les contrefaçons. A la charge que ces Présentes seront enregistrées tout au long sur le Registre de la Communauté des Imprimeurs & Libraires de Paris, dans trois mois de la date d'icelles ; que l'impression dudit Ouvrage sera faite dans notre Royaume & non ailleurs, en beau papier & beaux caractères, conformément aux Règlemens de la Librairie, à peine de déchéance du présent Privilége ; qu'avant de l'exposer en vente, le Manuscrit qui aura servi de copie à l'impression dudit Ouvrage, sera remis dans le même état où l'Approbation y aura été donnée, ès mains de notre très-cher & féal Chevalier, Garde des Sceaux de France, le Sieur HUE DE MIROMÉNIL, Commandeur de nos Ordres ; qu'il en sera ensuite remis deux Exemplaires dans notre Bibliothèque publique, un dans celle de notre Château du Louvre, un dans celle de notre très-cher & féal Chevalier, Chancelier de France, le Sieur DE MAUPOU, & un dans celle dudit Sieur HUE DE MIROMÉNIL, le tout à peine de nullité des Présentes : du contenu desquelles vous mandons & enjoignons de faire jouir lesdits Exposans & leurs ayans-cause pleinement & paisiblement, sans souffrir qu'il leur soit fait aucun trouble ou empêchement. Voulons que la copie des Présentes, qui sera imprimée tout au long, au commencement ou à la fin dudit Ouvrage, soit tenue pour duement signifiée, & qu'aux copies collationnées par l'un de nos amés & féaux Conseillers-Secrétaires, foi soit ajoutée comme à l'original. Commandons au premier notre Huissier ou Sergent sur ce requis, de faire pour l'exécution d'icelles, tous actes requis & nécessaires, sans demander autre permission, & nonobstant clameur de Haro, charte Normande, & Lettres à ce contraires : Car tel est notre plaisir. Donné à Paris, le seizième jour d'Août, l'an de grace mil sept cent quatre-vingt-un, & de notre Règne le huitième. Par le Roi, en son Conseil. LE BEGUE.

Registré sur le Registre XXI de la Chambre Royale & Syndicale des Libraires & Imprimeurs de Paris, N°. 2459, folio 562, conformément aux dispositions énoncées dans le présent Privilége ; & à la charge de remettre à ladite Chambre les huit Exemplaires prescrits par l'Article CVIII du Règlement de 1723. A Paris, ce 11 Septembre 1781.

LE CLERC, Syndic.

De l'Imprimerie de CLOUSIER, rue de Sorbonne.

VOYAGE PITTORESQUE

OU

DESCRIPTION DES ROYAUMES

DE

NAPLES ET DE SICILE.

QUATRIÈME VOLUME,

CONTENANT

LA DESCRIPTION DE LA SICILE.

PREMIÈRE PARTIE.

A PARIS.

M. DCC. LXXXV.

AVEC APPROBATION, ET PRIVILÉGE DU ROI.

Vue Perspective du Port de Melun : tel qu'il doit être aux Époques du Tremblement de Terre arrivé le 4 Février 1781.

Dessiné par Degret, Architecte Pensionnaire du Roi à l'Académie de France, et Rome.

Gravé par Berthault   Terminé par B. *****

Vue de la Tour et du Portail de l'ancienne Cathédrale
de Messine
et de la Place qui est devant cette Église.

Pl. 3. Siécle   J. P. D. R.

Gravé par Berthault   Terminé par B. *****

Vue d'une partie de l'ancien Palais
du Vice-Roi à Messine.

Pl. 4. Siécle   J. P. D. R.

Dessiné par Depres

N° 5. feuille.

Pl. 34.

Gravé par Guillaud

Vue de la Place Royale de Mesdame sur une partie du Port
et du Palais des Vice-Rois.

S.F.D.B.

Vue de la Place et de l'ancienne Eglise de
S.t Jean de Malte à Messine.

IIIe Siècle   J.P.D.E.

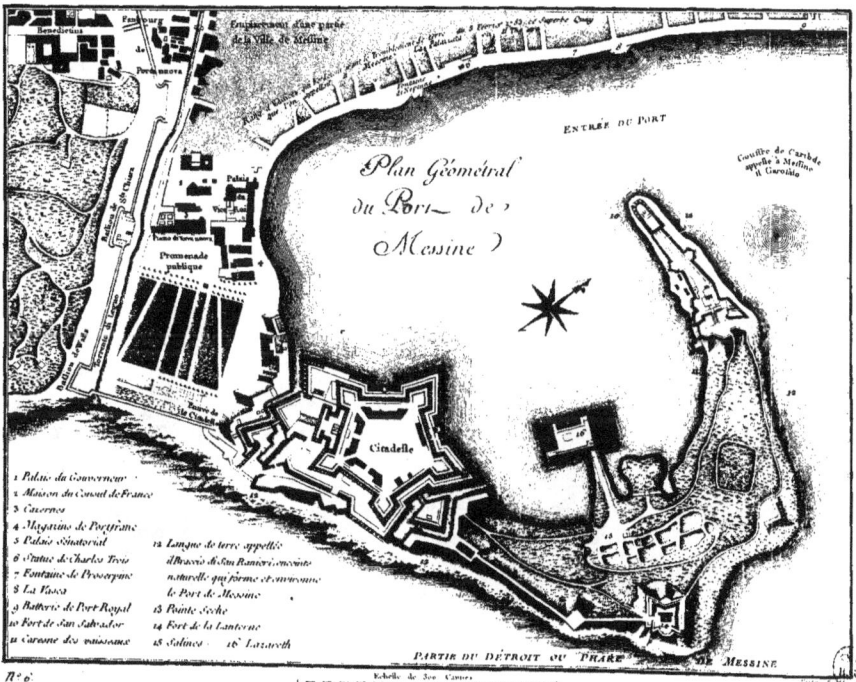

ENTRÉE DU PORT

Plan Géométral
du Port de
Messine

Gouffre de Caribde
appellé à Messine
il Garofalo

Promenade
publique

Citadelle

1. Palais du Gouverneur
2. Maison du Consul de France
3. Casernes
4. Magasins de Portfranc
5. Palais Sénatorial
6. Statue de Charles Trois
7. Fontaine de Proserpine
8. La Vacca
9. Batterie de Port Royal
10. Fort de San Salvador
11. Caréne des vaisseaux

12. Langue de terre appellée
    il Braccio di San Ranieri ensuite
    naturelle qui forme et environne
    le Port de Messine
13. Pointe séche
14. Fort de la Lanterne
15. Salines   16. Lazareth

PARTIE DU DÉTROIT OU PHARE DE MESSINE

N.o 6.

Echelle de 500 Cannes

Vue du Détroit ou Phare de Messine
avec une partie du Port.
Dessiné d'après Nature par Chastelet.

Vue prise à vol d'oiseau de la Ville et du Port de Messine
avec une partie du Canal et des Costes de la Calabre.

Vuë d'une partie des Monts Pelores en Sicile,
et du passage du
Fleuve Lenoyano à peu de distance de Taormina

N.° 11 Sicile

A. P. D. R.

Vuë des Rochers ou Capo della Scaletta
sur les côtes de la Sicile.

N.° 10 Sicile

A. P. D. R.

1.re Vue des Environs de Taormina
prise en y arrivant du côté des Tombeaux.

Dessiné par Chatelet
Gravé par Couché

N.o 13 siècle

J.P.D.R.

2.e Vue prise dans les Environs de Taormina.
On voit dans l'éloignement et sur la cime d'une Montagne les restes de son ancien
Théâtre, et sur une autre le Château de Mola

Dessiné par Chatelet
Gravé par M.el

N.o 12 Siècle

J.P.D.R.

Vue Générale des Ruines de l'ancien Théâtre de Taurminum.
pour se donner de dessus les Gradins les plus élevés de l'Amphithéâtre.

II.e en siècle

Vue des Ruines du Proscenium ou Avant-Scène de l'ancien Theâtre de Taormina

Dessiné d'après Nature par J. Houel en 1782.

Vuë de l'Avant-Scene ou Proscenium du Théâtre de Taorminum
rétabli,

La Largeur et étenduë du Théâtre sur sa plus grande Dimension, prise en dehors, est de . . . . Toises 8 pieds 9 po.
La Distance de l'Avant-Scene à la partie la plus élevée des Gradins au fond du Théâtre est de . . . . 52 Toises ou 326 pieds
La Largeur de l'Orchestre prise intérieurement et du pied de l'Avant Scene est de . . . . 22 Toises 3 pieds
La Hauteur totale des Gradins depuis . . . . le sol de l'Orchestre jusqu'à la Gallerie
tournante au tour de l'Amphithéâtre . . . . est de . . . . 39 pieds
On compte que la totalité . . . . des Gradins au nombre de 21.
devoit contenir environ . . . . trente mille personnes assises

Echelle de 40 Toises

Plan Géométral du Théâtre de Taorminum.

Vüe d'une Terrasse ou Construction antique connuë sous le nom de
Naumachie de Taorminum.

Dessiné par Despres.   *Grave par L. Obats.*

A.P.D.R.

Petite Vüe de l'Etna prise de la Maison des Augustins
à Taormina.

Dessiné par Despres.   *Gravé par Dambrun.*

IIe Vol. 60e Cahier.   A.P.D.R.

Vue du fameux Chataigner de l'Etna, connu sous le nom des
Cenlum Cavalli.
Dessiné d'après Nature par Chatelet.

La figure Vienne par Bertaux

A P D R

Gravé par Allix

N. 21 Siecle

Vue prise sur l'Etna en faisant N. la Région des Bois,
en avant, l'arbre dans la partie N. la Montagne appellée Regione Scoperta

Gravé à Trembleur par Villes
Terminé par Rambert

Dessiné par Hüttel

Dessiné par Chastelet.   Gravé par Voiret.

Vuë de l'Etna prise de la Maison des Capucins
au Village de Tre Castagne.

N° 24. Siecle   J. P. D. R.

Dessiné par Degres.   Gravé par A. Fatembourg.

Vuë du Village de Trecastagne
sur l'Etna.

N° 25. Siecle   J. P. D. R.

Vue générale de la Ville et du Port de Catane
prise sur le bord de la mer

Vue de la Place de l'Obelisque à Catane

Vue de la Place du Marché à Catane

Dessinée par Deprez Archit. et Pension. du Roi à l'Académie de France à Rome.

Vûe prise à l'entrée des Excavations faites dans les Thermes de l'ancienne ville
de Catane

Par les Ordres et aux frais de M. le Prince de Biscaris

Gravé par Berthault

Vüe ou Rétablissement de l'Amphithéâtre de Catane
tel que l'on présume, d'après les excavations que l'on y a fait, qu'il existe encore sous terre.

Terminé par Cauche

H.ᵉ 3.ᵉ Siècle.

Dessiné et composé par J. Houel, Peintre du Roi.

A. P. D. R.

Dessiné par Chatelet

Vüe intérieure des Ruines de l'antique Amphithéâtre
de Catane.

Gravé par Berthault

H.ᵉ 3.ᵉ Siècle.

A. P. D. R.

Vue de l'Etna,
prise d'un Jardin du Prince du Biscarie creusé dans les Laves de 1669.
près de Catane

No 34 Siecle.   A.P.P.R.

Vue des Isles de la Trizza
ou Rochers de Basalte connus sous le nom d'Isles des Cyclopes
prise de Catane.

No 35 Siecle.   A.P.P.R.

Vuë de la Sommité de l'Etna
prise de la plaine appellée Piano del Frumento et près des Ruines de la Tour du Philosophe.

Dessiné d'après Nature en 1781 par le M.* de Bourdon Latange.

Vuë de la Grotte des Chevres
sur l'Etna

Seconde Vuë des Environs de la Ville
de Castro Giovani

Dessiné par Chatelet
Gravé par Du Parc

II.e du Siecle

I. P. D. R.

Premiere Vuë des Environs et de l'arrivée
de Castro Giovani

Dessiné par Chatelet
Gravé par Berthault

II.e du Siecle

I. P. D. R.

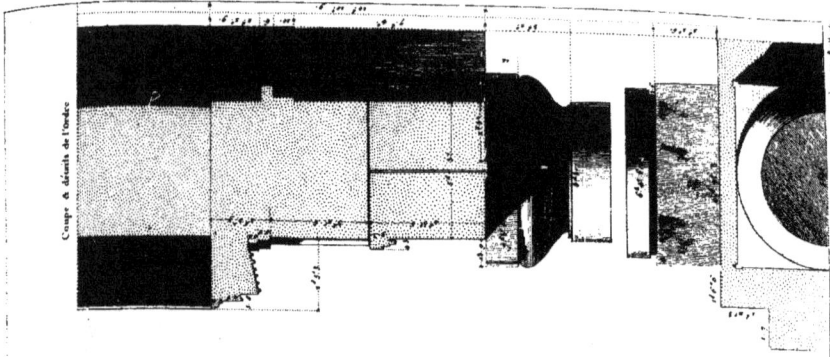

Coupe & détails de l'Ordre

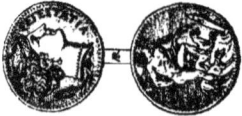

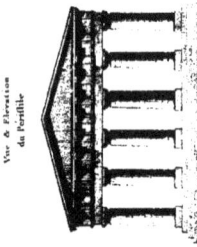

Vue & Élévation du Portique

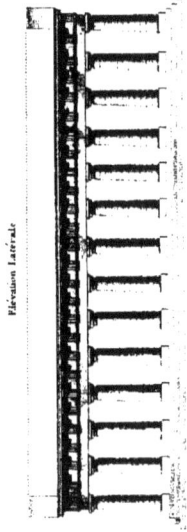

Élévation Latérale

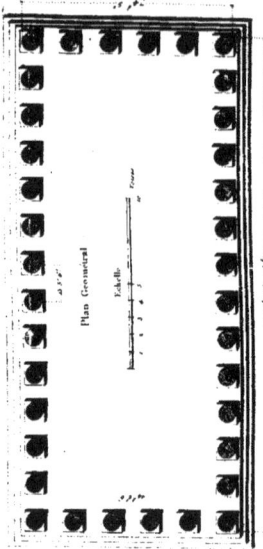

Plan Géométral

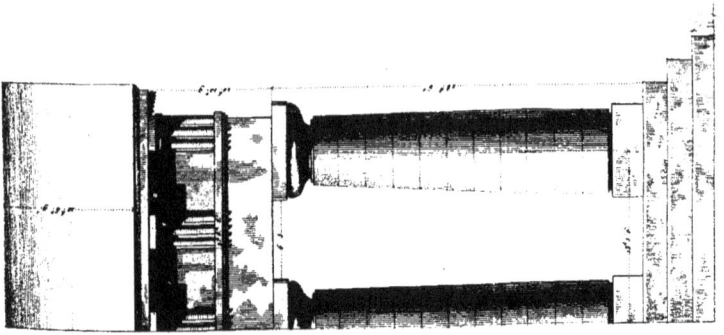

Échelle

Plan Géométral du Temple de Segeste en Sicile.

Elévation & Plan Géométral des différens Temples de la Sicile levés sur une même Échelle

Échelle commune à tous les Temples

Petit Temple Antique dont on a fait une Chapelle de Capucins à Agrigente

Tombeau Antique vulgairement connu sous le nom de Tombeau de Théron à Agrigente

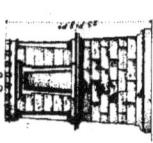

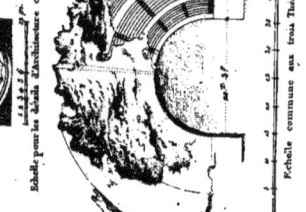

Plan du Tombeau de Théron

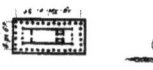

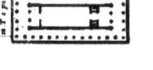

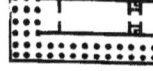

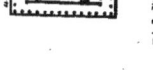

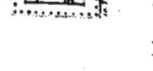

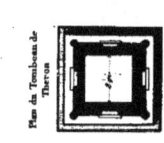

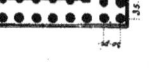

Temple de Junon Lucine à Agrigente

Temple de la Concorde à Agrigente

Temple d'Hercule à Agrigente

Temple de Jupiter Olympien à Agrigente connu sous le nom de Temple des Géants

Temple de Jupiter Olympien à Sélinunte

Temple de Ségeste

Temple de Minerve à Siracuse

Plan de la Chapelle de Capucins de San Nicolo à Agrigente

Détails d'Architecture pris sur une des Colonnes du Temple de Jupiter Olympien à Sélinunte

Elévation perspective du Temple des Géans à Agrigente

Chapiteau d'une des Colonnes du Temple des Géans à Agrigente

Porche de l'Architrave

Coupe des Gradins du Théâtre de Siracuse

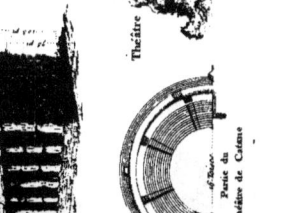

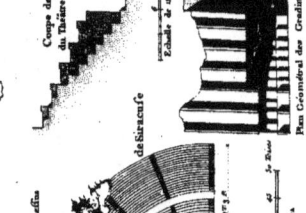

Plan Général des Gradins du Théâtre

Coupe des Gradins du Théâtre de Siracuse

Théâtre de Siracuse

Partie du Théâtre de Catane

Théâtre de Taormina

Échelle commune aux trois Théâtres

Détails d'Architecture relatifs aux deux Temples de Jupiter Olympien à Agrigente & à Sélinunte

A Triglyphe vu de face
B Coupe du même Triglyphe
C Plan du Chapiteau
D Rainures entaillées de 5 pouces de profondeur, maçon dont les Anciens se servoient pour enlever ces masses énormes comme il indique au dessus
E Triglyphe du Temple de Sélinunte
F Coupe de la Corniche
G Plafond de la Corniche
H Plan du Chapiteau

TABLE COMPARATIVE des Temples, des Théâtres & de quelques autres Édifices antiques

DE LA SICILE

MER MÉDITERRANÉE

Échelle de 50 Stades

SITE GÉNÉRAL, ou Vue prise à vol d'Oiseau de l'antique Ville
d'Agrigentum en SICILE.

Tombeau Antique conservé dans l'Eglise Cathédrale
d'Agrigente.

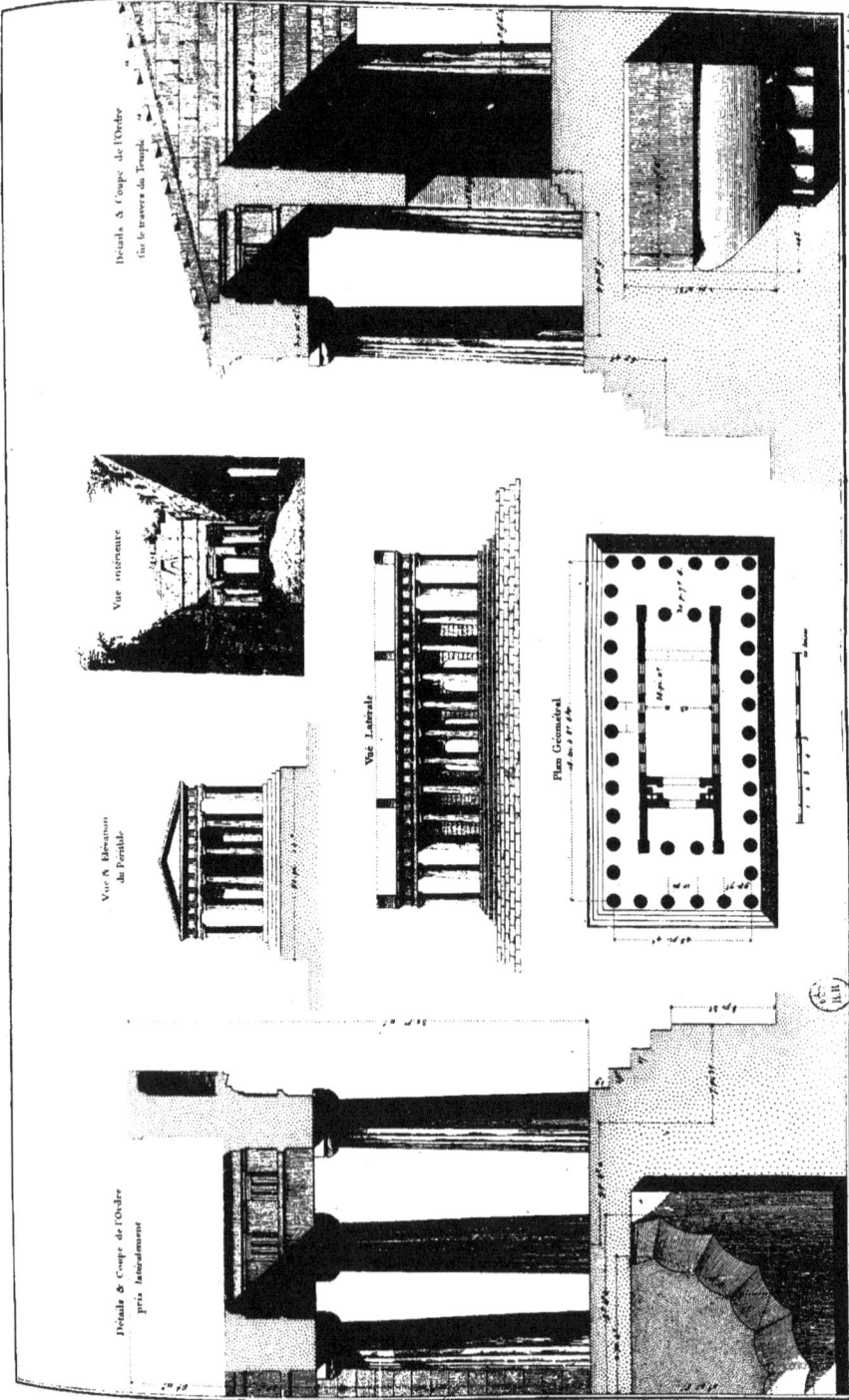

Détails & Coupe de l'Ordre
sur le travers du Temple

Vue intérieure

Vue & Élévation
du Péristile

Vue Latérale

Plan Géométral

Détails & Coupe de l'Ordre
pris latéralement

Levé par Renard arche Dessus del et

Gravé par Berthault

Plan Géométral du Temple de la Concorde
à Agrigente

IV 8.e siècle

Carte ou Plan Géométral fait à vol d'oiseau de l'antique ville de Syracuse et de ses Environs.

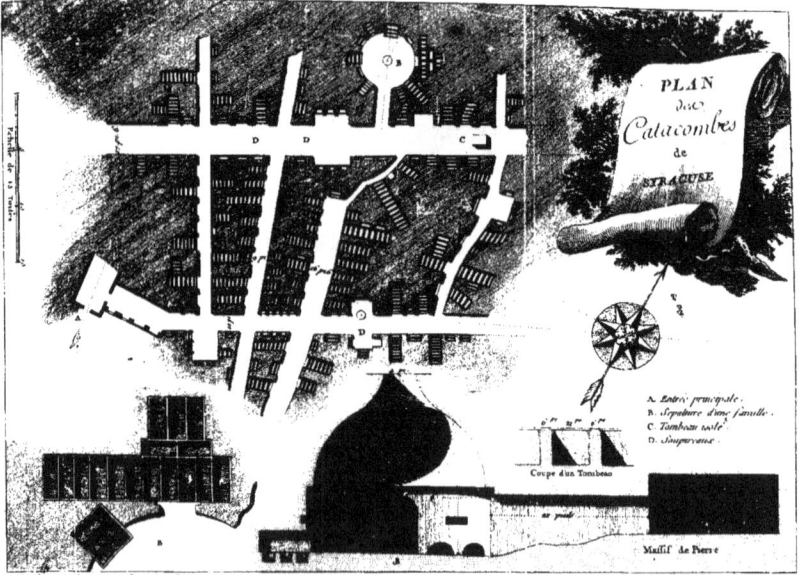

PLAN
des
Catacombes
de
SYRACUSE

A. *Entrée principale*
B. *Sépulture d'une famille*
C. *Tombeau isolé*
D. *Soupirail*

Coupe d'un Tombeau

Massif de Pierre

Vue intérieure d'une des Chambres Sépulcrales
faisant partie des Catacombes de Syracuse.

Vue prise sur l'Anapus petite rivière qui se jette
dans le Port de Syracuse
et près de la fontaine ou croit le Papyrus

Vue des Restes du Temple de Jupiter Olympien
à Syracuse

feul bouillonnement ; & après nous être repofés quelque temps, à l'ombre de
ces grands rofeaux dont nous étions entourés, & avoir bu, entre autres, d'excellent
Calabrèfe de *Syracufe*, dont nous avions eu la précaution de nous munir,
nous reprîmes gaiement notre navigation, & ne rentrâmes dans la Ville qu'à
la nuit.

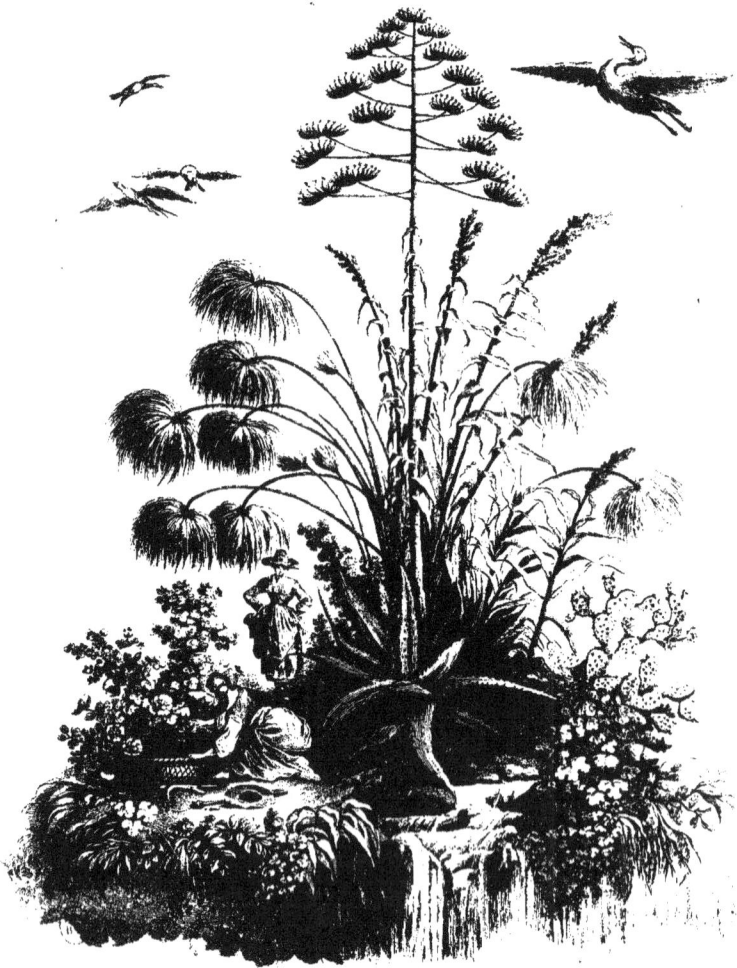

MÉDAILLES de Gelon, et d'Hyeron 1ers Tyrans de Syracuse

MÉDAILLES de Denys, de Pyrrhus, et d'Agathocles,
Tyrans de Syracuse.

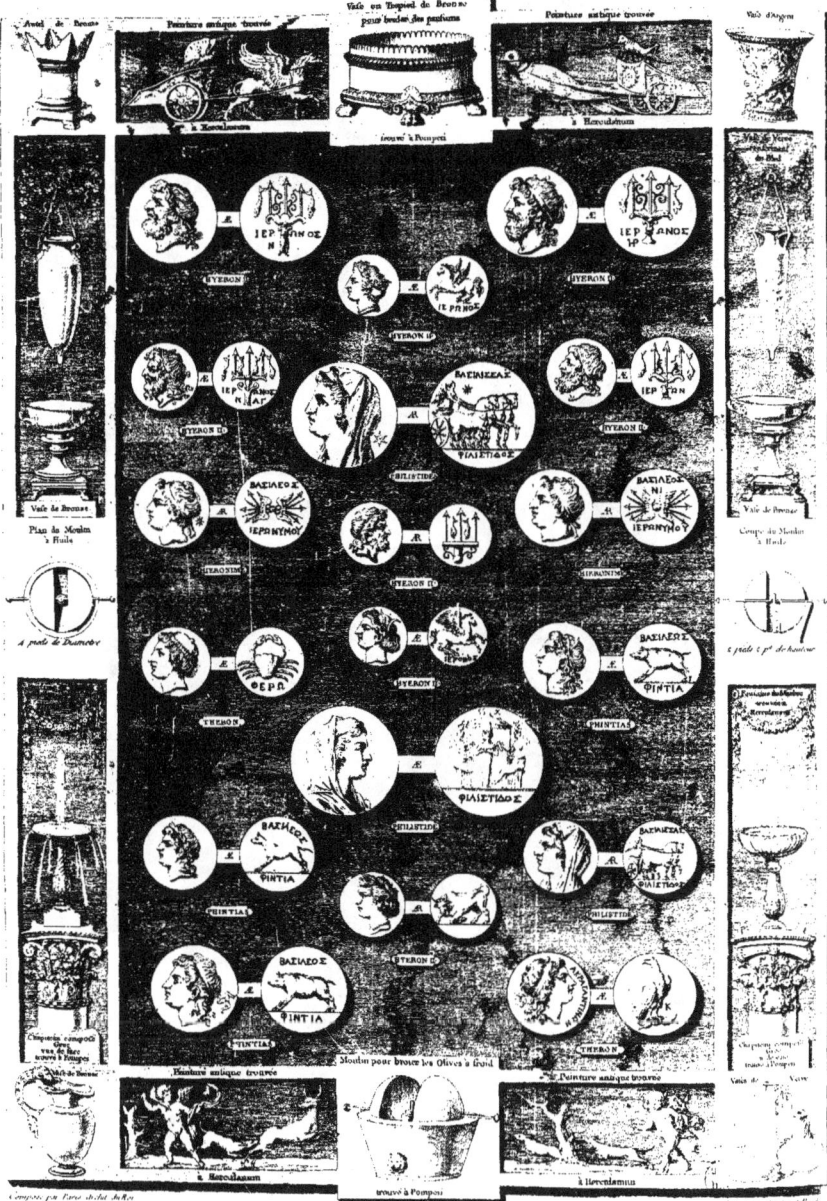

Peinture antique trouvée

Vase ou Trepied de Bronze
pour bruler des parfums

Peinture antique trouvée

Vase d'Argent

à Herculanum

trouvé à Pompei

à Herculanum

Vase de Verre
de Mel

IEPΩNOΣ · ΣYEBON

ΙΕΡ ΩΝΟΣ · ΣYEBON O

ΙΕΡΩΝ ΙΙ

Vase de Bronze

Plan du Moulin
à Huile

à pied de Dumetre

IEPΩNOΣ · ΑΡ · ΣYEBON ΙΙ

ΣYEBON · ΒΑΣΙΛΙΣΣΑΣ · ΦΙΛΙΣΤΙΔΟΣ · ΦΙΛΙΣΤΙΔ

ΙΕΡ ΩΝΟΣ · ΙΕΡΩΝ ΙΙ

Vase de Bronze

Coupe du Moulin
à Huile

à pied à pd de huileur

ΒΑΣΙΛΕΟΣ ΙΕΡΩΝΥΜΟΥ · ΙΕΡΟΝΙΜ

ΙΕΡΩΝ ΙΙ

ΒΑΣΙΛΕΟΣ ΝΙ ΙΕΡΩΝΥΜΟΥ · ΣΙΡΑΟΝΙΜ

Peinture antique trouvée à Herculanum

ΘΕΡΑ · ΘΕRΩΝ

ΙΕΡΩΝ ΙΙ

ΒΑΣΙΛΕΩΣ ΦΙΝΤΙΑ · ΦΙΝΤΙΑΣ

ΒΑΣΙΛΙΣΣΑΣ ΦΙΛΙΣΤΙΔΟΣ · ΦΙΛΙΣΤΙΔ

Candelabre

ΒΑΣΙΛΕΩΣ ΦΙΝΤΙΑ · ΦΙΝΤΙΑ

ΒΑΣΙΛΕΩΣ ΦΙΛΙΣΤΙΔΟΣ · ΦΙΛΙΣΤΙΔ

Chapiteau composé d'un vas de fleur trouvé à Pompei

Coupe

Chapiteau composé d'une de fleur trouvé à Pompei

Vase de Verre

ΒΑΣΙΛΕΟΣ ΦΙΝΤΙΑ · ΦΙΝΤΙΑ

ΙΕΡΩΝ · ΘΕRΩΝ

Peinture antique trouvée

Moulin pour broyer les Olives à froid

Peinture antique trouvée

Vase de Bronze

à Herculanum

trouvé à Pompei

à Herculanum

Composé par Paris Archit. du Roi

MÉDAILLES relatives à l'histoire de la Sicile depuis la prise de Syracuse par les Romains

1408. LANTOSQUE (A. M.)

Photo Cauvin — Nice

www.ingramcontent.com/pod-product-compliance
Lightning Source LLC
Chambersburg PA
CBHW071943090426
42740CB00011B/1801